차이 형이상학 1

KB192384

지은이 **신지영**

deleuze.gnu.ac.kr

한국외대 불어과를 졸업하고 대학원 철학과에서 석사학위를, 프랑스 리옹 3대학교에서 들뢰즈의 윤리와 미학에 관한 논문으로 박사학위를 취득하였다. 현재 경상국립대학교 철학과에 재직 중이다. 최근 『들뢰즈의 드라마론』((사)한국대학출판협회 선정 2022년 올해의 우수도서), 『들뢰즈의 정치-사회철학, 통제사회에 던지는 질문』(2024 대한민국학술원 우수학술도서)을 쓰고, 들뢰즈의 『대담, 1972~1990』을 번역 출간했다. 『들뢰즈로 말할 수 있는 7가지 문제들』, 『내재성』, 『들뢰즈 개념어 사전』, 『들뢰즈의 차이와 반복, 해설과 비판』 등의 저서와 역서가 있다.

차이 형이상학 1

신지영 지음

Metaphysics

그린비

말하자면 고대적 개념이 영원성을 주제로 삼는 고대철학에 잘 들어맞는
것이라면 현대적 개념, 현대과학은 또 다른 철학을 요구[한다].
이는 철학의 총체적인 전환이며 또한 베르그손이 궁극적으로 목표했던
것이다. 다시 말해 그는 현대과학에 대하여 그에 걸맞은 형이상학을,
처음부터 사라져 버린 나머지 반쪽과도 같은 형이상학을 부여하려고
했던 것이다. ―들뢰즈, 『시네마 1』 중에서

서문

가. 형이상학의 필요성

철학사에서나 현실에서나 형이상학이라는 단어는 참 다루기 어렵다. 고전적인 맥락에서라면 도대체 형이상학metaphysics이 무엇이냐 그 자체를 해명하는 데 애를 먹겠지만, 현대에는 형이상학을 말하는 것이 한편으로 시대착오적이거나 전체주의적이라는 오명을 뒤집어쓸 수 있는 일이 되었고, 다른 한편으로는 무용지물이라는 비난을 감수해야 할 수도 있는 일이 되었다. 여기에서 이 모든 어려움에 대한 명쾌한 대답을 해낼 수는 없겠지만 나름대로 최선의 대답을 할 수 있도록 노력해 보겠다.

이 단어를 처음 발견하게 되는 것은 아리스토텔레스의 작품집 제목으로서이다. 그것은 단순히 아리스토텔레스의 자연학physika에 이어서mata 자연학에서 다루는 문제와 일부 중복되기도 하는 어떤 문제들을 다루는 학문이라고 이해되기도 하고, 자연학이 특수한 존재들 즉, 물체들이나 살아 움직이는 것들 등을 다루는 반면 형이상학은 그러한 존재들의 존재로서의 존재being-qua(in so far as)-being를 다루는 학문이라고 여겨지기도 한다. 말하자면 우리가 살아가는 이 세계에 있는 수많은 것들을 단지 존재라는 측면에서 해명하려는 시도인 것이다. 그러나 '존재'라는 것은 수많은 다양한 것들의 공통점을 말하는 것은 아니다. 만약 공통점을 뽑아낸 것이 존재라면, 존재는 아무런 특징도 없는 텅 빈 '있음'에 불과할 뿐이기 때문이다. 그럼에도 불구하고 형이상학은 당장에 전체주의적인 학문이지 않을까 하는 우려를 자아낸다. 다양함 그 자체인 수많은 것들을 존재라는 이름으로 해명한다는 시도는 아무래도 어떤 하나 혹은 여럿의 원리를 그 속에서 찾아내겠다는 것이기 때문이다. 현대인들이라면 그러한 학문에 입문하기도 전에 그 시도가 매우 부적절하거나 불충분하다는 선입견을 가질 수 있다.

　　이와는 다른 맥락에서 형이상학을 배척하는 철학적 태도가 있다. 그것은 고대로부터 중세까지 견지되던 철학적 태도와는 확연히 다른 근대의 철학적 태도로서 대체로 데카르트로부터 시작하여 경험론자들을 거쳐 칸트로 마무리되는 태도이다. 이 시대(16~18세기)는 어떤 것이 사실인지 확인하고 어떤 것이 올바른 것인지 판단하는 영역에서 아주 오랫동안 인류를 지배하던 신으로부터 서서히 빠져나오던 시대였다. 그때 인류에게 금과옥조는 우리가 관찰하고 경험한 것만을 참된 인식의 근거로 삼고, 그 이상으로 넘어가지 않는 것이었다. 형이상학은 정확히 이 금과옥조를 어기는 분과로서, 인간이 감각할 수 없는 것, 눈으로 확인할 수 없는 것에 대해서 생각하고 또 체계화하는 작업이므로 칸트에 의해 거의 금지되었다. 이성은 대상에 대한 감각의 정보와 범주를 통한 오성의 판단을 넘어서려는 경향을 가지고 있고, 이 경향이 만들어 내는 관념은 가상에 불과하다는 것이다. 이 태도와 더불어 철학의 종말, 형이상학의 끝이라는 생각이 퍼져 나갔다. 이 관점에서라면 형이상학을 운운하는 것은 이성을 불법적으로 사용하는 것으로, 그 결과 얻어 낸 관념은 가상이고 착오라는 것이다. 그러나 철학사가 칸트로 끝나는 것도 아니려니와 그 시대에도 데카르트-칸트의 태도와는 전혀 다른 태도를 가진 철학자들이 있었다. 스피노자와 라이프니츠는 데카르트의 명석-판명함이 (충족)이유, 사실들의 이유를 설명하지 못하므로 매우 불충분하다고 비판했다. 즉 감각가능한 것만으로 우리의 사유를 제한한다는 것은 부적절하다는 것이다. 칸트에 곧바로 뒤이은 헤겔은 칸트가 사유에서 제외한 물자체를 사유할 수 있다는 것을 변증법으로 보여 주었고, 이후로도 "칸트 이전의 정신으로 되돌아가려는 다양한 운동들이 있었다".[1]

그러나 어쩌면 가장 어려운 지점은 형이상학이 무슨 소용이냐 하는 의구심일 것이다. 테일러는 그의 『형이상학』에서 '형이상학의 필요성'이라는 제목으로 하나의 장을 할애하고,[2] "우리가 사는 데 있어서 그것이 없다면 심한 고통과 자기 본질의 소멸을 감수해야만 하는 꼭 필요한 그 무엇"을 사랑과 자연과의 일체감 그리고

1   D. W. 햄린, 『형이상학』, 장영란 옮김, 서광사, 2000, 17쪽.
2   리처드 테일러, 『형이상학』, 엄정식 옮김, 서광사, 2006, 27~33쪽.

지혜로 꼽으면서 형이상학의 필요성을 설득한다. 삶에 있어 사랑의 필수불가결함은 어렵지 않게 받아들여진다. 주위의 몇몇으로부터 사랑받지 못하면 사람은 "속임수의 호의나 위장된 존경, 경외, 때로는 공포의 형식으로 그들에게서 외양적인 것을 찾게" 되기 때문이다. 즉 사랑받지 못한다고 느끼는 사람은 망가지게 된다. 그러나 둘째와 셋째의 항목들에 대해서 현대인들은 그 필요를 상당 부분 잊어버린 채 살아가고 있는 것 같다. 테일러의 말을 그대로 들어 보자. "형이상학자들이 자주 예민하게 의식하는 것들 중에, 파괴되거나 무시되면 심각한 손실을 입게 되는 또 다른 필요성은 자연에 대한 사랑과 그 안에서 느끼는 자연과 우리 사이의 일체감이다. 이러한 것이 없으면 우리는 … 자비스런 종말[죽음]에 이르기까지 세월을 갈아 내는 기계들이 되고 만다." 자연에 대한 사랑과 그 안에서 느끼는 자연과의 일체감이 없다면 심한 고통과 자기 본질의 소멸을 감수해야 할 것 같은 느낌이 드는가? 우리는 이 고통이 어떤 고통인지 언뜻 이해하지 못할 만큼 이런 고통에 무뎌졌으며 무뎌진 만큼 망가졌고, 자연에 대한 사랑과 일체감이라는 테마 역시 그 자체로 매우 낯설게 느껴질 정도로 고도의 기술과 과장된 소비의 사회에 살고 있다. 여름에는 해변으로 겨울에는 스키장으로 바캉스를 떠나 자연을 만끽한다든지, 골프장에서 탁 트인 대자연과 호흡한다든지 하는 정도의 자연이 우리에게 남아 있는 것 같다. 그러나 철학에서 자연은 바다와 산만을 의미하는 것은 아니다. 자연Nature은 존재하는 모든 것을 이르는 말로 스피노자의 말을 빌리자면 자연에는 생산하는 자연Natura naturans과 생산된 자연Natura naturata

이 있다. 그러므로 자연에는 모든 개별 인간들, 그 인간들이 만들어 낸 사회, 체제, 문명, 도구, 기술, 상품 등과 동식물, 광물, 대륙, 기후 그리고 우주에 이르는 것이 포함된다. 자연을 사랑하고 자연과 일체감을 느낀다는 것은 이 모든 것들을 사랑한다는 것인데, 다시 스피노자를 인용하자면 자연을 사랑한다는 것은 자연을 이해한다는 것이다. 그러나 이와 같이 쉽사리 열거한 것들 중에는 당연히 고통스러운 것, 끔찍한 것, 혐오스러운 것, 악한 것, 나를 괴롭히는 것 등이 포함된다. 이러한 것들을 이해하고 사랑할 수 있을까? 이해한다는 것은 무엇일까? 그것은 이를테면 다음과 같은 것이다: 그것이[그가, 그 체제가, 그 법이, 그 집단이…] 나를 괴롭히지만 이 일이 왜 일어나는지는 알겠다; 그것[그, 그 체제, 그 법, 그 집단…]은 나를 키우고 내가 함께 호흡해 온 나의 주변environnement이며, 그것이 나를 괴롭히게 된 것도 나를 키운 자연이다. 이러한 이해에 이르게 되면 내 마음은 어떻게 되는가? 나는 나를 괴롭히는 것과 나에게 고통을 주는 것이 나의 일부임을 이해했기 때문에 마음이 편안하다. 그것이 바로 자연을 사랑하고 자연과 일체감을 느낀다는 것의 의미가 된다. 스피노자는 이러한 인식을 제3종의 인식, 이러한 상태를 지복béatitude이라고 했으며 그러한 인간을 '자유롭다'고 평했다. 물론 그러한 자유는 "드물고도 어려운" 것이다. 자연에 대한 이해와 사랑이 무엇인지 알기 어렵다면 이제 거꾸로 생각해 보자. 내가 자연을 이해하지 못하고 사랑하지 않는다면, 그것은 어떤 상태를 말하는 것일까? 테일러는 이를 다음과 같이 서술했다.

어린이는 … 자기의 욕구에 자연 전체가 굼실거린다고, 즉 자기를 실재reality의 실질적인 중심점으로 생각한다. … 말하자면, [그는] 어린이의 정신 수준 즉, 자기 자신은 항상 무대의 중심에서 찾으려고 하면서 그 밖의 모든 것은 정신이나 영혼이 없는 거대한 사물로 보려는 관점으로부터 접근한다는 것이다.[3]

자연을 이해하고 사랑한다는 관점이 없는 사람들에게는 나와 타자가 칼로 자르듯이 분리가 되어 있어서 나를 괴롭히는 것은 악이고 나에게 이로운 것은 선이라는 식으로밖에는 생각하지 못하기 때문에, 내가 무대의 주인공이 되고 타자는 나의 이해관계에 따라 내 세계에 배치되기 마련이다. 그러나 사물들의 배치조차 서로 연관관계가 있으므로 마음대로 하기 어려운데 하물며 사람과 동물들이 내 마음대로 될 리가 없다. 그렇기 때문에 나만이 내 무대의 주인공인 사람은 타자의 세계와 자발성을 인정하거나 이해하는 어려움을 피하기 위해 그것들을 "정신이나 영혼이 없는 거대한 사물"로 보려는 관점을 가지게 된다. 나에게 고통을 주는 사건의 이유나 타자의 감정 따위는 무화하고, 내 위주로 즉, 나의 이해관계 위주로 행동하게 된다는 것이다. 나와 세계를 그렇게 설정하면, 타자와의 관계 속에서 위로를 받거나 의미를 찾는 것은 어려운 일이지만, 나의 생존과 이익은 최소한 보호할 수 있다. 나의 생존과 이익을 보호하는 것 외에 다른 이유가 없는 하루하루를 살아가는 것을 테일

---

3   테일러, 『형이상학』, 29쪽.

러는 "세월을 갈아 내는 기계들이 되고 만다"고 표현했다. 다른 말로 하면 그러한 삶은, 사는 것이 고역이고 지옥이며 다만 살아 있어서 살고 있을 뿐인 삶이고, 차라리 죽음이 자비로운 종말로 여겨지는 삶이다. 현대에 인류가 '좀비'라는 새로운 괴물을 고안해 내고 좀비물을 계속해서 반복 재생산하고 있는 것은, 우리가 이미 죽었으나 죽지 못한 자, 영혼이 없는 기계로 스스로를 느끼고 있는 것이 아니겠는가? 이것은 정확히 우리가 자연에 대한 사랑과 일체감을 아주 오래 전에 상실했음을 뜻하는 것이다. 그리고 거기에 바로 철학의 상실이 함께한다.

테일러가 세 번째로 제시한 것은 지혜이다. 그는 "형이상학 없이는 완전히 이성적인 인간으로 살아갈 수가 없다"면서, 형이상학이 우리에게 주는 보상은 물론 지식이 아니라 지혜라고 말한다. 지혜는 철학philosophia의 어원에 포함되어 있는 단어이지만, 개념적으로는 지혜를 명확히 규정하기가 매우 어렵다. 그는 형이상학을 함으로써 갖추게 되는 지혜가 어떤 소용이 있는지를 다음과 같이 나열한다.

소극적으로 말해서 그러한 지혜가 우선 제공할 수 있는 보상은 … 마음이 단순한 사람들에게 끊임없이 팔려 나가는 무수한 대용물들로부터 사람을 구해 낸다는 것이다. 그것은 번쩍이는 보석들과 값싼 물건들, 발아래 흩어진 돌들만큼이나 쓸데없는 약속들과 교리들과 강령들로부터 우리를 구해 낸다….

[또한 적극적으로는]

나는 무엇인가? 이 세상은 무엇이며 왜 그런 식으로 있는가? 왜 그것은 황량하고 불모인, 냉담하고 무의미한 달과 같지 않은가? 어떻게 이런 것이 있을 수 있을까? 이 두뇌란 것은 무엇이며 어떻게 그것이 생각이라는 것을 할 수 있을까? 그리고 이 열망과 의지는 어디서부터 솟아오르는가? 그것은 자유로운가? 나와 함께 소멸되는가, 혹은 그렇지 않은가? 영원히 지속되는 것은 아닐까? 죽음이란 무엇이며, 더구나 오히려 더욱 아리송한 탄생이란 것은 도대체 무엇인가? 시작인가? 종말인가? 그리고 삶, 그것은 시계의 태엽 장치인가? 신 같은 것에 대해 생각을 한다면 도대체 무슨 생각들을 할 수 있는가? 신들이 있는가? 그렇지 않으면 자연 그 자체가 스스로 창조되면서 나의 창조자이기도 한 것인가, 요람이고 동시에 무덤이며, 성스러우면서도 속되고, 천국이면서 지옥이기도 한 것인가? 그러한 질문들에 대한 해답은 알려져 있지 않다. 결코 있을 수가 없을 것이다. … 그러나 그런 것은 두뇌를 가진 모든 사람들에 의해서, 우둔한 사람이든 배운 사람이든, 어린이든 어른이든 놀라움을 가지고 세계를 바라보는 모든 사람들에 의해서 여전히 추구될 것이다. … 따라서 형이상학의 필요는 지속된다. 아무도 그것을 떨쳐 버릴 수가 없을 것이다. … 사람들은 항상 형이상학의 대용물들을 고를 것이다. 이에 대한 소멸될 수 없는 요구 때문에 그들은 그것이 아무리 천박하고 아무리 우스꽝스럽더라도, 대용품으로 무엇이든 받아들이게 될 것이다.[4]

형이상학의 지혜가 우리를 무의미한 것들로부터 구해 낸다는 것은, 형이상학을 함으로써 중요한 것과 중요하지 않은 것을 분별할 힘을 갖게 된다는 것을 말한다. 그리하여 나의 생명이 소진될 때까지 하루하루를 그저 갈아 내는 기계가 아니라 중요한 것과 중요하지 않은 것들을 분별하고 중요한 것에 몰두하여 기쁨을 느낄 수 있도록 한다는 것과 다르지 않다. 또한 중요성을 분별하는 일로부터 더 나아간다면, 형이상학은 내가 사는 시간과 공간에 대해서, 장소와 역사에 대해서, 생명의 탄생과 죽음, 운명과 자유 등에 대해서 자연스럽게 솟아나는 떨칠 수 없는 질문들에 대면하여 스스로 사유해 나갈 수 있는 힘을 준다. 스스로 사유해 나가는 힘이 없는데 이런 질문에 봉착하면 사람들은 쉽사리 형이상학의 대용물들, 테일러가 말하는 쓸데없는 교리들, 약속들, 강령들을 찾아 또다시 미몽과 맹신에 빠져 버릴 것이다. 그러므로 철학은 이 세상에 태어난 인간이 자신의 삶의 여정에서 겪는 경험들과 외우거나 습득하는 지식들, 그리고 수많은 인간관계들 속에서 마주치는 의문과 고통들을 이해하고 사랑하게 되어 모든 속박으로부터 드디어 자유로워지는 길에서 동반하는 학문이며, 철학을 함으로써만 결국 사유가 완성된다는 것이다. 나는 이러한 테일러의 생각에 동의한다. 형이상학이 시대착오라고 생각하거나 아무런 쓸모가 없다고 생각하는 것마저도 형이상학적 사유 속에서 설명된다. 어떤 이유로 형이상학이 시대착오가 되었는가, 어떤 전제가 형이상학을 쓸모없다고

---

4   테일러, 『형이상학』, 30~33쪽.

평가하는가와 같은 것들 말이다.

나. 20세기의 형이상학자, 들뢰즈

형이상학이 이런 많은 부연을 해야 할 정도로 낯선 시대인 것만은
확실한 것 같다. 그런 와중에 스스로 형이상학자로 불리기를 바랐
던, 20세기에 보기 드문 철학자가 있는데 그는 질 들뢰즈Gilles Deleuze
이다. 그의 사유는 칸트의 비판 이전으로 돌아가려는 여러 철학적
시도들 중 하나이면서, 이데아로 상징되는 고대의 형이상학이 아
니라 다양 그 자체인 현대를 사유할 수 있는 현대에 걸맞은 20세기
의 형이상학이기도 하다. 제임스 윌리엄스는 그의 책 『차이와 반
복, 해설과 비판』에서 들뢰즈가 실재, 잠재적인 것, 현실적인 것, 차
이, 시뮬라크르 등의 형이상학적 개념들을 혁신한 것으로 평가하
면서, 들뢰즈의 주저인 『차이와 반복』은 "실재가 단지 현실적인 것
일 뿐이며 다른 모든 것은 불필요하고 상처뿐인 판타지라는, 사실
주의적이고 상식적인 믿음에 대한 주의 깊은 대답"이라고 말한 바
있다.[5] 이는 위에서 우리가 테일러와 함께 형이상학이 왜 필요한지
에 대해 대답한 것과 일맥상통한다. 우리는 냉소에 빠져 있는 현대
인들에게 우리가 다시 자연을 사랑하고 이해해야 한다는 것을 설

---

5   제임스 윌리엄스, 『들뢰즈의 차이와 반복, 해설과 비판』, 신지영 옮김, 라움,
     2010, 354쪽.

득하고, 그리하여 자연과의 일체감을 회복하고 자유로워진다는 개념을 다시 기억해 내도록 하기 위해, 그리고 이러한 노력에 다름 아닌 들뢰즈의 차이의 형이상학으로 안내하기 위해 이 책을 쓰게 되었다.

　　그런데 이런저런 검색을 통해 사람들이 들뢰즈에 대해 어떻게 생각하는지 살펴보니 놀랍게도 다음과 같은 종류의 비평이 많았다. 첫째, "들뢰즈도 결국은 형이상학자다". 둘째, 들뢰즈는 "형이상학을 배격하고 ~하였다". 두번째 논평은 아마도 들뢰즈가 '기존의' 형이상학을 비판했다는 맥락에서 온 것 같았고, 첫 번째 논평은 아마도 그 냉소적인 표현으로 보건대 들뢰즈에 대한 바디우의 비판 맥락으로부터 온 것 같았다. 정리하면 들뢰즈는 기존의 형이상학 즉, 영원-불변한 동일성을 근거로 하는 형이상학을 비판한 것이 맞고, 그러나 형이상학에 무관심했던 적은 없으며, 들뢰즈가 결국 자기가 비판한 일자의 형이상학을 하고 있다고 비판한 바디우조차도 들뢰즈가 형이상학을 했다는 그 자체가 비판의 논점은 아니었다. 들뢰즈는 본인 스스로 "'형이상학의 죽음'이니, '철학의 종언'이니 하는 말들에 영향을 받은 적이 없으며 스스로를 매우 '고전적인' 철학자라고 생각한다"고 말한 바 있는데,[6] 바디우는 마치 이에 리듬을 맞춘다는 듯이 "한마디로 고전적인 철학이란 칸트의 비판적인 명령들에 복종하지 않는 철학, 칸트가 형이상학에 제기한 비판

6　Gilles Deleuze, "Lettre-préface", *Variations; la Philosophie de Gilles Deleuze*, p. 3.

적인 소송을 마치 무효인 것처럼 여기는 철학, 그리하여 '칸트에로의 모든 회귀'에, 비판에, 도덕 등에 대항하면서, 세계란 지금까지 이루어진 그 모습 그대로의 것이라는 고려 아래 기초의 일의성을 다시 사유해야 함을 주장하는 모든 철학을 말한다"고 부언했다. 이러한 맥락에서 바디우는 "들뢰즈의 철학은 나의 그것과 마찬가지로 아주 완고하게 고전적"임을 확인한 바 있다.[7] 이에 발맞춰 '프랑스 위키백과'에서 들뢰즈를 검색해 보면, 들뢰즈는 그의 국가박사학위논문 『차이와 반복』에서 1960년대 당시의 물리학과 수학을 소화하여, 다양체, 사건, 잠재성이 각기 실체, 본질 그리고 가능성을 대체하는 하나의 형이상학을 전개하고자 했다고 평가되고 있다.[8]

형이상학은 지혜와 관련하고, 이성Logos의 완성과 관련된 것이기 때문에 단순한 지식이나 기존에 형이상학이라고 알려져 있는 철학들의 요약으로는 그것이 무엇인지 알 수가 없다. 책을 시작하기도 전에 이 책이 전개하고자 하는 학문이 해 볼 만한 가치가 있다는 것을 정성 들여 설명해야 한다는 것이 안타깝기는 하지만, 그것이 오늘날의 현실인 것도 부인하기 어려운 일이다. 단, 들뢰즈의 철학으로 안내하고자 한다면서 왜 곧바로 『차이와 반복』에 대한 설명으로 들어가지 않는지, 왜 먼 길을 에둘러 가는 것처럼 보이는지

---

7   알랭 바디우, 『존재의 함성』, 박정태 옮김, 이학사, 2001, 111쪽.
8   "Deleuze tente d'y développer une métaphysique, en accord avec la physique et les mathématiques de son temps (les années 1960), dans laquelle les concepts de multiplicité, d'événement et de virtualité remplacent respectivement ceux de substance, d'essence et de possibilité."(https://fr.wikipedia.org/wiki/Gilles_Deleuze)

에 대해서 설명해야겠다. 우선, '차이'는 현대철학의 주제이지 들뢰즈라는 개별 철학자의 전유물이 아니다. 들뢰즈는 『차이와 반복』 서문을 "여기에서 다루는 주제는 명백히 시대의 분위기 속에 있는 것이다"라는 말로 시작한다. 그는 하이데거의 사건의 철학으로부터 차생적 성질들의 분배에 기초한 구조주의, 차이와 반복을 중심으로 하는 현대의 소설, 일반화된 반-헤겔주의, 무의식, 언어, 예술 등에서도 발견되는 모든 종류의 반복의 역능을 빠르게 언급한다. 들뢰즈는 '차이'가 이미 시대적인 테마로서 각 영역별로 깊이 탐구되고 있었으며 본인은 이 주제를 다만 본격적인 철학적 주제로 다루었을 뿐이라고 말한다. 들뢰즈의 전언에 충실하자면 우리는 차이를 이해하기 위해, 차이라는 문제의 설정을 이해하기 위해 우선 그 시대의 분위기를 익혀야 할런지도 모르는 일이다. 『차이와 반복』을 이해하겠다는 것은 그 시대를 이해하는 것과 관련이 있고, 그 시대의 물리학과 수학, 그리고 생물학과도 관련이 있으며, 그 자신의 철학사에 대한 천착과 미술, 영화, 소설 등 그 자신이 전개해 둔 예술에 대한 관점과도 관련이 있는 것이다. 그가 철학사와 예술의 각 장르들에 대한 많은 책들을 남겨 둔 것은 후학으로서 매우 고마운 일이다. 그리하여 이미 많은 연구자들이 그의 철학의 전모를 이해하기 위해, 스피노자-니체-베르그손을 묶어 들뢰즈 철학의 도제작업으로 제시하기도 했으며, 마누엘 데란다Manuel DeLanda는 과학과 수학으로, 키스 안셀-피어슨Keith Ansell-Pearson은 생물학으로 들뢰즈라고 이름 붙인 현대의 철학에 접근하는 길을 마련하려고 노력했다. 그래서 이미 많이 언급되고 다루어진 방법이나 개념들이 있다.

이 책에서는 연구자로서 필자가 보기에 아주 중요해 보이는 데도 불구하고 그만한 주목을 받지 못하는 철학자와 개념들을 다루고자 하는데, 그것은 바로 베르그손과 그의 『물질과 기억』에서 탐구되고 있는 개념들이다. 들뢰즈 본인이 『베르그손주의』라는 제목의 책을 출간하기도 하였으나 다른 철학자들에 비해 베르그손에 대한 천착이 오래거나 길지 않고, 굵직한 개념 즉 '잠재성'과 '기억', '시간(의 두 번째 종합)'이 그로부터 유래했다는 점 외에는 복잡한 논의가 없다. 베르그손에 대한 책을 출간하던 당시 "베르그손은 당대 유럽 철학의 흐름에서 부당하게도 잊혀진 인물"[9]로서 세간의 평가가 높지 않고 부적절한 유심론자 정도로 간주되었으나, 들뢰즈의 생각은 전혀 그렇지 않았던 것 같다. 『대담』에서 그는 베르그손에 대한 자신의 생각을 아래와 같이 전하고 있다. "요즘에는 나 보고 심지어 베르그손에 대한 책까지 썼다고 비웃는 사람들이 있는데, … 사실, 베르그손이 한 것처럼, 지각, 정서 그리고 행동을 운동의 세 가지 종으로 구분하는 것은 매우 새로운 절단입니다. 내가 보기에 그것은 전혀 제대로 소화된 적이 없고, 베르그손의 사유에서 가장 어렵고 가장 아름다운 부분이기 때문에 여전히 새롭습니다."[10] 베르그손이 발견해 놓고 스스로 잊어버린 것인가 하는 평가를 하게 만든 그의 이미지라는 개념(『시네마 1』에서 들뢰즈의 평가) 그리고 이를 둘러싼 많은 해명은 당시의 생물학과 신경생리학

---

9   키스 안셀-피어슨, 『싹트는 생명: 들뢰즈의 차이와 반복』, 이정우 옮김, 산해, 2005, 11쪽.
10 질 들뢰즈, 『대담』, 신지영 옮김, 갈무리, 2023, 22, 224쪽.

의 성과와 떼려야 뗄 수 없는 것인데, 철학사적으로 최근 생물학의 성과와 그 성과를 소화 흡수한 철학의 면모는 우리에게 아직까지도 많이 낯설다. 연구자로서 나 역시 들뢰즈의 평가처럼 베르그손의 『물질과 기억』 제1장은 "전혀 제대로 소화된 적이 없고, 베르그손 사유에서 가장 어렵고 가장 아름다운 부분이기 때문에 여전히 새롭"다고 생각한다. 그리고 바로 그런 이유로 차이의 형이상학을 자리매김하기 위해 그의 『물질과 기억』을 선택했다.

우리는 뉴턴으로 완성된 물리학에 익숙하며, 우리의 인식은 그로부터 갑자기 양자역학으로 비약한다. 우리의 사유는 양자역학에 금방 적응했지만, 몸을 자동기계라고 바라봤던 데카르트 이래 생물학의 발견과 진화론의 관점에서 바라본 몸이라는 존재의 의미에는 여전히 취약하고 낯설다. 그래서 이 책에서는 이러한 지점을 가장 잘 보여 준, 난해하기로 유명한 베르그손의 『물질과 기억』의 주요 테마들을 다루려고 한다. 책의 속표지에 인용했듯이 베르그손은 차이의 형이상학을 자리매김한 당사자로 평가받아 마땅하다. 다음의 평가는 바로 들뢰즈의 평가이기 때문이다. "말하자면 고대적 개념이 영원성을 주제로 삼는 고대철학에 잘 들어맞는 것이라면 현대적 개념, 현대과학은 또 다른 철학을 요구[한다]. 이는 철학의 총체적인 전환이며 또한 베르그손이 궁극적으로 목표했던 것이다. 다시 말해 그는 현대과학에 대하여 그에 걸맞은 형이상학을, 처음부터 사라져 버린 나머지 반쪽과도 같은 형이상학을 부여하려고 했던 것이다."[11] 그리고 그의 테마들은 고스란히 들뢰즈의 현대 생물학적 사유에 비옥한 거름이 되어 준다. 이런 이해가 깔려 있어야 질베르 시몽동Gilbert Simondon과 같은 1960년대 생물학을 철학적으로 사유해 볼 수 있다. 『차이의 형이상학 2』는 아마도 『정상적인 것과 비정상적인 것』, 『생명에 대한 인식』의 저자이자 들뢰즈 석사논문의 지도교수였던 캉길렘Georges Canguilhem의 생명에 대한 사유를 시작으로 하여 좀 더 본격적인 '차이와 반복의 형이상학'이 될 것으로 예상하고 있다.

다만 영원불변의 형이상학으로부터 철학사에서 처음부터 사라져 버린 『차이의 형이상학』으로 부드럽게 이동하기 위하여 플라톤과 현대철학의 관계를 니체를 통해 스케치하고, 고전 형이상학의 범형인 플라톤의 형이상학이 어떤 점에서 뒤집히고 또 보존되는지부터 이야기를 시작하고자 한다.

---

11   Gilles Deleuze, *Cinéma. 1 image-mouvement*, Paris, Minuit, 1983, p. 17; 국역본 20쪽.

차례

차이 령이상탁 1

일러두기

1. 본문의 밑줄과 인용문의 밑줄은 모두 지은이가 강조한 부분이고, 대괄호([ ]) 표기는 지은이의 내용 삽입이다.
2. 본문에 인용하는 베르그손의 텍스트는 박종원 번역(아카넷)을 참조했으며, 원본을 대조하여 필요에 따라 수정했다. 참조한 원본은 Bergson, *Oeuvres*, édition du centenaire, PUF, 1959.
3. 단행본·정기 간행물 등의 제목에는 겹낫표(『 』)를, 논문·단편·미술작품 등의 제목에는 낫표(「 」)를, 영화 제목에는 홑화살괄호(〈 〉)를 사용했다.
4. 외국어 고유명사는 2017년 국립국어원에서 개정한 외래어표기법을 따랐다.

1. 플라톤에서 니체로 전환된 형이상학

들뢰즈는 현대철학의 임무가 '플라톤주의의 전복'이라는 니체의 테제를 이어받으면서도, 이러한 전복이 플라톤적인 성격을 보유한다는 것은 피할 수 없는 일인 동시에 바람직한 일이라고 말한 바 있다.[1] 필리프 망그는 들뢰즈가 플라톤주의를 전복시켜 돌아가고자 했던 것이 하이데거가 바랐던 것처럼 소크라테스 이전이 아니라, 아리스토텔레스를 넘어서 플라톤과 함께 그리고 그에 대항하여 그의 이데아로였다고 말한다.[2]

　　그런데 '플라톤주의의 전복'이라는 테제가 니체로부터 왔다고는 하지만, 니체에 대한 기존의 독해가 긍정적이지만은 않다. 그의 철학은 허무주의와 영원회귀라는 두 개념을 중심으로 때로는 비극적으로 때로는 영웅적으로 그려져 왔으며, 가장 나쁜 경우에

1　Deleuze, *Différence et répétition*, Paris, PUF, 1968, p. 82.
2　Philippe Mengue, *Gilles Deleuze ou le système du multiple*, Paris, Éditions Kimé, 1994, p. 146.

는 나치즘(종족우월주의)의 철학적 정당화 기제로, 덜 나쁜 경우에는 여성혐오주의로 오해받아 왔다. 들뢰즈가 니체를 등에 업고 플라톤주의를 전복할 때에는 니체에 대한 독해에 있었던 이러한 몇 가지 요소들을 해소했어야만 했을 것이다. 들뢰즈와의 인터뷰에서 마지오리Robert Maggiori가 "특히 이탈리아에서 그렇지만, 사람들이 '니체-르네상스'에 대해 많이들 말하고 있고, 여럿 가운데 푸코와 당신[들뢰즈]이 그 책임자들"[3]이라고 지적한 것처럼, 니체가 들뢰즈에게 갖는 중요성이란 이미 공공연한 것인 반면, 과연 니체에 대한 기존의 독해에 있어 이른바 어떤 점이 전복되었는지는 분명하지 않은 점이 있다. 그러므로 '플라톤주의의 전복'을 위해서는 플라톤뿐 아니라 니체에게도 비판적 개입이 필요하다.

가. 플라톤

(1) 실체에서 사건으로

들뢰즈가 자신의 형이상학을 전개한 국가박사학위논문의 테제를 여러 철학자들 앞에서 요약 발표할 때, 그는 그의 테제를 다음과 같은 질문으로 다루기 시작하였다.

---

3   이 인터뷰는, Deleuze, *Pourparlers*, Paris, Minuit, 1990, pp. 123~124.

[그것은] 무엇인가?라는 질문이 본질 혹은 이데아를 발견하기에 좋은 질문인지는 확실하지 않습니다. 누가? 얼마나? 어떻게? 어디에서? 언제?와 같은 종류의 질문들이 더 나을 수도 있지요—본질을 발견하기 위해서도 그렇고, 이데아와 관련된 더 중요한 어떤 것을 규정하기 위해서도 그렇습니다.[4]

이는 결국 명사적 사유, 실체 중심의 사유를 비판하고 사건 중심의 사유를 제안하는 것인데, 사실 이러한 전환보다 더 중요하면서도 간과하기 쉬운 지점이 있다. 그것은 바로 들뢰즈의 관심이 여전히 본질과 이데아에 있다는 점이다. 이 간단한 세 줄에서 들뢰즈가 주장하고자 하는 것은, 바로 플라톤이 구상한 그 이데아를 더욱 효과적으로 작동시키기 위해서라도 이데아를 명사적으로 묻는 것보다는 사건적으로 묻는 것이 더 적절하다는 것이다. 실제로 들뢰즈는 플라톤에 대하여 그렇게 적대적이지 않다. 그가 그의 차이 개념(개념 없는 개념)을 설명하기 위하여 아리스토텔레스와 플라톤을 거쳐 일의성에 이르기까지 여러 선배 철학자를 검토할 때에도 플라톤에 대하여는 호의적이었다. 왜냐하면 "플라톤의 변증술이라는 것은 그에 합당한 방법—즉, 나눔술—을 소유하고 있었는데, 이 방법은 매개 없이, 중간항이나 이성 없이 직접적으로 진행되는 것으로, 일

---

4   Deleuze, *L'île déserte et autres textes*, Les Editions de Minuit, 2002, p. 131. 이렇게 시작된 들뢰즈의 논의는 『차이와 반복』의 테마, 특히 4장과 5장을 다루고 있으며, 1969년 『차이와 반복』으로 박사학위를 받기 전인 1967년 1월 28일 Société française 회원들 앞에서 발표되었다.

반적인 개념의 요구보다는 오히려 이데아의 영감에 의존하는 것"[5]
이기 때문이다. 즉, "플라톤은 아리스토텔레스와는 전혀 같은 고
민을 하지 않았으며, 그에게 문제가 된 것은 동일화하는 것identifier
이 아니라 정당성을 증명하는 것authentifier[정당한 것, 혹은 진정한 것
을 찾는 것]이다."[6] 플라톤이 진정한 것을 찾아 나설 때 방법으로 사
용한 변증술은 개념의 매개가 없는 것이었는데, 아리스토텔레스는
바로 이 점을 비판했다.

　　현대의 논리학과 논리적인 사유, 합리적인 분류 등에 적용
되어 있는 사유는 플라톤의 것이 아니라 아리스토텔레스의 것이
다. 이를테면 우리는 기쁨과 슬픔이 있을 때 이들을 분류하기 위하
여 우선 둘의 공통점을 이끌어 내어 감정이라는 상위 개념을 만들
어 내고, 기쁨과 슬픔은 모두 감정이라고 이해하는데, 이러한 간단
한 사유의 과정 역시 매우 아리스토텔레스적인 것이다. 만약 기쁨

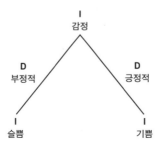

그림 1. 알파벳 I는 동일성을, D는 차이를 가리킨다.

5　　Deleuze, *Différence et répétition*, p. 83.
6　　Ibid., pp. 84~85.

과 슬픔이 모두 감정인데 둘이 어떻게 다르냐고 묻는다면 기쁨은 긍정적인 감정이고 슬픔은 부정적인 감정이라고들 말할 텐데, 이 역시 아리스토텔레스적으로 생각한 것이다. 그렇게 하면 분류는 아주 고전적인 나무의 형태를 만들게 된다.

즉, 슬픔이나 기쁨을 identify하는 것이 아리스토텔레스의 철학이다. 우리는 비슷한 분류를 플라톤에게서도 발견할 수 있다. 철학자와 소피스트를 구분하고 싶었던 플라톤은 『소피스트』에서, 나눔[혹은 분할]술을 사용한다. 나눔술은 "'그것이 무엇인가?'라는 질문을 '그것이 어디에 있는가?'라는 질문으로 바꿔 되묻는 방식이다. 이 방식은 주어진 영역을 둘로 잘라 한쪽은 취하고 다른 한쪽은 버린 후에 취해진 그 한쪽을 다시 둘로 잘라 같은 과정을 반복하되, 탐구 대상이 충분히 작은 영역 안에 가두어질 때까지, 사냥의 은유를 동원하자면, 사냥감을 그물로 포획할 수 있을 때까지 잘라 나가는 방식이다. 분할의 끝에 이르게 되면, 쪼갰던 모든 영역들의 이름들을 수합할 수 있고, 이를 통해 하나의 긴 기술어가 얻어진다".[7] 『소피스트』에서 대화에 참여한 이들의 주제는 "소피스트는 누구인가?"인데, 그들은 이 작업을 "소피스트를 포획하는 것"이라고 표현한다. 이를 위해 그들은 일단 "사소한 어떤 것을 쫓아 이것을 큰 것의 본보기로 세우기"(218d)로 한다. 그렇게 해서 선정된 것이 낚시꾼이다. 그들은 "낚시꾼은 누구인가?"를 먼저 이해해 보기로 한 것

---

7 플라톤, 『소피스트』, 이창우 옮김, 정암학당 플라톤 전집, 이제이북스, 2011, 작품해설 18쪽(이해를 돕기 위해 윤문하였음).

이다. 주어진 영역을 둘로 자른다는 것은 낚시가 무엇인지 포획하기 위해 그 영역을 일단, 말하자면 기술과 기술이 아닌 것의 두 영역으로 나눈다는 것이다. 그리고 나서 그들은 대화에 의해 낚시가 기술이라고 의견을 모은다. 기술 아님의 영역은 버리고 기술의 영역을 취한다. 다음 단계: 기술의 영역을 다시 둘로 나눈다. 대화에서는 만드는 기술과 획득하는 기술로 영역을 나누고 낚시는 획득술이라는 데 의견을 모은다. 제작술은 버리고 획득술을 취한다. 다음 단계: 획득술은 매매에 의한 교환술과 예속의 기술로 나뉘며, [소피스트라는] 낚시꾼은 교환의 기술자로 이해된다. 그리고 대화는 이런 식으로 계속된다. 그리하여 낚시꾼을 충분히 작은 영역 안에 가두게 되어 사냥의 끝에 이르게 되면, 대화자들은 대상을 분할하면서 취해 온 영역들 각각에 붙인 술어들을 얻게 된다. 마지막에 남은 술어 하나가 중요한 것이 아니라 지금껏 선택되어 온 영역들에 붙여진 술어들과 그 연결이 탐구 대상을 설명하는 형상들인 것이다. 그리하여 탐구 대상인 존재는 단어들의 엮임으로 이해되는데, 그림으로 그려 보자면 다음과 같다.

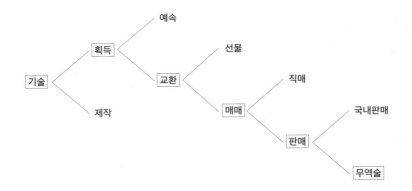

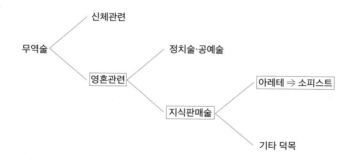

그림 2. 플라톤의 나눔술/분할술

    탐구 대상을 사냥하는 과정에서 나뉘는 영역들은 "전에는 한 번도 이름 붙이지 않았던 영역들"도 있어서 영역에 대한 이름을 지어내기도 하며, 탐구 대상이 분할된 두 영역에 동시에 속하기도 하고, 또한 분할이 이분법으로 일관하는 것도 아니어서 중간에 삼분법으로 바뀌기도 한다.[8] 그리하여 탐구의 대상 '소피스트'는 이러한 분할의 과정에서 버려지고 취해진 영역들과 그에 붙여진 이름들[형상들]의 결합이 된다. 말하자면 소피스트는 획득-교환-매매-판매-무역-영혼-지식판매-아레테 판매 등의 형상들을 결합하여 서술되는 자, 즉 영혼의 지식 중 아레테를 판매하여 돈을 버는 기술자이다. 제자 아리스토텔레스는 스승의 이 분할술에 '매개'가 없음을 비판하였다. 기쁨과 슬픔은 감정을 매개념으로 하여 분류되는데, 제작술과 획득술은 기술을 매개념으로 하여 분류된 것이 아니다. 기술이라는 영역이 그 자체로 둘로 분할된 것이다. 현대인의

---

8   플라톤, 『소피스트』, 작품해설 18쪽.

1. 플라톤에서 니체로 전환된 형이상학

관점에서 볼 때 플라톤의 작업은 '논리학'으로 지금까지 보존되어 있는 아리스토텔레스의 작업에 비해 세련되지 못해 보일 수 있다. 그러나 플라톤의 분할과 아리스토텔레스의 분류는 투박하거나 세련된 분류 작업 정도로 차이 나는 것이 아니다. 아리스토텔레스는 동일성과 차이의 체계 안에 대상을 위치시키는 방식으로 탐구 대상에 다가간다. "슬픔은 부정적인 감정이다"와 같은 정의가 있다고 하자. 이때 슬픔(identity 1)은 슬픔 외부의 개념인 감정(identity 2)과 이 둘을 이어 주는 차이difference를 덧붙여 이해된다. 탐구 대상은 항상 대상의 외부에 있는 동일성들과 차이들에 의해 규정된다. 이런 식으로 대상을 이해해서는 대상 그 자체에는 결코 다가갈 수 없다. 말하자면, 대상의 '내부'로 뚫고 들어갈 수가 없다는 것이다. 그래서 들뢰즈는 아리스토텔레스가 identify하려는 철학자였다면 플라톤은 authentify하려는 철학자였다고 말한 것이다. 플라톤은 대상의 진정한 모습을 찾으려고 한 것이지 대상을 정의하려고 한 것이 아니라는 뜻이다. 개념의 매개 없이 차이를 사유하려는 것이 '즉자적 차이'différence en soi라는 개념을 사용하는 들뢰즈의 의도인 것을 고려할 때, 매개 없이, 그리고 일반적 개념의 요구에 따르지 않고 이데아를 사유하려는 플라톤의 시도는 들뢰즈의 시도와 같다. 바로 이러한 점 때문에 들뢰즈는 그가 전복해야 할 철학이 플라톤적인 성격을 지닌다는 것은 바람직하기까지 하다고 말한 것이다. 그런데 철학에 관심이 있다고 하더라도 플라톤과 아리스토텔레스가 같은 고대철학자이고 플라톤의 이데아와 아리스토텔레스의 형상이 엇비슷하다고 느끼는 사람들은 대개 이러한 차이를 잘 모르고 그 차이에 민감하지도 않다. 또한 두 철학자의 위대함이 너무 대단한 나머지 둘 중 누가 더 위대한가 우리로서는 감히 가늠할 엄두도 낼 수 없지만, 굳이 말하자면 철학사에 있어서는 아리스토텔레스적인 사유가 우위를 점했던 것 같다. 중세철학과 기호학의 대가 움베르토 에코는 자신의 소설 『장미의 이름』에서 아리스토텔레스가 『시학』의 2부 『희극』을 썼으나 화재로 소실되었다는 역사적 가설 위에 이야기를 전개하는데, 그 책의 중요성을 설파하는 소설 속 수도사는 아리스토텔레스가 The philosophe라는 사실을 여러 차례 강조한다. 기원전 322년에 생을 마감한 아리스토텔레스의 논리학을 아직까지 배우고 있는 것만 보아도 그 이름이 당시에는 어떤 의미였을지 짐작하고도 남는다. 이런 이유로 해서 현대에 두 사람의 이름은 분명하게 남아 있지만 어쩌면 우리는 플라톤을 아리스토텔레스의 체계와 개념을 통해 이해하고 있을지도 모른다. 그래서 이런 평가가 가능해진다. "우리의 오류는 플라톤의 나눔술을 아리스토텔레스의 요구로부터 이해하려고 노력한다는 점에 있다."9 그렇다면 플라톤주의의 전복은 단순히 플라톤에 대한 아리스토텔레스적인 독해의 전복에 있다는 것일까? 그렇지는 않다. 플라톤의 철학은 두 가지 점에서 전복되어야 할 것으로 나타난다.

첫째, 플라톤의 이데아는 감각적 생성으로부터 분리되어 스스로 동일한 것이 되어 버린다. "상기의 종착점으로서의 이데아는

---

9   Deleuze, *Différence et répétition*, p. 83.

고정된[안정적인] 본질이다. 이데아는 자기와 양립할 수 없는 것과는 늘 분리되어 버린다(같음은 같을 뿐이다)."[10] 이로써 세계는 존재론적으로 둘로 나뉘게 된다. 존재는 다의적인 것으로 이해되며, 존재자들 사이에 서열이 매겨지는 계기가 된다. 둘째, 스스로 동일한 이데아가 감각적인 생성으로부터 분리되면서 철학자는 삶에 대한 심판관이 된다. 들뢰즈는 플라톤이 플라톤 세계에 대한 도덕적인 관점에 입각한 하나의 철학적 결단을 내린 것이라고 말한다.[11] "능동적인 삶과 긍정적인 철학의 통일 대신에, 우리는 사유가 삶을 판단하는 임무를 스스로에게 부과하는 것을 본다. 사유는 삶에 소위 우월한 가치들을 대립시키고, 삶을 이 가치들에 대하여 측정하며, 삶을 제한하고 또 삶에 대하여 유죄를 선고한다."[12] 그런데 플라톤의 이데아론이 세계에 대한 도덕적 관점으로 작동하기 위하여 중요한 것은, 이데아와 감각적 세계의 분리가 아니라 감각적인 것들 안에서의 사본copie과 시뮬라크르simulacre의 구분이라는 점을 들뢰즈는 지적한다. 왜냐하면,

> 우리는 이미지를 두 가지 형태로 제조하는 기술을 구분하였다 : 하나는 사본을 생산하며, 다른 하나는 시뮬라크르를 생산한다.[13]

---

10 Deleuze, *Proust et les signes*, Paris, PUF, 1964, p. 133 / 국역본 163쪽.

11 Deleuze, *Différence et répétition*, p. 166.

12 Deleuze, *Nietzsche*, Paris, PUF, 1965, p. 19.

13 Platon, *Le Sophiste*, Paris, Les Belles Lettres, 1985, 264d.

만약 제작자가 동일자에게 끊임없이 시선을 고정시키고 [동일자인] 그러한 모델을 사용한다면, 그가 그의 작품 속에서 [모델을] 구현하고자 노력할 때마다, 그가 이러한 방식으로 생산한 모든 것은 필연적으로 아름답다. 반대로, 그의 시선이 태어난 것에 고정된다면, 그리고 태어남에 종속된 모델을 사용한다면, 그가 구현할 바의 것은 아름답지 않을 것이다.[14]

이데아의 사본은 필연적으로 아름다우나, 사본의 사본은 아름답지 않다. 이데아를 볼 수 있는 철학자가 현자로 제시되고, 삶의 목동으로 등장하는 것도 이러한 맥락에서이다. 현대적 관점에서 플라톤주의는 이데아와 그의 모상이 분리되면서 시작된 세계에 대한 도덕적 단죄, 삶에 대한 재판관으로서의 철학의 자리매김이다. 플라톤주의 세계에서 스스로 동일한 이데아가 왕위를 차지하였다면, 들뢰즈에게서는 모든 차이들, 혹은 내적인 양상들이 왕위를 차지하도록 세계를 전복한다.

일의성이란 정확하게 말해서 존재는 그의 모든 개별화하는 차이들 또는 그의 모든 내적인 양상들로부터 이야기되되 유일하고 같은 하나의 의미로 이야기된다는 것을 말한다.[15] …
그 어떤 사물도, 그 사물이 크든 작든 열등하든 우월하든 상관

---

14   Platon, *Timée*, Paris, Les Belles Lettres, 1985. 27a~b.
15   Deleuze, *Différence et répétition*, p. 53.

없이, 그리고 그 참여가 많든 적든 상관없이 결코 존재의 분할에 참여하지 않으며, 또 그곳에서는 그 어떤 사물도 존재를 유비를 통해 받아들이지 않는다. 이러한 의미에서 존재의 일의성은 존재의 동등성을 의미하는 것이기도 하다. 일의적인 존재는 유목적인 분배임과 동시에 왕위에 오른 아나키 상태인 것이다.[16]

플라톤주의에서는 이데아를 모방한 이미지들이 이데아와의 거리에 의해서 측정되지만, 들뢰즈에게 있어서는 이미지들이 동등하면서 하나의 의미로 말해진다. 들뢰즈에게 있어 양상들의 아나키 상태가 왕위에 오른다는 것은, 그 양상들이 지배할 하인들이 또 따로 존재한다는 말을 하려는 것이 아니라 있는 것은 서로 동등한 양상들뿐이라는 것이다. 이것이 '첫 번째 의미의 플라톤주의의 전복'이라고 말할 수 있다. 즉, '존재의 일의성'에 의하면 차이들, 혹은 양태들 간에 어떠한 위계도 없다. 그 결과 모델이 없으니 재판도 없다. 존재론이 달라지면서 세계에 대한 도덕적 관점도 따라서 자취를 감추게 된다. 물론, 스스로 동일한 이데아가 맡았던 세계 생산의 원리를 이제 양상들의 아나키 상태가 맡게 된다. 이 내적인 양상들의 아나키 상태에 대하여, 그는 플라톤주의의 전복이라는 주제에 걸맞게 처음에는 '시뮬라크르'라는 이름을 붙였다. 그런데 스스로 동일한 이데아를 잘 모방하지 못하는 것들인 시뮬라크르들이

---

16   Ibid., p. 55.

란 다름 아닌 동사적인 것들이자 생성하는 것들이다. 이것은 '사건' 등으로 다시 불리며, '시뮬라크르'라는 용어는 별다른 효용이 없는 것으로 폐기된다. 그러므로 플라톤주의의 전복의 첫 번째 의미는 곧 실체(명사적인 것)에서 사건(동사적인 것)으로의 전환이다. 동사적인 것으로서 사건은 시간적인 것이고 자연히 해체적이라서 조화롭거나 한곳으로 수렴하지 않고 갈등하거나 발산한다. 과학과 기술 그리고 그에 동반한 체제들이 우리에게 선사한 현대는 바디우가 말하듯이 바로 이런 세계이다. 그리고 그는 이렇게 말한다. "우리는 이러한[결코 조화로서 재현될 수 없는] 세계를 기꺼이 받아들여 즐겨야만 한다. 그 이유는 발산[잠재적인 것/Un-Tout]이 수렴[현실적인 것—양상들]보다 우월해서가 아니라—발산과 부조화를 우월한 것으로 취함은 어떤 의미에서 보자면 일종의 초월적인 기준과 판단에로 은밀하게 회귀하는 일일 수도 있다—우리의 세계가 바로 이러한 세계"[17]이기 때문이다.

(2) 일자로부터 순수한 다수성으로

이 점에 비추어 들뢰즈의 '본질'에 대한 문제 제기를 되새겨 보면 그 의미는 다음과 같을 것이다. 사건의 본질을 이해하기 위해서 '이것은 무엇인가?'와 같은 실체적인 질문은 의미가 없고, '언제, 어디에서, 어떻게' 등의 사건적인 질문을 던져야 한다. 즉, 스스로 동일

---

17 바디우, 『존재의 함성』, 109~110쪽.

한 명사적 본질은 없고, 단 한 번 일어나는 동사적인 사건에 부합하는 스스로 이질적인 동사적 본질이 있다는 것이다. 그런데 이러한 극히 현대적인 '사건의 존재론'이 플라톤의 철학적 기획과 어떤 합치점이 있는 것일까? 즉, 그 존재론은 어떤 점에서 고전적인 관심이며, 또한 형이상학인가? 이 점에 있어서 들뢰즈의 철학을 '비자발적 플라토니스트'라 명명한 바 있는 바디우의 비판을 들어 보는 것이 도움이 될 것 같다. 바디우는 들뢰즈에 대하여 다음과 같이 비판한다.

> 만약 우리가 들뢰즈를 따라서 … 그 어떤 실재도 지니지 않는 모든 차이[18]와 일자의 위상을 자신의 존재론적 위상으로 지니는 모든 다수성을 환영에 등록한다면, 결국 존재자들의 세계는 존재의 환영들이 꾸미는 무대가 되고 마는 것이다. 그런데 이 같은 결과는 기이하게도 플라톤적인 모습, 더 나아가서는 신플라톤주의적인 모습을 띠게 된다. 왜냐하면 우리는 이 같은 결과 속에서 역설적인 일자 또는 탁월한 일자가 내재적인 방식으로 존재자들의 행렬을 낳는 모습, 그리고 일자는 존재자들의 일의적인 의미를 분배하며 이때 존재자들은 일자의 역능과 관련하여서 오로지 그와 유사한 것만 될 수 있는 모습,

---

18 논점에서 벗어나 본문에서 언급하지 않았으나, 바디우의 비판은 들뢰즈의 차이가 어떤 실재도 지니지 않는다고 평가한 이 부분부터 이미 잘못되기 시작했다. 이미지가 바로 실재라는 것이 우리 책 전체의 주제인데, 그것은 바로 차이가 실재라는 것과 같은 말이다.

말하자면 플라톤적인 모습을 보게 되기 때문이다.[19]

들뢰즈가 줄곧 전복하고자 했던 플라톤주의의 주된 테마는 다름 아닌 이데아의 자기동일성과 그로부터 이데아의 진정성을 분배받은 존재자들(이미지들, 환영들)의 유사성이다. 그런데 바디우는 이데아의 자리에 동사적 사건들을 놓은 들뢰즈의 차이 존재론도 역시 유사성을 생산의 원리로 삼는다고 비판한다. 그렇다면 잠시 이 원리의 문제에 있어서 플라톤의 철학이 어떻게 작동하는지를 살펴보자. 플라톤은 『라케스』에서는 진정한 용기를, 『향연』에서는 진정한 사랑을, 『정치가』에서는 진정한 인민의 목동을 사유하려 한다. 만약 그의 의도대로 이 '진정한 무엇'이 사유된다면, 감각적 세계의 것들은 모두 이 진정한 무엇을 모방하여 생산된다. 감각적 세계의 존재자들은 이 진정한 모델의 유사물들이다. 또한 도덕적인 차원에서 이 감각적 존재자들은 진정한 모델에 의해 측정된다. 이것이 바로 이데아의 자기동일성과 이와의 유사성을 통해 생산되는 세계의 모습이다. 그리고 이것이 플라톤의 '원리'에 대한 생각, 즉 형이상학이다. 그러나 바로 이런 점에서 플라톤 이데아가 원리로서 불충분하다는 점을 들뢰즈는 다음과 같이 분명하게 지적하고 있다.

이러한 것이 이미 시간의 두 번째 종합의 애매성, 므네모시네의 모호성이다. 왜냐하면 므네모시네는 자신의 순수 과거의

---

19 같은 책, 77~78쪽.

1. 플라톤에서 니체로 전환된 형이상학

높이로부터 재현을 넘어서고 지배하지만, … 그것은 여전히 그것이 근거 짓고 있는 재현에 상관적이다. … 자기가 근거 짓는 것에 상관적이라는 사실, 자기가 근거 짓고 있는 것으로부터 성질들을 빌린다는 사실, 그리고 자기가 근거 짓고 있는 것의 성질들에 의해 스스로를 증명한다는 사실이 바로 이 근거의 불충분성이다.[20]

이데아가 구체적인 예들과 상관적이라는 사실, 그로부터 성질을 빌리고 또 그것들에 의해 스스로를 증명한다는 사실, 용기의 이데아를 사유하기 위하여 감각적 세계에서 구현된 용기의 사례들을 참조해야만 한다는 사실, 그 사례들로부터 이데아가 성질을 빌리고 또 스스로를 증명한다는 사실. 그것이 바로 플라톤의 이데아가 근거로서 불충분하다는 점을 보여 주고 있다는 것이다. 다시 말해서 들뢰즈가 플라톤주의를 전복할 수밖에 없었던 이유에는, 그의 다의적 존재론과 세계에 대한 도덕적 관점뿐만 아니라, 그의 원리의 원리로서의 불충분성에 있기도 했던 것이다. 들뢰즈는 진정한 것으로서의 이데아 그리고 현실들의 생산 원리로서의 이데아에 관심이 있었으며, 플라톤의 이데아는 진정함에 있어서도 원리에 있어도 불충분했다는 것이다. 들뢰즈는 현실적인 것들과 상관적이지 않으면서, 그들로부터 성질을 빌리거나 그들에 의해 증명되지 않는 원리로서의 이데아를 정초하고 싶었다. 그리고 그 이데아의 자

---

20 Deleuze, *Différence et répétition*, p. 119 / 국역본 207쪽.

리에 즉자적 차이, 내적인 양상들의 아나키 상태, 사건을 둔 것이다. 들뢰즈를 '비자발적 플라토니스트'라고 부른 바디우는 들뢰즈가 원리에 대한 생각을 가지고 있었다는 점을 알고 있었고, 바로 이 점에 대하여 저와 같은 명칭을 붙인 것이다. 바디우가 비판한 다음 지점, 즉 과연 들뢰즈의 원리는 유사한 것만을 생산하는가에 대한 점은 잠시 뒤로 미루고 '차이와 반복'에 대한 들뢰즈의 발표를 들었던 다른 철학자들은 어떤 반응을 보였는지 살펴보기로 하자.

필로넨코 만약에 당신이 모든 환상illusion을 구성된 것 쪽에 놓고, 생산과 구성에는 환상을 받아들이지 않는다면, 결국 근본적으로 당신은 (그것을 피하고자 했지만) 플라톤에게로 되돌아가는 것이 아닌가요? 이데아로부터 이해된 구성이, 그것이 이해될 수 있는 만큼, 항상 진정하고 정확한 그 플라톤 말입니다.

들뢰즈 네, 아마도요.

필로넨코 요컨대, 구체화와 다수성의 측면에서 플라톤에서와 마찬가지의 진리를 갖게 되고, 진리에 관한 한 플라톤과 같은 생각을 갖게 되는 건가요? 내가 말하고 싶은 것은, 항상 그것이 생산하는 그 전체에 있어서 자기 자신과 같은 참의 단순성 말입니다.

들뢰즈 그건 그 플라톤일 수가 없어요. 만약 플라톤의 마지막 대화록을 생각한다면, 거기서는 이데아들이 어떻게? 얼마나? 어떤 경우에?의 질문들로 찾아져야 하는, 약간은 다수성 같은 것이었습니다. 그런 경우라면 맞아요, 제가 말한 모든 것은 사실상 플라톤적인 것 같습니다. 그러나 만약 반대로 본질의 단순성 혹은 이데아의 자기성$_{ipséité}$에 충실한 플라톤이라면, 그때는 아닙니다.[21]

오류가 생산하는 것 쪽에 있지 않고 생산된 것 쪽에 있다는 입장은 바로 플라톤의 입장이었던바, 들뢰즈의 말은 곧 플라톤의 말이 아니겠느냐 하는 지적이다. 이 지적에는 이미 원리와 그 원리로부터의 생산이라는 생각이 들뢰즈 철학에 있다는 점이 함축되어 있다. 그러나 들뢰즈는 플라톤의 마지막 대화록의 경우가 아니라면, 자기의 말은 플라톤의 것이 아니라고 말하고 있는데, 들뢰즈가 정확히 지적했듯이, 플라톤과 들뢰즈를 가르는 지점은 바로 이데아의 자기동일성$_{identité, ipséité}$이냐, 즉자적 차이로서의 이데아냐 하는 점에 있다. 이데아가 자기동일한 것으로서 감각적 생성과 분리되어 있는 철학적 시스템이 플라톤의 시스템이라면, 이데아가 감각적 생성 그 자체이며, 생성이 생성을 생산하는 것이 들뢰즈의 시스템일 것이다. 이러한 두 철학의 차이는 이데아가 어떤 세계를 생산할 수 있느냐 하는 문제와도 관련이 있다. 만약 이데아가 스스로 동일한 것이라면 세상은 이데아와 유사한 것만을 생산할 수 있을 뿐이지만, 이데아가 내적인 양상들의 아나키 상태라면 세상은 언제나 새로운, 한 번도 존재하지 않았던 것들을 무한히 생산할 수 있는 것이다. 들뢰즈는 즉자적 차이로서의 이데아와 이로부터의 생산과

---

21 Deleuze, *L'île déserte et autres textes*, pp. 161~162.

관련하여 다음과 같은 개념을 만들어 냈다.

> différent/ciation이라는 개념은 단지 생물-수학적 복합체만을 표현하는 것은 아니다. 그것은 대상의 두 반쪽들로서의 전 우주의 조건 자체이다. différentiation[미분화微分化]은 어떤 전-개체적인 본성을 표현하는 것으로, 이는 결코 보편적 추상으로 환원되지 않으며, 잠재적 다수성 혹은 이데아들을 특징짓는 관계들과 특이성들을 포함한다. différenciation[분화分化]은 특질과 연장을 가진 관계들과 특이성들의 현실화, 표상의 대상으로서의 종들과 부분들의 현실화를 표현한다.[22]

미분화/분화로 번역될 수 있을 이 개념이 이질적 다수성으로서의 이데아/현실화의 쌍에 대응한다. 사건의 이데아는 '용기'의 이데아가 감각적 세계의 용기들에게 배분되는 방식으로 존재하지 않는다. '용기', '사랑', '인민의 목동'과 같은 실체적이고 수적으로 하나인 이데아가 원리로 자리매김하는 한, 그 이데아는 그와 유사한 것들만을 생산하며, 그와는 다른 것, 이 세계에 한 번도 존재하지 않았던 것을 생산하지 못한다. 그러나 사건의 이데아는 (논리적인 의미에서) 앞으로 현실화될 것들의 규정성들이 미분화différentiation되어 잠재적으로 분포된 상태이며, 사건의 이데아와 현실적인 것의 관계는 유사성이 아니라 분화이다. 구체적인 것에 직접적으로 존재

---

22 Ibid., p. 143.

하는 이 사건의 이데아에는 앞으로 펼쳐질 현재들의 규정성이 분포, 배치되어 있다. 이 배치의 어떠어떠한 것들이 구체적으로 접속(종합)되어 현재로 분화할지는 전혀 예측할 수 없다. 즉 미분화되어 있는 이데아의 상태는 즉자적 차이, 스스로의 내적인 변화, 내적 양상들의 아나키 상태이며, 이 이데아가 분화되어 현실화될 것들의 상태는 이데아의 상태와는 전혀 닮은 바가 없는 어떤 새로운 것이다. 이로부터 우주는 새로운 것이 생산될 수 있는 형이상학적 근거를 갖게 된다. 하나로부터 거리(유사성)에 의해 측정되는 외재적 다수들이 아니라, 이질성으로부터 내적으로 생산되는 순수한 다수성들을 근거 짓는 형이상학인 것이다. 이러한 이데아는 스스로 동일하지 않고, 이데아로부터 생산될 것은 이데아와 유사하지 않다. 이것은 스스로 동일한 이데아와는 완전히 다른 새로운 원리로서의 이데아인 것이다.

이것이 '플라톤주의의 전복의 두 번째 의미'이다. 첫 번째 의미가 실체로부터 사건으로의 전복의 의미라면 두 번째 의미는 하나로부터 다수성으로의 전복의 의미라고 할 수 있을 것이다. 이로부터 플라톤주의와 들뢰즈의 플라톤주의 전복은 다음과 같은 변화를 겪는 것으로 도식화해 볼 수 있다; 동일한 것으로부터 유사한 것의 생산 ⇒ 즉자적 차이로부터 이질적인 것들의 생산. 이는 하나이며 우월한 일자의 자리에 사건들을 배치하는 것이 가지는 우주론적 의미라고 말할 수 있으며, 논의의 맥락을 따라가 보건대 들뢰즈가 원리에 대하여 사유한 것은 분명하다고 할 수 있다.

나. 니체

(1) 니체에 대한 기존의 몇 가지 해석

'니체 르네상스'를 일으킨 장본인 들뢰즈는 신의 죽음, 망치로 철학하기, 비판철학의 완성 등 여러 가지 점에서 니체를 자기의 '긍정의 철학'을 근거 짓는 철학으로 읽어 내고 있으나, 들뢰즈 이전의 니체 독해가 언제나 이와 같았던 것은 아니다. 니체에 대한 일반적인 독해는 삶의 부조리에 그 초점이 맞추어져 있다. 삶이란 니체에 따르면, '같은 것'이 영원히 되돌아오기 때문에 절망적이다. 삶이 달라지리라는 아무런 희망이 없기 때문이다. 즉, 영원회귀와 허무주의는 서로 맞물려 삶을 부조리하게 만든다. 케슬러는 니체에게서 삶의 부조리함을 다음과 같이 요약했다.

> 차라투스트라는 … 삶이란, 마치 무대에서 배우들이 그들의 페르소나를 끊임없이 재현하는 것처럼, 가장 사소한 것들까지도 영원히 되돌아온다고 선언했다. 삶이 이행$_{passage}$ 이외에 아무것도 아니라면, … 아무런 가치도 없는 것 같다. 삶은 무$_{néant}$이고, 아무 가치도 없다. 이것이 바로 니체에게 있어서 철저한 허무주의$_{nihilisme}$의 의미이다.[23]

---

23 Mathieu Kessler, "La vie est-elle une oeuvre d'art?", dans *Le Nouvel observateur*, n° 48, septembre et octobre 2002, p. 77.

만약 허무주의적 관점에서 삶에 아무 의미가 없다면, 게다가 아무 의미 없는 그 삶이 영원히 되돌아온다면, 우리는 삶에 대해 어떤 태도를 취해야 하는가? 어떤 경우에도 나아질 수 없는 삶을 받아들이고 이에 적응해야 하는가? 사실, 이러한 태도가 바로 삶에 대한 니체적 태도로 알려져 있다. 블롱델의 설명을 들어 보자.

> (『이 사람을 보라』에서) 문제가 되는 것은 어떻게 우리가 우리 스스로에 만족할 수 있는지, 어떻게 하면 그 삶을 긍정하고, 삶의 비극적이고 몸서리쳐지는 면들을 배제하거나 부정하지 않은 상태로 승인할 수 있는지를 보여 주는 것이었다.[24]

그런데 여기에서 삶을 있는 그대로 긍정하는 이 '긍정'affirmation은 소극적이고 반응적인 성격을 띤다. 즉, 그것은 삶의 '비극적이고 몸서리쳐지는' 면들을 승인하는 '수동적 긍정'인 것이다. 이러한 삶을 긍정하는 주체는 전형적인 비극의 주인공 역할—스스로는 아무 책임도 없는 상태에서 부조리한 상황에 처하게 되는—을 담당하게 된다.

이러한 해석과 약간 궤를 달리하는 해석을 콩슈에게서 찾아볼 수 있다. 그는 허무주의와 영원회귀를 '의미'sens의 신화를 파괴하는 힘으로 간주하고, 그리하여 니체에 따르면, 주어진 의미가 없

---

24 Eric Blondel, "Faut-il 'tirer sur la morale'?", dans *Le Nouvel observateur*, n°48, septembre-octobre 2002, p. 41.

어진 이후에 오히려 인간이 전적으로 스스로의 가치를 창조할 수 있는 여지가 생긴다고 보았다. 콩슈의 설명은 다음과 같다.

> 수천 년 동안 사람들은 그들의 삶에는 이미 정해진 어떤 의미가 있다고 믿었다. 우리는 세상에 태어나면서 이 의미로 온다고 믿었던 것이다. 그런데 그렇지 않다는 것을 발견했고, 여기서부터 고뇌와 허무주의적인 완전한 고독감(신에게서 버려진 상태에서 비롯된다고 여겨지는)이 생겨났다; 만약 신이 죽었다면, "우리는 마치 무한한 무를 가로질러 방황하는 것이 아닌가?"(니체, 『즐거운 지식』, § 125) 그러나 이 의미 없음에 상응하여 '영웅적인 인간'은 광활한 자유를 발견한다. 그는 스스로를 창조자로, 의미 부여자로 발견한다; 사그라들 운명이라 할지라도 가치 있는 것을 창조하기. 쾌락을 위해서가 아니라 … 물 자체의 아름다움을 위해서.[25]

> 기독교, 합리주의, 진보주의, 실증주의, 의무라는 도덕, 민주주의, 사회주의 등 근대인들의 모든 개념화 작업이 가정하고 있는 이 [의미라는] 개념 부수기.—그것이야말로 모든 것의 영원 회귀라는 신화가 맡은 역할이다.[26]

---

25 Marcel Conche, *Nietzsche et le Bouddhisme*, Paris, Encre Marine, 1997, p. 42.

26 Marcel Conche, "Le Philosophe lyrique", dans *Le Nouvel observateur*, n°48, septembre-octobre 2002, pp. 96~97.

불어로 의미라는 단어는 방향이라는 뜻도 함께 지니기 때문에, 의미가 먼저 있고 그 의미로 내가 온다는 사유는 모든 목적론적 사유를, 다시 말해서, 거의 모든 전통적 사유를 가리킨다고 볼 수 있다. 즉, 니체의 허무주의는, 이 세상에 의미, 방향, 목적이 이미 있고 우리가 발견하기만 하면 되는 것이 아니라, 사실은 아무것도 없었다는 깨달음과 같은 것으로 이해된다. 사실은 아무것도 없다면, 이제 남아 있는 것은 무한한 의미 창조의 가능성뿐이다. 의미는 이제 인간의 손에 떨어진다. 스스로 만들면 되는 것이다. 이런 식으로 콩슈는 니체의 사유 안에서 긍정적인 면을 이끌어 낸다. 그럼에도 불구하고 이 해석 안에서조차 니체의 비극적 면모는 여전하다. 왜냐하면 콩슈의 이러한 해석 안에는 '같은 것'의 영원회귀라는 이론이 잔존하며, 이 이론은 고집스럽게도 우리에게 삶을 바꿀 수 있으리라는 희망을 허용하지 않기 때문이다.

> 분명하지 않은 이론에 불과했던 것[영원회귀 이론]이 하나의 신화로 변신했다. 이는 인간에게 좀 더 나은 삶에 대한 어떤 희망, 혹은 '삶을 바꿀 수 있다'는 어떤 가능성을 남겨 주었던, 종교적이고 또한 비종교적인 신화들을 대체하기 위한 것이었다.[27]

같은 것이 되돌아올 것이기 때문에 새로운 가치로 갱신된 삶에도 희망이 없기는 마찬가지이다. 콩슈의 이러한 해석은 우리에게 새로

---

27 Ibid.

운 삶을 창조하라는 예술적 임무를 남겨 주고 있기 때문에 니체의
영원회귀에서 긍정적인 면을 발견했다고 볼 수 있지만, 같은 것의
반복으로부터 우리를 해방시켜 주지는 못했다는 면에서 여전히 비
극적이다. 이 해석들을 지배하는 염세적이고 비극적인 관점은 과
연 무엇에 기인하는 것일까? 그것은 바로 니체의 대표적인 개념인
허무주의와 영원회귀를 실체적인 것에 묶어 두었기 때문이다. 만
약 사건을 형이상학의 중심에 두고 니체를 읽는다면 어떻게 될까?

(2) 니체에 대한 들뢰즈의 해석

들뢰즈에게 유증된 니체의 허무주의는 부정적이지도 반응적이
지도 수동적이지도 않다. 마지오리가 지적했듯이, 들뢰즈에게 니
체의 허무주의는 "적극적$_{actif}$인 것이며 또한 '긍정적인' 가치전환
$_{transvaluation}$이다".[28] 들뢰즈는 과연 어떤 방식으로 허무주의를 긍정적
으로 가치전환시켰는가? 니체의 다음 문장으로부터 논의를 이끌
어 가 보도록 하자.

> '영원한 회귀' 그것은 허무주의의 극단적인 형태이다 : 영원한
> 무('부조리')![29]

---

28 마지오리(Robert Maggiori)는 들뢰즈와의 대담에서 이렇게 말했다. 이 대담
    은 다음 책에 실려 있다. Deleuze, *Pourparlers*, p. 124.
29 Nietzsche, *La volonté de puissance. tome 2-III*, Paris, Gallimard, 1995,
    p. 8.

표면적으로 보기에는 출구 없는 인생, 의미의 영원한 부재를 더욱 강화하는 것처럼 보이는 이 문장을 들뢰즈는 그의 긍정적 해석을 뒷받침해 줄 공식으로 삼았다. 어떻게 그것이 가능했을까? 들뢰즈는 영원회귀를 선택적 사유로 해석하면서 자신의 가치전환적 독서를 뒷받침했는데, 영원회귀를 선택적 사유로 보는 것은 들뢰즈의 자의적인 해석은 아니다. 『힘의 의지』 4권에 보면 여러 문장들이 '선택적 사유'라는 소제목으로 묶여 있다. 그런데 들뢰즈의 설명을 들어 보기 전에 짚어 보아야 할 사실이 있는데, 그것은 이 '선택'이라는 용어가 니체에 대한 '통탄할 만한 날조'[30]와 관련이 있다는 점이다. 역사적으로 니체의 누이에 의해 편집되고 출판된 『힘의 의지』는 당시 나치의 '선택된 민족' 이데올로기를 지지하는 것으로 선전되었다. 『힘의 의지』에서 '귀족과 다른 사회 계층'이라는 제목으로 묶인 문장들만 보면, 그 이데올로기를 기초 짓고 있는 것으로 보일 수 있다.[31] 이런 문장들에 등장하는 '땅의 주인', '우월한 인

---

30 "1880년에 『유고』로 묶인 방대한 글들 안에서, 엘리자베트 푀르스터 니체와 그 동료들은 몇몇 문장들을 선택하여 '힘의 의지'라는 제목으로 편집했다. … 이 편집은 현대철학사에 있어서 가장 통탄할 만한 날조 가운데 하나로 이로부터 니체는 파시즘 이데올로기의 선구자로 여겨질 수도 있게 되었다." Jacques le Rider, "Friedrich Nietzsche, un esprit libre", dans *Le Nouvel Observateur*, n° 48, septembre-octobre 2002, p. 25. 그런데 여기에서 들뢰즈가 인용하고 또한 필자가 참조한 불어판 『힘의 의지』는 들뢰즈가 책임 편집한 판본이며, 들뢰즈는 이러한 인용으로 오히려 니체에 대한 통탄할 만한 날조를 바로 그 텍스트로 반증하려고 한 것으로 보인다.

31 "지금, 더욱 방대한 지배 집단을 형성할 수 있는 조건이 그 어느 때보다도 좋다. 가장 중요한 것은 따로 있다. 그것은 주인의 종족, 즉 '이 땅의 미래의 주인들'의 종족을 선택할 임무를 부여받게 될 국제적인 종족 집단들의 주인을 우리가 보게 될 것이라는 점이다." Nietzsche, *La volonté de puissance. tome 2,*

간의 종족', '지배적인 집단들'과 같은 용어들은 마치 이 세계를 지배하게 될 실체적 '종족'을 지칭하는 것처럼 들릴 수 있다. 들뢰즈가 통탄할 만한 날조의 단서가 되었던 바로 그 '선택'이라는 단어를 사용하고 또한 그 오해의 근거가 되는 힘의 의지를 참조하는 것은 니체 그 자신의 용어를 통해 그 스스로에 대한 최악의 오해를 불식시키려고 한 의도가 있는 것으로 보인다. 들뢰즈는 실제로 프랑스의 니체 전집을 편집했으며, 니체를 주제로 한 발표회를 주관하고 편집하여 출판[32]하였는데, 이런 행사를 주관한 것은 이것이 유일하다고 한다. 그는 이 행사를 정리하는 글에서 니체 텍스트와 관련한 문제를 간단히 언급한다. 그는 니체의 누이가 그 남용의 모태를 제공한 것은 맞지만 "그녀의 중요한 잘못은 텍스트의 날조에 있지 않"으며, "그보다는 오히려 니체에 관한 현존하는 출판물들에 대한 잘못된 독해 내지 변경, 특히 그의 막대한 유고 노트들에 가해진 자의적인 뜯어 맞춤이라는 해악"이 더 큰 문제라고 지적한다.[33] 그래서 그는 "니체에 의해 출판된 책들의 각 시기를 추적하면서 가능한 한 가장 엄격한 연대기를 따라 마침내 완전한 전체 유고 노트들을 출판"[34]하는 것이 중요하다고 본다. 유고 『힘의 의지』가 니체 연구자들에게 현재 어떻게 받아들여지고 있는지 모르지만, 한때 그

p. 308.

32 Deleuze, *Nietzsche[Cahier de Royaumont nº6]*, Paris, Minuit, 1967.

33 들뢰즈, 「권력의지와 영원회귀에 대한 결론」, 『들뢰즈가 만든 철학사』, 박정태 옮김, 이학사, 2007, 219쪽.

34 같은 글, 219쪽.

책은 인용조차 해서는 안 되는 책으로 터부시되었다. 들뢰즈는 위와 같은 작업을 통해 니체 연구의 왜곡이 상당히 바로잡힐 것으로 판단한 것 같고 그래서 니체에 대한 그의 글에는 『힘의 의지』 인용이 적지 않다. 그의 짧은 저서 『니체』에서 "니체의 마지막 저작들에 대하여 그 저작들이 이미 광기에 의해 과도하게 되었으며 저서로서의 자격을 잃었다고 믿는 것"[35]을 경계하면서 니체에 대한 오독을 몇 가지 바로잡자고 제안한다. 니체가 말하는 '강한 자'les puissants들을 "사회 체제 안에서 현실화된 세력이 강한 자les forts로 생각하는 것"과, "힘의 의지에 대하여 그것을 '지배하려는 욕망' 혹은 '권력을 원하는 것'으로 생각하는 것"을 또한 경계하였다.[36] 즉 들뢰즈에게 있어(혹은 들뢰즈가 바라보는 니체에게 있어) les puissants는 선택적 사유를 하는 긍정적 '힘', 선택적 힘이지, 신학적·사회적 의미에서의 선택된 '존재자'가 아니다. 즉, 선택이란 사회에서 열등한 존재를 제거한다는 의미가 아니라, '나라는 집합' 안에서 반응적인 나를 제거하는 것, 사유 안에서 부정성을 제거하는 것에 다름 아니다.

들뢰즈는 니체의 '존재'를 해체적으로 사유함으로써, 그 존재를 하나로부터 해방시킨다. 내 안에는 다수의 내가 있다. 실체를 사건으로 해체하는 들뢰즈의 이러한 해석이 니체 그 자신의 말로 증명되는 부분이 있다.

---

35 Deleuze, *Nietzsche*, Paris, PUF, 1965, p. 41.
36 Ibid., p. 41.

부정관사 un은 언제나 복수성의 지표이다 : 하나의 사건, 하나의 특이성, 하나의 삶.[37]

옛날에 나le moi는 무리 안에 숨어 있었는데, 지금은 그 무리가 내 안 깊숙이 숨어 있다.[38]

나는 존재란 변하는 중이면서 영원하고, 알고 느끼고 또한 의지하는, 하나인 동시에 다수라고밖에 이해할 수 없다. 이 존재는 나에게 있어 근본적인 사실이다.[39]

니체가 남긴 말들이 니체의 사유를 내 안의 무리들, 변화, 다수로 사유해야 한다는 것을 증언하고 있다. 그렇다면 우리는 더 이상 니체의 영원회귀를 '같은 것'의 되돌아옴으로 이해해서는 안되는 것이 아닐까?

"그러나 만약 모든 것이 결정되어 있다면, 나는 어떻게 내 행위들을 내 마음대로 할 수 있습니까?" 사유와 믿음은 다른 모든 짐들과 마찬가지로 너를 짓누르는 짐이다. 너는 음식이, 자리

---

37 Deleuze, "L'Immanence : une vie…", dans *Philosophie*, n° 47, 1995, p. 6.

38 Nietzsche, *La Volonté de puissance. tome 1-I*, Paris, Gallimard, 1995, p. 285.

39 Ibid., p. 282.

가, 공기가, 사회가 너를 변화시키고 너를 조건 짓고 있다고 말하지? 글쎄, 네 의견이 훨씬 더 너를 조건 짓고 너를 변화시키고 있다. 왜냐하면, 바로 네 의견들이 너로 하여금 네 음식과 네 의복과 네 분위기 그리고 네 사회를 선택하는 데 있어서 너를 결정하고 있기 때문이지. 만약 네가 이러한 사유를 다른 사유들 사이에서 너의 것으로 삼는다면, 너 또한 변화하게 되리라. 만약, 네가 하고자 하는 모든 것을 함에 있어 다음과 같이 묻고 시작한다면, 그것은 너에게 가장 견고한 무게 중심이 될 것이다: "나는 이것을 무한 번 하기를 바라는 것이 확실한가?"[40]

'단 한 번만' 하고자 하는 힘은 되돌아오지 않는다. 플라톤주의의 전복에 의해 힘의 다수성, 양상들의 아나키 상태로 밝혀진 사건의 존재는 니체와 더불어 이중의 긍정, 긍정적인 힘의 존재로 더 구체화된다. 들뢰즈에 따르면, 영원회귀(생성, 되돌아옴)는 긍정적인 힘이기 때문에 긍정성은 긍정성에만 적용된다. 즉 부정성은 긍정되지 않는다. 다시 말해서, 허무주의의 무le néant는 스스로에 의해 부정된다. 이것이 바로 '영원회귀란 허무주의의 극단적인 형태이다'라는 니체의 문장의 의미이다. 이 문장은 바로 힘의 다수성과 사건으로 니체를 읽어야만, 힘들 가운데 부정적인 힘들이 '선택적으로' 분리되어 긍정만의 긍정을 말하는 긍정적인 철학자로서의 니체가 드러나게 된다. 말 그대로, 이러한 니체 해석은 '가치전환적'이다.

---

40   Nietzsche, *La Volonté de puissance. tome 2-IV*, p. 242.

왜 영원회귀를 '허무주의의 극단적인 형태'라고 했을까? … 그 것은 영원회귀만이 허무주의를 완전하게 만들기 때문이다. 영 <u>원회귀만이 부정성을 반응적 힘 그 자체의 부정으로 만들기</u> <u>때문이다.</u> 허무주의는 영원회귀에 의해, 그리고 영원회귀 안 에서, 더 이상 약자들의 승리와 대화로 여겨지지 않고, 약자들 의 해체, 약자들 <u>스스로의 자기 파멸로</u> 표현된다.[41]

즉, 허무주의는 영원회귀 안에서만 완성된다는 의미에서 '영원회 귀는 허무주의의 최고의 형태'인 것이다. 니체는 마치 들뢰즈의 해 석을 준비하고 있는 듯이 『힘의 의지』제3권의 소제목을 '스스로에 의해 정복당한 허무주의'로 붙이고 있다. 니체의 이론이 콩슈의 말 대로 모호하고 연기처럼 불분명한 면이 있지만, 이와 같이 해석하 면 그 해석은 처음부터 끝까지 매우 정합하고, 니체 스스로의 말에 의해 증명되는 것처럼 보인다는 점에서 매력적이다. 들뢰즈에 의 해 해석된 '전환적 허무주의'란 그러므로 "반응적 힘의 없음$_{néant}$"으 로 설명될 수 있다. 들뢰즈에 따른 진정한 허무주의자, 즉 긍정적 이고 전환적인 허무주의자는 우선 신을 부정하고, 바깥에서부터 부여된 가치들을 부정하고 나서, 반드시 자기 스스로의 반응적 힘 을 부정해야만 한다. 그러므로 삶의 긍정은 그 의미를 바꾼다: 부 조리한 삶을 있는 그대로 긍정하는 것이 아니라, 긍정적인 삶만을 긍정하는 것이 된다. 이로써 플라톤주의의 전복으로부터 시작된

---

41 Deleuze, *Nietzsche et la philosophie*, Paris, PUF, 1977, pp. 78~79.

들뢰즈의 형이상학적 여정은 니체에 이르러 그 구체적인 모습을 띰과 동시에, 도덕주의를 전복한 형이상학이 가닿을 수 있는 긍정의 윤리가 어떤 식으로 가능한지를 '선택'이라는 개념을 통해 보여주게 된다. 다의적 존재론이 도덕주의를 잉태한다면, 일의적 존재론은 긍정의 윤리를 제시하는 것이다.

우리는 들뢰즈의 철학적 기획이 생성의 형이상학을 정립하려는 것임을, 즉, 생성이 원리가 되어 새로움의 생성을 가능하게 하는 철학을 정초하려는 것임을 말하려고 하였다. 형이상학이 다양한 것을 하나의 원리로 통합하려는 시도로 받아들여지는 한 그것은 전체주의적인 가상으로서 배격될 것이 분명하다. 그러나 그것의 중심에 탈중심으로서의 사건이 자리 잡는다면, 즉 형이상학의 원리가 탈기초effondement라면 문제는 달라진다. "이것은 새로운 기초와는 거리가 먼 것으로 모든 기초를 집어삼키고, 보편적인 와해를 보장하는 것이다. 그러나 그것은 긍정적이고 즐거운 사건으로서 탈기초로서의 보편적 와해이다."[42] 이는 그의 원리가 즉자적 차이이며, 양상들이며, 환영들이라는 점에서 애초에 결정지어진 것이다. 스스로 동일하지 않은 원리는 과연 어떤 원리인가? 우리는 그에 대하여 아무런 실사實辭도 제시할 수 없을 것이다. 사랑도, 용기도, 인민의 목동도, 좋음도, 최상의 좋음도 아니다. 그것은 명사적이 아니라 사건적이라 곧 사라질 운명의 휘발적인 어떤 힘이기 때

---

42   Deleuze, *Logique du sens*, Paris, Minuit, 1969, p. 303.

문이다. 아무것도 말해 주지 않지만 모든 것을 말해 주는 원리. 아무것도 정초하지 않지만 오히려 그렇기 때문에 가능한 모든 것을 정초하고 또한 생산할 수 있는, 극도로 현대적인 원리. 고정되어 있지 않기 때문에 더욱더 개별적인 사건에 맞추어 조형적으로 변하는 원리. 점점 더 사건적이 되어 가는 현대과학에 걸맞은 원리. 바로 그것이 들뢰즈가 철학사가 시작하면서 처음부터 결핍되어 있었다고 보았던 생성에 관련한 나머지 반쪽의 형이상학의 모습이다.

2. 19세기와 20세기 과학의 종합

철학은 언제나 동시대 과학과 호흡하고 과학을 인문과 사회에서의 의미로 풍요롭게 만든다. 차이의 형이상학 역시 동시대 과학과 밀접한 관련이 있다. 그러나 철학에서 과학에 대한 언급은 언제나 르네상스 이후 근대 과학혁명에서 시작하고 거기에서 끝이 나곤 한다. 물론 동시대의 과학적 발견이 인류에게 어떤 충격을 가져왔고 그 삶을 어떻게 변경시켰는지를 평가하려면 상당한 시간이 필요하기 때문에 이는 어쩔 수 없는 일이기도 하다. 16세기 코페르니쿠스(1473~1543)로부터 18세기 초 뉴턴(1643~1727)까지, 갈릴레오(1564~1642), 케플러(1571~1630), 데카르트(1596~1650), 라이프니츠(1646~1716) 등을 포함하는 이 시기의 과학혁명이 특히 철학사에 강렬하게 기록된 것은, 그것이 이전까지 과학의 자리를 차지하고 있던 아리스토텔레스와 스콜라의 과학을 완전히 폐기하고 현재까지 유효한 새로운 과학적 태도, 방법, 내용을 정립했기 때문일 것이다. 이 시기의 과학은 자연을 다룸에 있어서 신의 개입, 신비주의, 추측, 유비 등을 배격하고 연역과 귀납, 가설과 증명 그리고 반증 등의 방법을 도입했다. 그러나 아리스토텔레스와 스콜라학파 철학자들에게 '진리'가 목적, 부동의 원동자, 기독교의 신 등이 보증하는 것으로서 의문의 대상이 아니었던 데 반해, 이 모든 것을 배격하고 인간이 수행하는 제한된 관찰, 실험 등의 경험에 근거하여 새로운 지식 체계를 만드는 근대인은 다음과 같은 질문으로부터 자유로울 수 없었다. "우리의 발견을 참이라고 판단해 주는 그것은 [그는] 무엇인가[누구인가]?" 이 질문에 평생을 바친 자들이 바로 근대철학자였다. 이 질문이 근대철학을 지배했고 그 마무리는 칸트(1724~1804)가 한 것으로 평가되고 있다. 칸트는 인류가 발견하고 축적하는 지식의 참을 인간 본인이 보증하도록 하는 철학의 체계를 정립했는데, 이는 해와 달과 별들이 지구 주위를 도는 것이 아니라 사실은 지구가 태양의 주위를 돌고 있는 것으로 생각을 바꾸는 것만큼이나 급격한 사유의 전환이었다. 철학 연구자들은 칸트의 작업에 친숙하고 그 의미도 깊이 곱씹을 기회가 있겠지만 대개의 경우 우리는 칸트가 초래한 전환이 인류에게 어떤 충격을 주었는지 잘 알지도 느끼지도 못한다. 우선 칸트의 전환을 이미지화하면 다음과 같다.

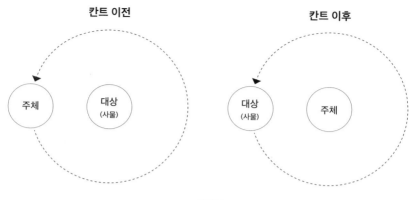

그림 3.

    데카르트-칸트 이전 서구는 인간 세계를 완전히 벗어나 있는 초월적인transcendant 존재가 있다고 생각했다. 중세에 그것은 기독교의 신이고, 그 이전에는 플라톤이 상정한 이데아의 세계 같은 것이다. 동양이 세계를 생각할 때 자연의 바깥을 전혀 상정하지 않은 것과 대비된다. 초월자는 우리가 사는 이 세계를 만든 존재 혹은 그 원리이기 때문에 이 세계는 초월자에 의해 그 참이 보증된다. 그러므로 세계에 참이 존재한다는 사실과 그 참임은 전혀 의문의 대상이 아니었다. 하지만 그러한 세계에 대한 대표적인, 그리고 거의 유일한 과학인 아리스토텔레스 과학의 진리들이 근대과학자들에 의해 하나둘 폐기되고, 고중세의 세계가 함께 무너지게 되었다. 이제 그들은 아리스토텔레스의 과학을 무너뜨리고 그 자리에 새로 자리 잡은 자신들의 과학이 '참'이라는 주장을 하기 위한 근거가 필요했다. 칸트의 아이디어는 정말 혁신적인 것이었다. 우선 그는 세계를 제한했다. 인간의 관찰 능력 너머의 대상object, thing과 그 대상을 보증하는 신은 세계에서 제외했다. 대상과 신이 우리의 사유에서 동시에 제거된 것이다. 그렇게 해서 인간의 세계는 인간에게 나타나는appear 현상phenomenon으로 제한되었다. 이렇게 되면 일단 인간은 한 가지 의문을 해소할 수 있게 된다. "인간에게 나타난 현상은 사물의 실재real를 충실히 반영하는가, 그렇지 않은가?"라는 의문 말이다. 칸트처럼 세계를 제한하면, 이제 인간에게 참은 인간에게 보이는 현상이 실재와 같은가 다른가 하는 것과는 전혀 상관이 없게 된다. 칸트는 이 문제를 따지지 않기로 한 것이다. 칸트가 한 다음 작업은 인간에게 나타나는 어떤 현상이 어떤 특정 조건에서 인식된다면 그것을 참이라고 보자는, 참에 대한 전격적인 관점의 전환이다. 『순수이성비판』은 이 현상이 어떤 조건에서 참이 되는가 하는, 인식의 합법성의 조건을 해명하는 것이었다. 감각, 상상력, 오성, 이성 등 인간의 능력들은 능력들의 적용 대상에 따라 때로는 오성이 때로는 이성이 주도권을 가지고 다른 능력들을 복속하며, 하위 능력들은 서로 일치한다. 능력들이 이와 같은 조건을 만족시키면서 실행되었을 때, 이를 능력들의 합법적 사용이라고 보는 것이다. 능력들이 합법적으로 사용된다면 그 결과로 나오는 판단은 참이라는 것이다. 인간이라는 종species은 이 조건을 가지고 있는데, 칸트는 이 조건을 지칭하기 위해 고전철학에서 존재의 원리이자 근거였던 초월자transcendent에 al을 붙여 새로운 개념을 만들었다. 그리하여 인간은 신과 이데아가 사라진 시대에 그것들과 같은 역할을 하기 위해 스스로 그 자리에 앉았다. 선험적 주체Transcendental Subject인 인간은 자신의 지식이 참임을 스스로 근거 짓는 존재가 된다. 인간은 이제 자신에게 나타나는 세계 그 이상, 혹은 그 너머에 대한 관심을 스스로 거두어들인다.

칸트가 구축한 세계가 그 이전의 고전 세계와 어떻게 다른지는 다음 개념을 보면 더 분명해진다. 일상생활에서도 종종 쓰이는 '범주'category라는 단어는 원래 철학에서 더 이상 일반화할 수 없는 가장 보편적이고 기본적인 최고의 유개념으로 정의된다. 철학자들마다 범주를 다르게 분류하곤 하는데, 범주를 다룰 때 우리가 가장 먼저 떠올리는 철학자는 다름 아닌 아리스토텔레스와 칸트일 것이다. 두 사람의 범주들을 비교해 보면 외견상 거의 비슷하다.

아리스토텔레스의 범주들 : 실체, 양, 질, 관계, 소유, 능동, 수동, 시간, 공간, 양태

칸트의 범주들 : 아래의 총 12개

표 1.

두 철학자는 공통적으로 양과 질, 관계, 양태를 범주에 포함시켰다. 칸트는 이 네 가지 범주를 각기 세 가지로 더 나누어 범주를 열

구분	범주	판단	의미
양(量): 주어에 대해서, 그것이 어느 정도냐에 따라서	단일성	단칭판단	예) '콜럼버스는 아메리카 대륙을 발견한 사람이다' ―주어 개념이 하나만을 가리키며 'X는 Y이다'.
	수다성	특칭판단	몇몇의 X는 Y이다.
	전체성	전칭판단	모든 X는 Y이다. / 모든 S는 P가 아니다.
질(質)	실재성	긍정판단	~이다.
	부정성	부정판단	~이 아니다.
	제한성	무한판단	~는 아니다. 무한은 잠정적 무한이다. 즉 무한정(indefinite)이다.
관계(關係): 언제나 무엇과 무엇 사이에서만 형성된다.	실체/ 우유	정언판단	A가 B에 종속되는 것. ―주어와 술어의 관계가 'X는 Y이다'.
	원인/ 결과	가언판단	A이면 B다. 전제와 귀결 = 인과 ― 근거와 귀결의 관계로 'X가 Y이면, X는 T이다'.
	상호성	선언판단	A이거나 B다. 하나는 긍정 하나는 부정 ― 상호관계로 'X는 Y이면, X는 T이다'.
양상(樣相): 술어의 형태에 따라 ― 연결어의 가치만을 다룬다.	가능성	개언판단	대상을 가능한 것으로 받아들이는 'X는 Y일 수 있다'. (논리적인 가능성을 표현하는 것)
	현실성	실언판단	실재성 및 진리성을 표현하는 것으로 대상을 현실적인 것으로 고찰하는 'X는 Y일 수 있다'.
	필연성	필언판단	대상을 필연적인 것으로 보는 'X는 반드시 Y이다'. (논리적 필연성을 표현)

표 2. 인간의 판단들로부터 연역한 칸트의 범주표

두 개로 분류했고, 아리스토텔레스는 실체, 소유, 시간, 공간, 능동, 수동이 더 포함되어 범주를 총 열 개로 분류했다. 그러나 두 철학자의 진정한 차이는 서로 겹치지 않는 범주들에 있는 것이 아니라, 이들이 분류한 대상에 있다. 즉, 아리스토텔레스는 존재를 분류한 반면, 칸트는 판단을 분류한 것이다. 고대에는 말logos이 존재Logos와 일치한다는 믿음이 있었지만, 근대에는 특히 칸트는 '인간'의 말이 존재와 일치하는지 그렇지 않은지를 알 수 없다는 입장이었고, 인간이 확신할 수 있는 것은 오직 우리가 대상(존재)을 그렇게 본다는 것뿐이라는 정도로 인간의 인식 범위를 제한했기 때문이다. 칸트의 이러한 철학적 태도는 우리가 감히 다 알 수 없는 전 우주에 대한 인간의 '겸손'으로 보일 수도 있지만, 다른 한편으로는 의외로 완전한 '오만'이 될 수도 있다. 왜냐하면 인간은 이제 인간이 관찰할 수 있는 것 이상의 대상(존재)에 대해서는 신경을 끌 수 있었고, 인간이 가지는 능력의 한계 내에서 관찰하고 판단하는 데 대한 의구심이라는 짐 역시 함께 내려놓을 수 있었기 때문이다. 인간은 자기가 가진 능력을 합법적인 조건 속에서 잘 사용하기만 하면 되었다. 인간은 인간 외의 모든 존재로부터 분리되어 자기만의 세계를 구축하게 되었고, 참에 대한 신의 보증이 빠진 이 새로운 세계에서 자신의 판단의 참을 스스로 근거 짓고 보증하는 자가 된다. 그리하여 자칫 무너질 수도 있었을 관념의 세계는 칸트의 혁신적인 사유의 전환 덕분에 다시 근거를 마련하고 바로 서게 되었는데, 칸트가 궁극적으로 근거 지으려고 했던 것은 물론 당시의 과학이었다. 그 결과 철학은 이제 과학의 참을 근거 짓는 역할 외에 다른 역할을 포기하게 되고, 과학적 관찰을 넘어서려는 사유의 모든 시도는 독단으로 비판받는다. 이것이 바로 형이상학의 극복이자 철학의 종말이라는 말을 잉태한 칸트의 '비판철학'의 모습이다. 비판철학의 영향력은 실로 강력했다. 물론 '철학계'에서 칸트는 곧바로 비판받

앉고(헤겔, 니체 등), 이후 다양한 철학의 흐름이 생겨났지만, 철학
계를 넘어서는 좀 더 넓은 학문계와 삶의 세계에서 칸트의 영향력
은 실로 치명적이었다. 근대철학이 완성한 인간주의Humanism는 인간
의 능력에 대한 신뢰, 이러한 신뢰에 근거한 발전development에 대한
낙관적인 전망으로 우리를 사로잡았다.

　　베르그손(1859~1941)이 자신의 철학을 시작하는 지점이 바
로 여기이다. 칸트에 대한 비판은 그를 곧바로 뒤이어 등장한 헤겔
(1770~1831)에 의해서도 상당히 날카롭게 전개되었으나, 베르그손에
게는 또 다른 무기가 있었으니 그것은 코페르니쿠스로부터 뉴턴이
철학에 준 충격만큼이나 큰 충격을 주었던 19세기의 과학적 발견
들이다. 16~18세기의 과학이 철학에 준 충격이 1차 충격이었다면,
그에 비해 결코 적지 않은 충격이 19세기에도 있었다. 다윈의 발견
과 신경생리학적 성과는 칸트의 체계를 어떻게 무너뜨리는가. 그
이후 구축된 인류의 세계는 어떤 것이었는가. 베르그손의 다음 문
단을 보자.

　　유입신경들은 이미지들이고, 뇌도 하나의 이미지이고, 감각신
　　경들에 의해 전달되어 뇌 속으로 퍼져 나간 진동들도 또한 이
　　미지들이다. 내가 뇌수적cérébral 진동ébranlement이라 부르는 이 이
　　미지가 외적 [세계의] 이미지들을 산출하기 위해서는 전자가
　　후자들을 어떠한 방식으로든 포함해야만 할 것이고, 물질적
　　우주 전체의 표상이 이 분자적 운동의 이미지 안에 포함되어
　　있어야만 할 것이다. 그런데 이러한 명제의 부조리함을 밝히

기 위해서는 그것을 단지 진술하는 것으로 족하리라. 뇌가 물질적 세계의 일부를 이루는 것이지, 물질적 세계가 뇌의 일부를 이루는 것은 아니다.[1]

베르그손의 글이 데카르트나 칸트의 저서를 읽을 때와는 사뭇 다른 느낌을 주는 것은 이후 노벨문학상 수상이 말해 주는 유려한 문장 때문만은 아니다. 베르그손의 낯섦은 그가 그의 저술에 대량으로 도입하는 '신경'이라는 단어 그리고 그 배경이 되는 당시의 '신경생리학'적 내용 때문이다. 베르그손이 태어난 해인 1859년에는 『종의 기원』이 출간되었는데, 그로부터 1년이 채 되지 않았을 무렵 다윈의 에피소드를 보자. 전기가 식물생리학의 근본적인 측면이라고 믿었던 다윈은 "지금 이 순간, 나는 이 세상 모든 종의 기원보다 드로세라Drosera에 더 관심이 있다"고 썼다.[2] 끈끈이주걱이라고도 알려진 드로세라와 파리지옥 같은 식물은 길고 끈적끈적한 촉수로 접착제 같은 분비물에 파리를 가둔 후 먹잇감을 감아 먹어 치운다. 다윈의 친구는 이러한 식물에게도 동물의 근육을 움직이는 요인이라고 밝혀진 것과 같은 '신경전기적 변화'가 있는지 조사해 보자고 제안했다. 실험 결과, 파리지옥이 닫힐 때 동물의 체내 전기를 보여 주는 활동 전위와 매우 유사한 현상이 나타났다고 한다. 100여

---

1   베르그손, 『물질과 기억』, 박종원 옮김, 아카넷, 2005, 40쪽 / 원서 p. 13. 이하. 이 책의 인용 출처는 본문에 간략히 한국어본과 원서의 쪽수만 표기했다.
2   셸리 아디(BBC퓨처), 「'식물 전기'의 별난 개척자들이 이뤄낸 일들」, 『BBC NEWS 코리아』, 2023. 4. 22.

넌이 지난 "20세기 후반, 식물 세포도 동물 세포와 마찬가지로 내부 커뮤니케이션을 위해 전하를 사용한다는 사실이 신경과학 도구를 통해 밝혀졌다. 모든 살아 있는 세포는 외막에 구멍이 있고, 세포막을 사이에 두고 양측에 서로 다른 이온을 배치시킨다. 포유류 세포는 내부에는 칼륨 이온을, 외부에는 나트륨 이온을 유지하는 경향을 갖고 있다. 이러한 불균형으로 인해 세포 내부는 작은 음전하를 띠게 된다. 신경계는 이 조그마한 배터리를 사용해 신체의 느낌과 행동에 대한 모든 메시지를 두뇌와 주고받는다. 식물 세포도 마찬가지다. 내부 전압을 가지고 있고 이를 활용해 환경에 대한 정보를 전달한다. 1990년대 후반에 수행된 연구에 따르면 식물은 빛, 온도, 접촉, 부상 등 다양한 자극에 전기적으로 반응한다. 이는 식물이 위험을 감지하고 다른 식물과 소통하는 것은 물론, 동물에게 도움도 요청할 수 있다는 학계의 발견과 맥을 같이한다. 예를 들어 옥수수는 말벌을 불러 옥수수를 공격하는 애벌레를 공격할 수 있다. 이전에는 신경과학에만 연관되어 있던 개념들이 최근 수십 년 새 식물생리학에도 스며들게 된 것이다."[3]

이 간단한 연구 성과로부터도 우리는 소위 고전적인 세계와 베르그손이 살았던 19세기 후반의 세계가 얼마나 다른지 짐작할 수 있다. 아리스토텔레스 철학으로부터 칸트의 철학으로의 전환이 코페르니쿠스적 전환이라 불리는 만큼이나 큰 변화가 18세기 초까지의 과학과 그 이후의 과학 사이에도 있었던 것이다. 아리

---

3   같은 기사.

스토텔레스의 범주와 칸트의 범주가 얼핏 비슷하고 공통되어 보이더라도 하나는 대상의 범주이고 다른 하나는 오성의 범주라는 점에서 완전히 다르다고 말했지만, 이제는 아리스토텔레스와 칸트의 세계가 여전히 인간의 언어로부터 사유되었던 반면 19세기 이후로는 신경-전기적 신호라는 수준으로까지 사유의 범위가 확대되었다고 말해야만 하게 되었다. 칸트의 범주가 인간의 언어 사용으로부터 연역된 것이야 당연한 일이지만, 존재의 범주를 분류하려고 했던 아리스토텔레스조차도 그 범주를 인간의 언어로부터 연역했다는 것은 우리의 사유가 얼마나 끈질기고 긴밀하게 인간과 그의 언어에 관련되어 있는지를 잘 보여 주는 것이라 할 수 있다. 그것은 고대의 사람들이 스스로 우주의 일부라고 여겼고, 그렇다면 인간에게 우주의 질서Logos를 이해할 수 있는 능력Logos이 있으며 그것은 우리가 사용하는 말Logos로 드러나는 것이 당연하다고 생각했기 때문에 가능한 일이었다. 언어는 사유의 핵심에 있기도 했지만 사유와 소통을 제한한다는 의심을 받기도 했다. 예나 지금이나 언어는 여전히 우리 사유의 중요한 대상이고 방법이며 집(하이데거)이기도 하다. 하지만 여기에서는 언어를 출발점으로 한 길고 긴 사유의 시대가 서서히 저물어 가고 있다는 점을 말해 두어야 할 것 같다. 인류가 신경과 근육이 전기적 자극에 반응한다는 것을 알게 된 것이 18세기 중반이며(갈바니), 뇌에 직접 전극을 꽂고 미세 전류를 흘리면서 뇌 기능을 연구하는 작업을 시작한 것이 19세기 초이다. "19세기 신경생리학자들은 전기 신호가 인간의 신경계 신호의 근본적인 토대이며 우리가 생각하고 느끼고 움직일 수 있게 해 준다는 사실을 밝혀내기 시작했다."[4]

칸트가 철학의 역할을 과학적 지식의 참을 판단하는 법정으로 제한했지만, 전기적 자극이 근육을 움직일 뿐 아니라, 모든 세포가 막의 내부와 외부 사이의 이온 불균형을 이용해 신체의 느낌과 행동에 관련한 메시지를 뇌와 주고받는다는 사실을 발견했다면 이야기가 달라지지 않을까? 인간의 언어활동으로부터 연역한 선험적 주체와 그 주체에 근거한 과학이라는 틀은 그 기초부터 의문에 부쳐지는 것이다. 언어 이전의 메시지 생산과 그 교환, 그리고 그 메커니즘의 발견이라는 과학적 환경에서의 철학은, 그것을 몰랐을 때의 철학과는 달라야 하지 않을까? 베르그손은 이러한 신경생리학적 연구 성과를 바탕으로 인류의 오래된 난제, 몸과 마음의 관계의 문제에 새롭게 접근했다. '신경'이 철학서에 등장한다는데 익숙해지고 나면 위 문단이 심신 문제를 다루고 있으며 베르그손이 비판하는 것이 다름 아닌 칸트의 철학이라는 것을 알아볼 수 있다. 베르그손은 칸트가 '인간의 인식능력'이라고 부르던 바를 '뇌수적cérébral 진동ébranlement'으로 바꾸고, 인간에게 나타나는 것인 현상(칸트의 입장) 혹은 대상이라는 실재를 '외적 [세계의] 이미지'라 부르면서, 칸트의 주장을 자신의 개념들로 번역한 후 비판한다. 즉 인간의 인식능력이 인간에게 나타나는 현상을 산출한다는 칸트의 주장은 뇌수적 진동이 외부 세계의 이미지를 산출한다는 주장으로 번역되는 것이다. 베르그손은 특정 뇌수의 진동이 그 뇌수적 진동

---

4   같은 기사.

74

을 포함하는 전 우주의 물질들의 진동을 산출한다고 주장하는 것은 부조리하다고 말하면서, 시종일관 "뇌가 물질적 세계의 일부를 이루는 것이지, 물질적 세계가 뇌의 일부를 이루는 것은 아니"라고 반복 확언한다. 인간 종이 보편적으로 가지고 있기 때문에 칸트가 참의 근거로 삼았던 인간의 (인식)능력들, 감각, 상상력, 오성, 이성과 그 일치는 19세기 말에 이르러 신경적 자극과 뇌수적 진동으로부터 재사유되어야 했다.

영화 <매트릭스>(1999)에는 모피어스가 네오를 만나 우리가 사실 컴퓨터 시뮬레이션 프로그램 안에 존재하며 인류는 기계들의 세계에 에너지를 제공하는 건전지로 기능하고 있다는 것을 알려 주는 부분이 있다. 모피어스와 네오는 붉은색 소파와 오래된 티비 수신기 등을 만지거나 보면서 이 모든 것이 실제가 아니며 단지 프로그램일 뿐이라고 설명하고 또 놀란다. 이런 장면은 철학사에 익숙한 사람이라면 단번에 데카르트의 전능한 악마의 가설을 떠올리게 할 정도로 매우 철학적이다. 데카르트는 오로지 사유에 의해, 우리가 보는 모든 것이 전능한 악마의 장난에 불과하며 사실은 실제하지 않는 것일 수도 있다는 의심을 했다. 널리 알려져 있다시피 그것은 사실 그런 식의 의심에도 불구하고 확실한 것이 있는지를 찾기 위한 것으로서 방법적 회의라고도 부른다. 데카르트의 의심을 전능한 악마가 아니라 컴퓨터가 시뮬레이션으로 구현해 낼 수 있는 지금, 우리는 데카르트가 찾아 나선 그 확실성을 다른 방식으로 찾아야 하는 시대에 마주하고 있다. 인간 뇌에는 1cm³ 안에 수천만 개, 총 1000억 개의 신경세포가 있고, 각 신경세포는 수많은 다른 신경세포들과 연결돼 100조 건이 넘는 신경 접속을 만들어 낸다고 한다(103쪽 그림 8, 9 참조). 우리의 감각 경험은 이 어마어마한 신경회로 안에서 발생하는 '전기적 사건'이다. 1979년 크릭Francis Crick(1916~2004)은 "뇌의 다른 부분을 건드리지 않고 특정 신경세포만 조작하는 것"을 신경과학의 핵심 과제로 꼽았다고 한다.[5] 그것이 가능하다면 혹시 우리는 파킨슨병, 우울증, 뇌전증 등 난치성 정신신경계 질환을 치료할 수도 있을 것이다. 확실한 것은, 우리가 시뮬레이션 안에 있든 현실 속에 있든, 우리의 감각 경험은 신경회로에서 일어나는 전기적 사건이라는 것이다.

17세기의 합리론자들과 경험론자들이 우리가 감각한다고 생각한 물질의 속성들인 크기, 모양, 맛, 냄새, 색, 온도 등은 모두 우선 그 스스로도 전위의 차이와 불균형에서 비롯되는 신호들이고, 그것을 받아들여 지각하게 되는 생명체에게도 물론 그러한 신호들일 것이다. 근대에는 이 속성들이 물질로부터 비롯된 것인지 그것을 받아들이는 인간이 만들어 낸 부분이 있는지 항상 논란이었지만, 신경생리학적 연구 성과를 받아들여 자신의 철학에 적극적으로 반영한 베르그손에게는 논란이 될 것이 없었다. 인간은 유입신경과 유출신경, 신경중추로서의 뇌를 갖추고 있는 생명체로서 외부 사물을 지각한다는 것은 그 사물의 진동을 유입신경이 받아들이는 신경전기적 사건이다. 그러므로 그가 보기에 인간이 대상

---

5   이대한, 「신경회로 켜고 끄는 광유전학, 뇌의 판도라 상자 열까」(신경세포를 움직이는 빛), 『한겨레』, 2013. 10. 22.

을 하필이면 그렇게 인식하는 선험적 틀을 가지고 있다는 것은 매우 부조리한 것이다. 그의 언어로 표현하자면 칸트는 "뇌를 우주라는 이미지의 조건으로 만든" 것인데, 나의 뇌를 포함하는 전 우주가 그 자체로 (신경/전기적) 진동이라면, 뇌의 신경회로적 진동이 전 우주의 진동의 조건이라는 말은 성립하기 어려워 보인다.

> 그 그림 전체, 즉 우주는 전체적으로 존속한다. 뇌를 전적으로 이미지의 조건으로 만드는 것, 그것은 진실로 자기 모순적이다. 왜냐하면 뇌는 가정상 이 이미지의 한 부분이기 때문이다. 따라서 신경들도 신경중추들도 우주라는 이미지의 조건이 될 수 없다. … 따라서 나의 신체는 물리적 세계의 전체 속에서 다른 이미지들처럼 운동을 받고 되돌려 보내면서 작용하는 이미지이며, 단지 자신이 받은 것을 되돌려 보내는 방식을 어느 정도까지는 선택할 수 있는 것처럼 보이는 것만이 다를 뿐이다. (41/14)

칸트의 비판철학을 반박한 베르그손에게서 다음으로 발견되는 주장은 이 맥락에서 매우 자연스러운 것이나 그만큼 매우 충격적이기도 하다. 칸트는 인간을 자기 자신의 지각과 판단이 참임을 근거 짓는 판관으로 삼아 명실상부한 인간중심주의의 막을 올렸는데, 인간의 이 막강하고 우월한 지위조차 위와 같은 과학의 환경에서는 함께 조정되어야 하는 것이다. 베르그손은 인류를 종으로 다루는 것조차 하지 않고 '나의 신체'로 범위를 좁혔으며, 혹은 모든 생

제1법칙(Lex prima) 관성의 법칙	힘이 가해져 물체의 상태가 변하지 않는 한, 모든 물체는 정지해 있거나 등속직선운동을 하는 상태를 유지한다.
제2법칙(Lex secunda) 가속도의 법칙	운동의 변화는 가해진 힘에 비례하며, 가해진 힘의 직선 방향대로 이루어진다. F=ma: 가속도는 힘에 비례하고 질량에 반비례한다는 법칙이다.
제3법칙(Lex tertia) 작용 반작용의 법칙	모든 작용에 대해 크기는 같고 방향은 반대인 반작용이 존재한다. 또는 두 물체의 서로에 대한 상호작용은 언제나 (크기가) 같고 방향이 반대이다. 이 법칙은 "힘은 오로지 계(system)의 외부에서만 오며 물체가 물체 스스로에게 힘을 줄 수 없다"를 의미한다. 즉, "힘의 근원은 어디인가"를 알려 주는 법칙이다.

표 3. 뉴턴 역학

명체의 신체로 범위를 넓혔으며 나의 신체가 우주 전체의 다른 존재들과 다른 점은 "자신이 받은 것을 되돌려 보내는 방식을 어느 정도까지는 선택할 수 있는 것처럼" 보인다는 점뿐이라고 주장한 것이다. 인간의 몸은 수많은 다른 몸들과 함께 우주 안에서의 '불특정한 중심'일 뿐이라는 것이다. 이는 『종의 기원』(1859)과 함께 인류가 받아들이지 않을 수 없게 된 또 다른 사유의 대전환으로 이제 인간이 인간 외의 사물들에 대하여 특권적인 지위를 가질 만한 아무런 과학적 근거가 없다는 연구가 철학에 반영된 것이다. 인류는 영장류로부터 진화했을 뿐 인류와 비인류 사이에 본질적인 차이, 극복불가능한 차이는 없다. 인간은 우주의 다른 사물들처럼 작용하고 반작용하는 사물일 뿐인데, 다만 어떻게 반작용할 것인가를 선택할 수 있을 뿐이다.

우리는 이제 베르그손(『물질과 기억』, 1896)이 칸트(『순수이성비판』, 1781)의 주장을 어떻게 논박하는지 이해할 수 있다. 1781년 이후 칸트가 경험하지 못한 대표적인 과학적 성과, 19세기 신경생리학, 1859년 다윈의 『종의 기원』 등은 이제 인간에 대한 이해, 인간과 우주 그리고 인간과 동물의 관계에 대한 이해에 코페르니쿠스의 전환과 같은 대전환을 가져온 것이다. 대체로 인간의 참된 인식을 인간이 근거 짓는다는 비판철학과 이러한 철학의 전제이자 결과인 인간이라는 종의 특권적 지위, 이 두 가지 사유의 이미지를 완전히 거부하는 것이 베르그손 형이상학의 시작으로 보인다.

이제 그의 논의를 뒤따라가 보자.

잠시 동안 우리가 물질에 관한 이론들과 정신에 관한 이론들에 관해, 외적 세계의 실재성이나 관념성에 관한 논의들에 대해 아무것도 알지 못한다고 해 보자. 그러면 나는 사람들이 사용할 수 있는 가장 막연한 의미에서의 이미지들, 즉 내가 나의 감관들을 열면 지각되고, 내가 그것들을 닫으면 지각되지 않는 이미지들 앞에 있게 된다. (37/11)

이는 그가 자신의 형이상학, 물질과 정신의 관계에 대한 하나의 시론을 시작하는 단락인데, 여기에서 가장 눈에 띄는 개념은 단연 '이미지'이다. 이미지는 서양 철학사의 시작과 더불어 사용되던 개념이기 때문에 이미지를 다룬 철학자도 많고, 그만큼이나 많은 의미의 변천을 겪었다.[6] 고전적으로 이미지란 그 자체로 실재가 아닌 것, 실재의 그림자와 같은 것을 말한다. 나타나는 것으로서 현상이나 환상의 의미를 갖기도 하며, 근대에 접어들어서는 인상이 약화되어 서서히 관념으로 되어 가는 것으로 간주되기도 했다. 그런데 베르그손이 이미지라는 단어를 쓰면서 독자들이 받아들이기를 바라는 의미는 이런 복잡다단한 것이 아니고, 오히려 "사람들이 사용할 수 있는 가장 막연한 의미의 이미지"라는 것이다. 지금 베르그손은 이미지라는 개념을 애써 정의하거나 해명하려고 글을 쓰는 것이 아니라, 우리가 감각하는 모든 사물을 '어떤 것'이라고 해명하기 전에, 일단 '보인다'는 의미에서 아주 막연하게 그것을 '이미지'라고 부르자는 것이다. 철학에 익숙하지 않으면 이런 이야기를 왜 이렇게 어렵게 해야 하는지 이해하기 어려울 것이다. 내 주변의 사물들이 일단 '있다'고 하면 될걸, 왜 그렇게 어렵게 말해야 하는 것일까? 그러나 철학적 사유에 접어들면 어떤 것이 '있다'는 확인이 얼마나 무거운 일인지 이해하게 된다. 그래서 베르그손도 데카르트처럼 내 눈앞에 보이는 것들이 '있다'고 말하지 않고, "나의 감관들을 열면 지각되고, 내가 그것들을 닫으면 지각되지 않는 이미지들 앞에 있다"고 말하는 것이다. 문제는 일반인인 내가 "이미지 앞에 있다"는 말을 쉽게 이해해야 하는데 그렇지 않다는 것이다. 이미지에 대해서는 베르그손이 이후로도 전혀 다시 해명하지 않기

---

6   이미지 개념의 변천사에 대해서는, 황수영, 『물질과 기억, 시간의 지층을 탐험하는 이미지와 기억의 미학』, 그린비, 2006 참조.

돌턴, 1803년	톰슨, 1903년	러더퍼드, 1911년	보어, 1913년	현대 원자 모형, 1926년~현재
원자는 더 이상 쪼갤 수 없는 단단한 작은 공과 같다(당구공 모형).	양전하가 가득 차 있는 곳을 음전하를 띤 전자가 움직이고 있다(건포도 모형).	원자의 중심에 크기가 매우 작고 질량이 큰 양전하의 원자핵이 있고, 그 둘레를 음전하를 띤 전자가 움직이고 있다.	원자핵을 중심으로 전자가 일정한 궤도를 그리며 돌고 있다. 태양계 모형이라고도 한다.	원자핵 둘레에 전자가 구름처럼 퍼져 있다(전자구름 모형).

그림 4.

때문에 가장 막연한 의미의 이미지 대신 좀 더 과학적인 의미로 이 이미지를 설정하는 것이 좋겠다. 그림 4는 현재까지 변화해 온 원자모형이다.

　최초의 원자 모형은 철학사에도 등장하는 원자론자인 데모크리토스로부터 고안되었던 모형과 같은 것으로 물질을 구성하는 요소로서 더 이상 나눌 수 없는 것(a-tom)의 모형에 해당한다. 돌턴 이후 양전하가 가득 찬 덩어리에 음전하를 띤 전자가 건포도처럼 박혀 있는 톰슨의 모형이 만들어지기까지 100년 동안은 원자 수준의 연구에 큰 진전이 없었던 모양이다. 베르그손은 아인슈타인과 논쟁을 벌이기도 했고, 1907년 『창조적 진화』 발간, 1927년 노벨문학상 수상, 1944년 사망하기까지 최신 원자 모형도 인지했을 것으로 보이지만 『물질과 기억』 출간 당시에는 아직 변경된 원자 모형을 염두에 두고 책을 쓰지는 않은 것 같다. 10^{-10}m(원자와 분자의 크기) 수준의 세계에 대한 양자역학적 발견은 이 책에 반영되지 않았지만 $10^{-5}m$(세포의 크기) 수준의 세계에 친숙했다는 점, 그리고 그가 사물을 일단 "우리 앞에 그림처럼 펼쳐져 있다"는 의미에서 "이미지"라고 하자는 말에는 사물을 이전처럼 연장된 것extended으로 확정하지 않겠다는 태도가 포함되어 있다는 점으로 미루어 보건대, 우리는 그가 사물의 상태를 이미 고체적이고 연장적인 것이 아니라 액체적이거나 기체적인, 즉 파동이기도 하고 입자이기도 한 전자구름(그림 5)처럼 생각했으리라고 짐작할 수 있다. 구름처럼 존재하는 $10^{-15}m$ 크기 수준의 전자의 세계로부터 점차 눈으로 볼 수 있는 크기의 수준으로 이동하게 되면, 그 구름은 일정한 형태로 보일 것이다. 나중에 베르그손은 우리가 어떤 사물을 어떤 형태로 지각하는 것이 그 사물의 '평균적 형태'를 지각하는 것이라고 말한다. 그러므로 우리는 여기에서 베르그손이 말한 그 '가장 막연한 의미에서의 이미지'를 파동하는 입자가 만들어 내는 평균적 형태 정도로 받아들이면 좋을 것 같다.

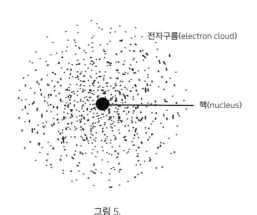

그림 5.

바로 여기에 내가 물질적 대상이라고 부르는 이미지가 있다. 나는 그것의 표상을 가지고 있다. 그것이 나에 대해서 띠고 있는 모습이 그 자체의 모습이 아닌 것처럼 보이는 이유는 무엇일까? 그것은 이 이미지가, 다른 이미지들 전체와 연대적이어서, 자신을 앞서는 이미지들을 연장하는 동시에 자신을 뒤따르는 이미지들 속에서 연속되기 때문이다. … 전환[현존에서 표상으로의 전환]이 이루어지기 위해 필요한 것은 대상을 조명하는 것이 아니라, 반대로 그것의 어떤 측면들을 모호하게 하고 그것으로부터 가장 커다란 부분을 감소시킴으로써 그 나머지를 주변 속에 끼워 넣어져 있는 **사물**이 아니라 하나의 그림처럼 대상으로부터 분리되도록 하는 것이다. (67~68)

대상을 지각하는 나도 이미지이고 대상도 이미지이며, 내가 대상에 대해서 가지게 되는 표상도 이미지이고 기억도 이미지이다. 그런데 모두 알다시피 대상 그 자체와 내가 그 대상에 대해 가지는 표상은 같지 않다. 나는 그 대상으로부터 그 표상을 어떻게 만들어내는가? 베르그손은 대상의 현존과 대상에 대한 표상이 같지 않은 이유를 정밀하게 설명한다. 대상은 자신에 앞서는 이미지들을 연장하고 동시에 뒤따르는 이미지들 속에서 연속되지만, 대상에 대한 표상은 대상의 상당한 부분을 빼고 어떤 측면은 모호하게 만들면서 대상의 어떤 부분을 주변과 그 대상 자체로부터 그림처럼 분리시키는 것이다. 표상은 마치 수많은 책들이 꽂혀 있는 서가에서 한 권의 책을 뽑아내듯이 주변으로부터 분리하는 것이 아니라, 대상의 전모로부터 한 장의 그림을 분리하는 것과 비슷한데, 그것을 베르그손은 또 다른 방식으로 다음과 같이 설명한다: "이 이미지는 우리가 생성 일반 속에서 어떤 순간적인 퍼내기coupe / scoop를 행사하면서 매 순간 얻게 되는 것이다."(136)

그림 6.

그림 7.

이렇게 보면 베르그손 스스로는 '가장 막연한 의미에서의 이미지'라고 자신의 이미지 개념을 평가절하했지만, '이미지'라는 개념은 그 시대 이후의 과학에 매우 적합한 무척이나 엄밀하고 새로운 개념이었다고 말해도 무방할 것이다. 영화에 대한 들뢰즈의 저서 『시네마』는 베르그손의 『물질과 기억』에 대한 특별한 주석서라고도 볼 수 있는데, 이 책의 핵심 개념은 베르그손의 이 혁신적인 이미지 개념으로부터 온 운동-이미지이다. 그러나 1907년에 출간된 『창조적 진화』에서 베르그손이 탄생한 지 10년밖에 되지 않은 영화를 언급하면서 그것은 가짜 운동에 불과하다고 혹평한 데 대하여 들뢰즈는 "자연적 지각의 조건들을 초월하는 운동-이미지의 발견은 『물질과 기억』(1896) 제1장의 놀라운 발명이었다. 베르그손이 10년 후에 그것을 잊어버렸다는 사실을 믿어야만 할까?"[7]라고 되묻는다. 어쩌면 베르그손은 그가 제안한 이미지 개념의 전모를 스스로는 완전히 깨닫지 못한 채 사용했을지도 모른다고 말할 수 있겠다. 이 개념을 가장 막연한 의미에서 생각해 보자고 말할 정도로 스스로 평가했을 가능성 말이다.

그러나 그가 실제로 이 이미지 개념을 대상을 막연히 묘사하는 용도로 사용하는 데 그친 것은 아니다. 그는 이미지로 우주와 생명체를 다음과 같이 설명해 두었다.

> 모든 이미지들은 내가 자연의 법칙들이라고 부르는 항구적인 법칙들에 따라, 그것들의 모든 요소적인 부분들 속에서 서로에게 작용하고 반작용한다. 그리고 이 법칙들에 대한 완벽한 과학이 이 각각의 이미지들 속에서 일어날 일을 아마도 계산하고 예측하도록 해 줄 것이기 때문에, 이미지들의 미래는 그것들의 현재 속에 포함되어 있어야만 하고, 현재에다 어떤 새로운 것도 덧붙여서는 안 된다. 그러나 내가 지각들에 의해서 밖으로부터 알 뿐만 아니라, 정서/변용affections에 의해서 내부로부터도 안다는 의미에서 다른 모든 이미지들과 뚜렷이 구별되는 하나의 이미지가 있다. 그것은 나의 신체이다. (37~38/11)

[그러므로] 두 상이한 체계가 있는데, 한 체계에서는 각 이미지가 자기

---

7 질 들뢰즈, 『시네마 1, 운동-이미지』, 유진상 옮김, 시각과언어, 2002, 12쪽.

자신에 대해서, 그리고 그것이 주변 이미지들의 실재적인 작용을 받고 있는 명확한 한도 내에서 변화하고, 다른 체계에서는 모든 이미지들이 단 하나의 이미지에 대해서, 그리고 이 이미지들이 이 특권적 이미지의 가능적 행동을 반사하는 다양한 한도 내에서 변화한다.… (51/21, 이하 고딕체 강조는 원저자)

물질을 이미지의 총합이라고 부르고 난 후 이미지라는 단어로 존재를 분류한다면, 우주는 이미지들 각각의 모든 요소들이 서로에게 작용하고 반작용하는 하나의 체계와, 정서에 의해서 외부와 내부로부터 스스로를 지각하는 특권적 이미지를 중심으로 모든 다른 이미지들이 이 이미지의 가능한 행동을 반사하면서 변화하는 다른 하나의 체계가 있으며, 동일한 이미지들이 이 두 체계에 동시에 속한다는 것이다. 전자의 체계는 양자역학이 등장하기 전 뉴턴 역학의 법칙에 의해 설명되는 세계일 것이고, 후자의 체계는 신경생리학적으로 설명되는 인간의 몸과 주변 사물들의 세계일 것이다. 물론 20세기 초 양자역학이 등장하면서 원자의 크기보다 작은 수준의 세계에서는 뉴턴 역학의 법칙이 성립하지 않아서 베르그손의 묘사가 틀리게 되기는 했다. 즉 양자역학이 등장하기 전에는 위에서 묘사한 바와 같이 "이 법칙들에 대한 완벽한 과학이 이 각각의 이미지들 속에서 일어날 일을 아마도 계산하고 예측하도록 해 줄 것이기 때문에, 이미지들의 미래는 그것들의 현재 속에 포함되어 있어야만 하고, 현재에다 어떤 새로운 것도 덧붙여서는 안 된다"고 말할 수 있었다는 것이다. 그것은 나중에 '라플라스의 괴물'이라고 이름 붙여진 수학자 라플라스Pierre-Simon Laplace의 생각과 같은 것으로서 그는 '만일 우주의 모든 물질의 현재 상태를 정확하게 알고 있는 생물이 있다면, 그 생물은 우주의 미래의 모든 것을 완전히 예언할 수 있다. 즉 미래는 결정되어 있다'고 생각했다. 그러나 양자역학 이후 우리는 미래를 정확히 예측하는 것은 원리상 불가능하다는 것을 알게 되었다. 이런 점을 감안하면 베르그손의 세계 전체는 뉴턴 역학에 의해 설명되는 물리적 세계와 신경생리학적으로 설명되는 몸의 세계가 이미지와 이미지들 사이의 작용-반작용으로 설명되는 세계라는 것을 알 수 있다. 양자역학 이후에 저술했다면 이미지들의 첫 번째 체계에 대한 설명은 반드시 달라졌으리라 생각한다. 다음은 이후 책에서 종종 언급되는 19세기의 과학적 발견들이다.

생리학

화학적·물리적·해부학적 방법을 사용하는 뚜렷한 분야로서의 생리학은 19세기부터 발달하기 시작했다. 프랑스의 클로드 베르나르Claude Bernard, 독일의 요하네스 뮐러Johannes Peter Müller와 유스투스 폰 리비히Justus von Liebig, 그리고 카를 루트비히Carl Ludwig, 영국의 마이클 포스터 경Sir Michael Foster 등이 생리학의 창시자들이다.

베르나르는 세포를 생명의 기능단위로 생각했으며, 이 세포들이 그 기능을 발휘하는 내부환경으로서의 혈액과 체액의 개념을 발전시켰다. 이러한 개념은 생리학과 의학에 큰 영향을 주었으며, 이후 프랑스·러시아·이탈리아·영국·미국 등의 생리학자들에게도 큰 영향을 끼쳤다.

1847년 루트비히, 물리학적 개념과 방법들을 생리학에 적용하여 근육운동을 기록하는 키모그래프kymograph 제작.

1868년 플뤼거Eduard Friedrich Wilhelm Pflüger, 독일에서 『일반생리학 문고』Archiv für die gesammte Physiologie 발간.

1869년 포스터 경, 영국에서 처음으로 의과대학에서 실험생리학이라는 실험과목을 채택.

1876년 영국, 생리학자들의 첫 번째 단체인 생리학회를 창립.

1878년 영국, 『생리학 회보』The Journal of Physiology를 발간.

1887년 포스터의 교수법을 이어받은 H. N. 마틴Henry Newell Martin이 S. W. 미첼Silas Weir Mitchell, H. P. 보디치Henry Pickering Bowditch와 함께 미국생리학회를 조직하여 『미국 생리학 저널』American Journal of Physiology 출판을 후원.

신경생리학에서 이온에 관한 연구는 신경이 막으로 둘러싸여 있고, 이온에 대한 막의 투과도에 변화가 일어나 신경충격이 발생된다는 가설을 낳게 되었다. 노벨상(1963년) 수상자들인 A. L. 호지킨Alan Lloyd Hodgkin과 A. F. 헉슬리Andrew Fielding Huxley는 이 가설을 신경세포의 흥분이 나트륨 이온과 칼륨 이온에 의한 것이라는 가설로 확장시켰다. 심장 박동률을 감소시키는 미주신경의 작용이 아세틸콜린이라는 화학물질에 의해 중재된다는 것이 밝혀진 후, 신경충격의 화학적 전달은 신경계의 일반적인 전달 메커니즘으로 인식되고 있다.

패러데이 | 전자기유도 현상의 발견

1820년 외르스테드Hans Christian Ørsted, 전류의 자기작용.

1791~1867년 패러데이Michael Faraday, 전자기유도, 발전기와 변압기, 에테르, 역선, 장 개념.

1831~1879년 맥스웰James Clerk Maxwell, 빛은 전자기파, 장이론 완성.

1856~1940년 톰슨William Thomson, 전자, 원자의 건포도 모양 모델.

1871~1937년 러더퍼드Ernest Rutherford, 방사선 원리 발견, 원자핵 분열, 융합, 원자변형 발견.

1820년에 덴마크의 과학자인 외르스테드는 전류가 나침반의 자침을 움직이게 한다는 사실, 즉 전류의 자기 작용을 발견했다. 거꾸로, 자기장을 변화시킬 때 전류가 흐르는 현상은 '전자기유도'electromagnetic induction로 불리는데, 그것을 활용한 대표적인 사례로는 발전기와 변압기를 들 수 있다.

에테르로 가득 차 있는 모든 공간은 역선力線, line of force 또는 역관力管, tube of force으로 이루어져 있고, 역선이나 역관은 반대의 전하나 반대의 자극을 연결시켜 장場, field을 형성한다는 것이었다.

맥스웰

전기와 자기를 단일한 힘으로 통합한 전자기학은 뉴턴 역학과 함께 과학 발전의 초석이 되었다. 맥스웰의 전자기학의 확립은 19세기 물리학이 이룩한 성과로 높게 평가받고 있다. '맥스웰 방정식'

은 전자기학의 기초가 되는 미분 방정식으로 이는 볼츠만_{Ludwig} Boltzmann의 통계역학과 함께 19세기 물리학이 이룬 큰 성과로 높이 평가받고 있다.

맥스웰은 전기장과 자기장이 공간에서 빛의 속도로 전파되는 파동을 이룰 수 있음을 증명하였다. 맥스웰은 이를 바탕으로 연구를 계속하여 1864년 『전자기장에 관한 역학 이론』을 발표하여 빛이 전기와 자기에 의한 파동, 즉 전자파라는 것을 증명하였다. 맥스웰의 연구 성과는 전자기학의 성립에 큰 영향을 주었다.

그 외에도 맥스웰은 기체의 분자운동에 관한 연구에서 분자의 평균 속도 대신 분자의 속도 분포를 고려하여 속도 분포 법칙을 만들고 확률적 개념을 시사해 통계역학의 기초를 닦았다. 맥스웰의 전자기학 연구 성과와 기체 운동 연구는 이후 특수 상대성 이론과 양자역학의 성립에 영향을 주었다.

맥스웰은 많은 물리학자들과 20세기 물리학에 무척 큰 영향을 끼친 19세기 과학자로 평가받고 있다. 맥스웰의 업적은 알베르트 아인슈타인이나 아이작 뉴턴과 견주어지고 있다. 아인슈타인은 맥스웰 탄생 100주년을 기념하여 "그의 업적은 뉴턴 이후 가장 심원하고 풍성한 물리학의 성과"라고 평했다. 실제 아인슈타인은 자신의 연구실 벽에 뉴턴과 마이클 패러데이의 초상화와 함께 맥스웰의 사진을 걸어 두었다고 한다.

이 방정식 속에 구현된 맥스웰의 장이론은 19세기 전자기 이론을 마무리지었고, 이 이론은 20세기까지 영향력을 발휘하였다. 아인슈타인은 맥스웰 방정식에서 공간과 시간의 개념을 과감하게 혁신할 실마리를 찾았고, 그다음에 맥스웰의 전자기장 이론을 따라 자신의 일반 상대성 이론을 만들었다. 현대에 와서는 양자장론이 입자물리학의 기둥이 되었다.

에테르 모형

전자기적 에테르의 개념은 맥스웰 방정식을 만드는 데 매우 중요한 역할을 하였다. 전자기를 역학적으로 이해하기 위해 에테르라는 개념을 가정하였는데, 에테르는 광학적, 전자기적 효과를 전파시키는 매질이라고 믿어졌던 개념이다.

기체의 분자 운동론

맥스웰의 주요 업적 중 하나는 기체 분자 운동론에 관한 것이다. 1866년, 맥스웰은 기체 분자 운동을 통계적으로 공식화하였다. 맥스웰은 분자 분포 법칙을 정의하고 여러 가지 방법으로 기체 이론에 적용하였다. 이는 물리학에 통계 법칙을 제시한 최초의 논문이었다.

맥스웰이 내린 결론은 기체가 서로 밀쳐 움직이는 무수한 분자로 구성돼 있다는 이론을 크게 발전시켰고, 이후 독일의 물리학자인 루트비히 볼츠만에 의해 분자들 간의 에너지 분포를 나타낼 수 있도록 일반화되었다. 이것이 맥스웰-볼츠만 분포이다. 볼츠만은 맥스웰의 에너지 균등분배 원리를 일반화했다.

알베르트 아인슈타인은 맥스웰을 두고 다음과 같이 평했다. "맥스웰 이전에 사람들은 물리적 실재를 물질의 점으로 생각했다.

그 변화는 운동만으로 구성되어 상미분 방정식을 따르는 것이었다. 맥스웰 이후로 사람들은 물리적 실재가 연속적인 장으로 나타난다고 생각했는데, 이것은 역학적으로 설명할 수 없고 편미분 방정식을 따른다. 실재의 개념에 관한 이러한 변화는 뉴턴 이후 물리학의 가장 심대하고 가장 풍성한 수확이다. 물리학은 맥스웰 이전과 이후로 나뉜다. 그와 더불어 과학의 한 시대가 끝나고 또 한 시대가 시작되었다."

맥스웰의 친구이자 그의 평전을 집필한 루이스 캠벨Lewis Campbell은 맥스웰에 대하여 다음과 같이 적었다. "그는 인간이 인식하는 주도적인 물리 법칙의 거대한 확실성을 줄이려고 끊임없이 노력했다. 마치 습관적으로 무한한 것들과 신비로운 교류를 하고 있는 것 같았다."

톰슨 | 음극선(전자의 발견)

톰슨의 첫 번째 실험은 음전하가 자성에 의해서 음극선으로부터 분류될 수 있는지에 관한 것이었다.

그의 두 번째 실험은 빛이 전기장에 의해서 휘어질 수 있는지에 대한 것이었다.

그의 세 번째 실험은 전기장의 세기와 방향에 따라 빛이 얼마나 휘는지를 계산하는 것이었다.

톰슨은 양전자의 바다에 헤엄을 치는 이 소체들로 구성된 원자를 상상하였다. 이것이 그의 건포도 푸딩 모델이다. 훗날 러더퍼드가 양전하는 원자의 핵심에 모여 있다는 것을 보였을 때 톰슨의 모델은 틀린 것으로 증명되었다.

러더퍼드 | 방사선 연구

1895년 러더퍼드는 엑스선으로 기체에 전기가 흐를 수 있다는 사실을 알아냈고 엑스선이 입자로 이루어졌다는 사실을 알아내 엑스선이 양전하와 음전하를 띤 수많은 입자를 만들어 낸다는 사실을 알아냈다. 1896년 러더퍼드와 톰슨은 실험을 이용해 전하를 띤 입자나 이온화 원자가 결합해 전하를 띠지 않는 분자를 만들어 낸다는 사실을 알아냈다.

　1898년 방사성 원소인 토륨과 우라늄이 어떻게 정해진 비율로 방사선을 내면서 붕괴하여 시간이 지나면서 여타 원소로 바뀌고 결국 납이 되는지를 알아냈다. 러더퍼드는 방사성 원소들이 일정 양의 절반이 붕괴되는 시간이 일정하다는 사실을 알아내고 그 기간을 방사성 원소의 반감기라고 불렀다. 러더퍼드는 반감기가 물질의 양에 상관없이 일정하다는 사실을 이용해 지구의 연대를 측정했고 당시 톰슨이 제안한 약 6천 년보다 훨씬 오래되었다고 설명했다.

　1902년 러더퍼드와 소디Frederick Soddy는 방사선이 원자 내부의 붕괴에 의해 방출된다는 사실을 「방사선의 원인과 본질」이라는 논문으로 발표했다. 모든 원소는 다른 원소로 바뀌지 않는다는 존 돌턴의 원자설이 사실로 수용된 당시에 이 이론은 물질관에 커다란 변화를 일으켰다.

3. 몸

16세기 중반부터의 과학혁명과 이에 발맞춰 간 데카르트의 코기토 발견, 18세기 초 뉴턴과 함께 마무리된 고전 역학의 체계와 이러한 과학체계의 참을 완벽히 정당화한 칸트의 선험적 주체Subject transcendantal는 하나의 세트로 묶인다. 하이데거(1889~1976)는 칸트가 던진 세 가지 질문, 즉 "나는 무엇을 알 수 있는가?", "나는 무엇을 할 수 있는가?", "나는 무엇을 희망할 수 있는가?"는 결국 "인간이란 무엇인가?"라는 질문이라고 말한 바 있다(『칸트와 형이상학의 문제』). 칸트와 더불어 인간학이 시작된 것이다. 인간은 우주에 대해서조차 그것이 인간에게 어떻게 나타나는가로 인식 대상을 제한했다. 그러나 철학은 거기서 멈췄는가? 과학이 멈추지 않았던 것처럼 철학 역시 거기서 멈추지 않았다. 18세기 초 뉴턴의 고전 역학 이후 그리고 양자역학이 등장하기 전, 이 시기는 다윈과 신경생리학의 시대였다. 이 시기의 철학자들, 특히 프로이트(1856~1939)와 베르그손(1859~1941)이 생리학에 큰 영향을 받았다. 프로이트는 의사였으며 그의 초기 정신분석은 생리학적인 성격을 강하게 띤다. 두 사람 모두 양자역학의 세계를 목격하였으니 후기 저술에는 역학적 사유에 변화가 있었으리라 짐작할 수 있다. 세포 수준에서의 생리학에 대한 이해, 동식물과 인간의 관계에 대한 사유의 전환이 철학에 가져온 결과는 어떤 것일까? 그 가능한 한 가지 대답은 다음과 같을 것이다. 아리스토텔레스가 존재를 열 개의 범주로 나누고, 칸트가 판단의 범주를 열두 개로 나눈 것처럼, 베르그손은 존재를 크게 운동과 시간으로 나누고, 운동은 다시 지각과 정서와 행동으로 나누었다고. 그러나 베르그손이 아리스토텔레스 및 칸트와 다른 것은 존재의 근본을 영원불변이 아니라 운동으로 두었다는 점일 것이다. 그렇게 보면 베르그손이 나눈 것들은 범주라고는 할 수 없고, 존재의 분절들이라고만 말해야 한다. 혹은 들뢰즈가 이런 분절들을 위해 자주 썼던 단어를 쓰자면 그것은 존재의 절단들이라고 말해도 좋다. 다음 인용문에서처럼 말이다. "사실, 베르그손이 한 것처럼, 지각, 정서 그리고 행동을 운동의 세 가지 종으로 구분하는 것은 매우 새로운 절단coupure입니다."[1] 베르그손이 이원론자인지 일원론자인지에 대한 논쟁이 있을 만큼 그의 입장이 미묘하지만, 만약 철학사가 들뢰즈의 해석을 따른다면 베르그손의 존재의 분절은 범주적 구분은 아니다. 들뢰즈는 베르그손의 이러한 구분이 매우 혁신적이며 아직까지 제대로 소화되지 않았다고 말한다. 그리고 이것이 바로 우리가 베르그손으로부터 새로운 형이상학을 쓰는 이

---

1   질 들뢰즈, 『대담』, 신지영 옮김, 갈무리, 2023, 224쪽.

1	실체	그는 홍길동이다.
2	양	홍길동은 170cm다.
3	성질	홍길동은 하얗다. 홍길동은 친절하다.
4	관계	홍길동은 동길이와 동문이다.
5	소유	홍길동은 칼을 차고 있다.
6	능동	홍길동은 난을 일켰다.
7	수동	홍길동은 관군에게 쫓긴다.
8	시간	홍길동은 조선시대에 태어났다.
9	공간	홍길동은 한양에서 산다.
10	양태	홍길동은 바위 위에 서 있다.

표 4. 아리스토텔레스의 범주들

유이다.

아리스토텔레스가 실체를 주어로 두고 주어와 결합하는 술어들을 분류하는 방식으로 세상을 바라봤다면, 베르그손은 우주를 운동으로, 다른 말로는 진동으로 바라봤기 때문에 우선은 아리스토텔레스적 의미의 실체가 없다. 우주는 진동들로 이루어진 이미지들의 총체인데, 이미지들 중에 생명체들은 자기를 중심으로 주변의 다른 진동들을 배열하고 자신의 운동을 되돌려주는 진동들이다. 세계에 대한 이러한 이해는 아리스토텔레스뿐 아니라 칸트의 세계와도 급진적으로 다르다. 그리고 이러한 다름은 각 철학자가 경험한 당시의 과학이 세계를 이해하는 방식에 정확히 대응한다고 보아야 한다. 그런데 베르그손이 전하는 세계가 아직도 우리에게 낯설고 제대로 소화되지 않았다고 평가된다면 그것은 우리의 문화가 과학과 철학을 소화하는 속도에 큰 괴리가 있다는 것이다. 과학의 진보와 그 최첨단은 즉시 알려지고 상품에 반영되며 생활에 빠르게 녹아드는데, 그와 발맞춰 가는 철학이 우리에게 널리 전해지는 것은 100년도 걸리고 200년도 걸리는 것 같다.

　　우리의 첫 장이 지각으로부터 시작하는 것은 바로 이런 배경 때문이다. 고전 형이상학은 모든 논의를 실체로부터 시작할 것이다. 실체를 규명해야 그다음으로 오는 다른 속성들을 규명해 볼 수 있기 때문이다. 그러나 19세기 이후에는 다윈에 의해서, 생리학에 의해서, 그리고 20세기에 접어들면 양자역학에 의해서 우리는 이제 더 이상 속성들을 받아들이는 불변하는 실체를 상정할 수 없게 된다. 현대의 과학은 기본적으로 운동이 존재의 근본이라는 것을 알려 주고 있는 것이며, 이와 발맞춘 철학이 불변하는 실체를 배제한다면, 변화를 설명하기 위해 해명해야 했던 속성들과 그것을 받아들이는 실체 자리에는 무언가 다른 것이 자리 잡아야 할 것이다. 베르그손은 그것을 일단 이미지라고 불렀고, 그중 생명체에 대해서는 우선 몸을 분석의 시작으로 삼은 것이다. 몸을 가진 생명체의 운동, 그 첫 번째 운동이 지각이다.

가. 지각

(1) 지각은 인식을 준비하는 것인가

감각-지각은 많은 경우 이처럼 하나의 단어처럼 붙여서 사용된다. 그러나 감각과 지각은 다른 것이다. 감각은 소위 다섯 가지의 감각기관이 외부 대상으로부터 받아들이는 제각각의 자료를 주관에 제공하는 첫 관문인데, 철학사는 오랫동안 이 감각을 불신해 왔다. 감각은 그 기관을 소유한 개체의 상태에 지나치게 의존적이어서 여러 개체들이 같은 대상에 대해 다른 감각 소여를 보고하기도 하고, 심지어 동일한 개체의 감각조차도 그 개체의 상태에 따라 달라지기도 하기 때문이다. 그래서 고전 인식론의 문제는 이렇게 믿을 수 없는 감각의 소여로부터 참된 지식을 이끌어 내는 데 있었다. 이것이 철학이 감각에 대해 가지고 있었던 오래된 선입견이다. 그렇다면 지각은 감각과 어떻게 다른가. 감각은 각 감각기관이 하나의 대상에 대해 기관별 자료를 받아들이기 때문에 감각자료들은 그 자체로는 아무런 통일성이 없는 잡다雜多, divers에 불과하다. 사과 하나를 두고 오감이 각자의 감각을 보고한다고 해 보자. 시각은 '붉음', '둥근 형태' 등을 보고할 것이고, 촉각은 껍질의 '까칠한 정도', '적당히 단단함' 등을, 후각은 '향긋한 향'을, 미각은 과육의 '질감'과 '맛'을, 혹시 청각도 기여한다면 깨물 때의 '소리' 등을 보고할 것이다. 이 보고들은 서로 공통점이 전혀 없으며 서로 '사과'로 일치하기 위해 거쳐야 할 혼란이 너무 크다. 지각은 감각의 이 잡다성을 인지하는 과정을 말하는 것이므로 감각과 지각이 잇따르거나 동시적이라 하더라도 동일한 것은 아니다. 우리는 어떤 대상을 감각한 후에 지각의 과정 없이 대상을 우리의 주관으로부터 배제해 버리는 경우도 많다. 지각은 대상과 나의 관계에 있어 반드시 따라 나오는 과정은 아닌 것이다. 아무튼 고전 형이상학에서 감각과 지각은 주관의 대상에 대한 최초의 혼란스러운 보고report인데, 감각-지각을 혼란스럽고 믿을 수 없는 보고라고 보는 것은 고전 형이상학이 감각-지각을 참된 인식을 목적으로 하는 최초의 단계라고 생각하기 때문이다. 그런데 베르그손은 이러한 관점 자체에 이의를 제기한다.

> 이제 이 두 교설들의 지반을 파 내려가면, 당신은 그것들에서 하나의 공통된 가정을 발견하게 되는데, 그것을 우리는 이렇게 공식화할 수 있다. **지각은 전적으로 사변적 관심을 갖는다. 그것은 순수 인식이다.** … 그런데 우리가 이의를 제기하는 것은 바로 이 가정이다. 그것은 <u>동물 계열에서 신경계의 구조에 관한 아주 피상적인 고찰에 의해서조차 논박되었다.</u> … 실제로 단층에서부터 고등 척추동물에 이르기까지 외적 지각의 진보를 한 발짝씩 따라가 보면 어떨까? 단순한 원형질 덩어리의 상태에서 생명적 물질은 이미 자극을 받고irritable 수축할 수 있으며, 그것은 외적 자극 요인들의 영향을 받고 거기에 기계적이고 물리화학적인 반응으로 응답한다는 것을 알 수 있다. 유기체들의 계열을 올라갈수록 생리적 작업들이 분담되는 것을 볼

수 있다. 신경세포들이 나타나고, 다양화되며, 체계를 이루는 경향이 있다. 동시에 동물은 외적 자극에 더욱 다양한 운동들로 반응한다. (56~57/24)

감각-지각이 인식을 위해 준비되고 사변적인 관심을 갖는다는 고전철학의 오래된 테제를 반박하는 근거는 신경생리학적 연구 결과이다; 원형질 덩어리 상태의 생명적 물질도 이미 자극을 받고 수축할 수 있다. 자극을 받고 수축한다는 것은 생명체가 외부 대상과 관련해서 보이는 가장 단순한 반응인데, 이것은 생명체의 감각이 인식보다는 행동으로 이어진다는 것을 보여 준다는 것이다. 인간이 다른 생명체들과 본질적으로 다르다면 이야기는 달라지겠지만, 다윈의 연구로 인해 우리는 인간이 진화의 결과라는 것을 알고 있다. 초보적인 생명체와 인간은 신경계의 관점에서 보자면 본질적으로 다르지 않고 복잡성 차이만 있을 뿐이다. 신경계는 고등동물로 갈수록 복잡해지고, 심지어 신경중추를 따로 만들어 자극을 받아 반응하는 과정을 우회하도록 하기까지 했다는 점만이 다른 것이다.

　　인간이 '생각하는' 동물이라는 오래된 정의는 '사유'가 인간을 다른 종과 차이나게 하는 본질이라는 점을 우리에게 각인시켜 왔다. 뉴턴 역학 이후 우리는 더 이상 무거운 물체가 자신의 본성에 의해 아래로 떨어진다고는 말하지 않지만, 『종의 기원』 이후에도 우리는 여전히 인간이 다른 동물과 본성적으로 다르다는 의미에서 '사유한다'는 속성을 가지고 있다고 생각한다. '사유'가 인간의 본질이라는 정의는 인간이 생각한다는 하나의 사실을 서술한 것이 아니라, 인간이라는 생명체가 다른 생명체와는 달리 참을 인식하는 것을 본성으로 가지며 감각과 지각은 인식을 위해 준비되는 것이라는 점을 함축하는 것이다. 신경생리학을 통해 베르그손이 우리에게 주장하려는 바는, 인간의 감각과 지각이 사변적인 목적을 가지고 있는 것이 아니라 초보적인 원생동물과 마찬가지로 반응하기 위해서, 즉 행동하기 위해서 이루어진다는 것이다. 물론 베르그손은 이 점을 조심스럽게 제안하고 주장한다.

(2) 지각은 행동을 준비하는 것이 아닐까

뇌는 우리가 보기에는 일종의 중앙전화국과 다른 것일 수가 없다. 그것의 역할은 '연락을 보내거나' 연락을 기다리게 하는 것이다. 뇌는 자신이 받은 것에 어떤 것도 덧붙이지 않는다. 그러나 모든 지각 기관들이 거기에[뇌에] 자신들의 마지막 연장 부분들prolongements을 보내고, 척수와 연수의 모든 운동기제들은 거기에 자신들의 정식 대표자들을 가지고 있기 때문에, 뇌는 진정으로 하나의 중심을 이룬다. 거기서 주변의 자극은 이러저러한 운동기제들과 관계를 맺게 되는데 그것들은 선택된 것이지 더 이상 부과된 것이 아니다. … 이처럼 뇌의 역할은 때로는 받아들인 운동을 선택된 반응 기관으로 인도하는 것이고, 때로는 이 운동에다 운동 방식들 전체를 열어 놓아 자신 안에 있는 가능한 모든 반응들을 그려 보게 하고, 주의를 여러 갈래

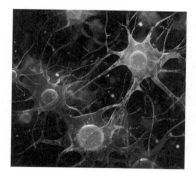

그림 8.

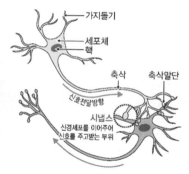

그림 9. 1000억 개의 뉴런, 100조 개의 시냅스

로 분산시키면서 자기 자신을 분석하게끔 한다. … 그리고 척
수에서와 마찬가지로 피층의 고등 중추들에서도 신경 요소들
은 인식을 목적으로 작용하는 것은 아니다. 신경 요소들은 단
지 다수의 가능한 행동들을 단번에 그려 보게 하거나, 그것들
중의 하나를 조직하게organiser 하는 것이다.

이 말은 신경계가 표상들을 만들어 내거나 심지어 준비하는
데 사용되는 기구가 결코 아니라는 것을 뜻한다. … 만일 신경
계가 동물 계열의 한끝에서 다른 끝까지 행동을 점점 덜 필연
적인 것이 되도록 구성된 것이라면, 신경계의 진보를 따라 진
보하는 지각 역시 순수 인식을 향한 것이 아니라 전적으로 행
동을 향한 것이라고 생각해서는 안 될까? 그렇다면 이러한 지
각 자체의 점증하는 풍부함이란 사물들에 대한 생명체의 행동
속에서 생명체의 선택 앞에 남겨진 비결정성의 몫의 증가를
상징하는 것에 불과하다고 하면 안 될까? (59~60)

3. 몸

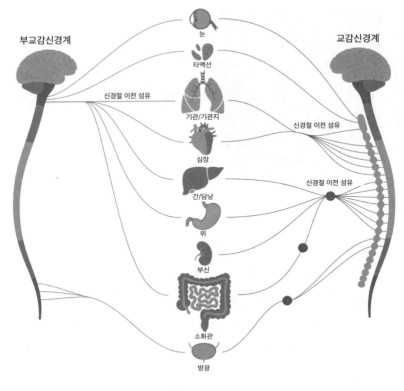

부교감신경계

눈

타액선

기관/기관지

심장

간/담낭

위

부신

소화관

방광

교감신경계

신경절 이전 섬유

신경절 이전 섬유

신경절 이전 섬유

그림 10. 자율신경계

뉴런과 시냅스, 신경세포, 신경계에 대한 위 네 가지 그림(그림 8~11)에서 확인할 수 있는 것처럼, 감각기관과 연결된 감각신경들, 팔다리와 연결된 운동신경들은 그 끝이 뇌에 이르고, 내장기관과 연결된 자율신경들은 그 끝이 척수에 이르고 있다. 뇌까지 뻗어 있는 감각신경의 말단은 지각을 뇌로 전달하는 구심운동을 하고, 뇌로부터 시작되는 운동신경의 말단은 운동이 시작되는 지점이므로

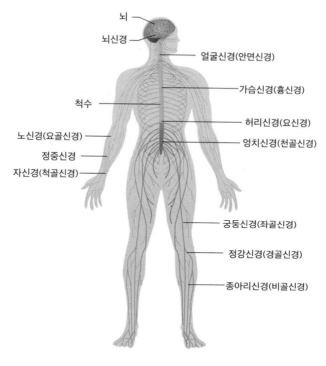

뇌

뇌신경

얼굴신경(안면신경)

가슴신경(흉신경)

척수

허리신경(요신경)

노신경(요골신경)

엉치신경(천골신경)

정중신경

자신경(척골신경)

궁둥신경(좌골신경)

정강신경(경골신경)

종아리신경(비골신경)

그림 11. 우리 몸의 주요 신경들

원심운동을 한다. 아메바와 같은 단세포 생물은 자극을 받으면 바로 수축하지만, 생명체가 고등해질수록 주변으로부터 받은 자극이 운동적 반응을 통해 주변에 되돌려지는 데 시간이 걸린다. 자극과 반응 사이를 점유하는 시간, 베르그손은 이것을 자극과 반응 사이의 간격이라고 부른다. 반사적인 반응에 비해 이처럼 지체/지연되는 반응은 반사적인 반응에 비해 덜 필연적이다. 다시 말하면, 자극과 반응 사이의 시간, 간격, 지연은 반응의 비결정성과 신경계의 복잡성을 보여 준다. 신경계가 복잡한 고등동물일수록 특정한 자극에 대한 반응을 예측하기가 어렵다는 뜻이다. 반응의 지연과 비결정성이 생명체에 유리한 것일까? 즉각적 반응이 생명체의 생존에 훨씬 유리한 경우도 많기 때문에 반응의 지연이 곧바로 생존의 유불리와 관련된다고 말할 수는 없을 것이다. 그렇다면 지각이 사변적인 것이 아니라 행동과 관련한 것이며, 고등한 동물일수록 주변 사물에 대한 지각과 그에 대한 반응 사이의 거리가 멀다는 것은 무엇을 의미하는 것일까?

(3) 지각은 질문

[몸에는] 주변에서 중심으로 향해 가는 신경섬유들의 수만큼, 나의 의지를 불러일으킬 수 있는, 말하자면 나의 운동적 활동에 기초적인 질문을 제기할 수 있는 공간적 지점들points de l'espace이 있다. 제기된 각 질문이 바로 사람들이 지각이라 부르는 것이다. … 그리고 또한 지각은 하나의 안정된 습관이 획득될 때마다 감소하는데, 그것은 이번에는 완벽하게 준비된 대답이 질문을 불필요하게 만들기 때문이다. (82)

그런데 이러한 행동에 대한 촉구야말로, 우리가 본 바와 같이, 지각 자체이다. 우리는 여기서 지각이 우리의 운동적 활동성에 제기된 일종의 물음으로부터가 아니라, 이른바 감각적인 진동으로부터 생겨난다고 하는 사람들의 오류를 분명히 알게 된다. 그들은 이 운동적 활동을 지각 과정으로부터 분리시킨다. 그리고 이 운동적 활동은 지각이 소멸해도 존속하는 것처럼 보이기 때문에, 그들은 거기서부터 지각은 이른바 감각 신경 요소들에 위치하고 있다는 결론을 내린다. 그러나 사실상 지각은 운동 중추들 속에 있지 않은 것과 마찬가지로 감각 중추들 속에 있는 것도 아니다. 지각은 이것들의 관계의 복잡성을 측정하는 것이며, 그것이 나타나는 바로 거기에 존재한다. (84)

지각이 감각으로부터 생겨난다는 것은 칸트에게서나 경험론자들에게서나 마찬가지로 주장되고 널리 받아들여지는 가설이다. 즉, 인식은 감각적인 잡다로부터 하나의 사물에 대한 표상으로 진행하거나, 강렬한 감각 인상이 생생함이 줄어들면서 이미지와 관념으로 진행하는 것이다. 그러나 베르그손은 다윈주의의 영향으로 인간을 다른 동물과 본질적으로 다른 우월한 종으로 보지 않는 데다가, 인식의 주체를 인류라는 집합이 아니라 우주에 흩어져 있는 다른 모든 사물처럼 그것들 안에 점점이 자리 잡고 있는 각 생명체로 보기 때문에, 이전의 철학자들이 인식을 설명하는 틀과는 매우 다른 틀을 가지게 된다. 그가 보기에 지각은 '행동에의 촉구'이자 '운동성에 대해 제기하는 질문'이고, 감각기관에서 발생하는 것이 아니라 "그것이 나타나는 바로 거기에 존재한다". 어두운 밤길을 걷다가 이상한 소리를 듣고 소름이 끼쳤다면, 소리를 들은 기관은 귀이고 소름이 끼친 기관은 팔과 어깨 그리고 다리 등이다. 귀는 감각기관이고 팔과 다리는 운동기관이다. 습관적으로 걷던 나는 어둠 속에서 들리는 갑작스러운 소리 때문에 꿈에서 깨듯이 의식을 발생시킨다. "이게 뭐지?"라는 질문은 내가 어떤 행동을 취해야 하는가와 관련한 질문이지, 대상에 대한 사변적 관심의 표현이 아니다. 지각이 행동에의 촉구이자 질문이라는 말은 '날카로운 소리가 들림', '소름이 끼침'과 같은 지각이 그 자체로 이미 하나의 질문이라는 뜻이다. 소리에 집중하고 소름에 집중하는 지각은 우리 몸이 어떤 행동을 해야 하는가라는 질문이며 촉구이다. 도망칠 것인가, 몸을 숨길 것인가, 가만히 있을 것인가, 도움을 청할 것인가 등의 질문과 대답. 아무리 고등한 동물이라도 생명체의 메커니즘은 자극에 대한 아메바의 수축(반응)과 같은 본성을 가진다. 인간의 감각-지각은 대상으로부터 그 대상의 정보를 균등하고 전체적으로 받아들이지 않고 자신의 기분과 상태에 따라 왜곡하거나 편파적으로 받아들인다고 비난받아 왔다. 사물의 참/거짓을 판단하는 것이 인간의, 혹은 철학의 주 임무였던 점을 고려하건대, 지각의 이러한 편파성은 인식에 있어 치명적인 단점이었다. 그러나 지각이 감각으로부터 참된 인식을 길어 내는 과정이 아니라 행동에의 촉구로서 운동기관에 던지는 질문이라고 개념을 바꾼다면, 지각이 편파적이라는 것은 인간이 생명체로서 몸을 가지고 있기 때문에 발생하는 불가피한 열등성을 보여 주는 것이 아니라, 자기가 살아 내는 환경에 가장 잘 대처하기 위해 진화한 적응을 보여 주는 것이라고 해야 할 것이다.

⑷ 지각은 감산

> 만일 '현존'présence 속에서보다 '표상'représentation 속에 더 많은 것이
> 있다면, 현존으로부터 표상으로 가기 위해 무언가를 덧붙여야
> 한다면, 그 거리는 넘을 수 없는 것이 되고, 물질로부터 지각
> 으로의 이행은 불가해한 신비로 싸여 있을지 모른다. 그러나
> 만일 '현존'으로부터 일종의 감소에 의해서 '표상'으로 이행할
> 수 있다면, 그리고 한 이미지의 표상이 그것의 현존보다는 덜
> 한 것이라면, 상황은 그와 같지는 않을 것이다. 왜냐하면 그때
> 현존하는 이미지들은 단지 자신들의 현존을 표상들로 바꾸기
> 위해서는 자기 자신으로부터 무언가를 강제로 버리는 것으로
> 충분할 것이기 때문이다. (67)

베르그손이 여기에서 현존과 표상이라고 일컫는 것이 칸트에게는
물자체와 현상이 된다. '물자체'라는 말이 신비롭게 들릴 수 있겠지
만 이는 사물 자체thing in itself를 말하는 것으로, 칸트는 사물 자체가
있기는 하지만 우리에게 보이는 대로 있는 것인지 다르게 있는지
알 수 없다고 한 바 있다. 그리고 그는 대담한 결정을 내린다; 철학
은 이제 물자체를 다루지 않으며 오로지 우리(인간 종)에게 보이는
것(현상)만을 다룬다. 헤겔은 칸트를 곧바로 비판하고, 현상으로부
터 물자체 혹은 절대적인 실재에 도달하는 변증법을 고안한다. 헤
겔이 칸트와 입장을 달리하긴 하지만 그들에게 세계는 일단 실재
와 현상으로 나뉘어, 현상에서 실재에 도달하는 것 자체가 난관이

거나 불가능한 일이 된다. 세포 수준에서의 생물학적 연구를 바탕으로 하는 베르그손은 세계를 완전히 다르게 바라본 것 같다. 그가 소화한 당시의 과학은 생명체와 관련해서는 진화론과 신경생리학, 물리학적으로는 원자를 힘의 중심으로 바라보는 패러데이의 전기장 이론이 있었다. 신경생리학적으로는 생명체의 과정이 전기적 불균형과 전하의 전달로, 물리적 세계 역시 파동과 힘의 전달로 설명되어, 물리적인 세계와 생명체의 세계 모두 분자 수준의 미시적인 힘의 전달, 힘의 불균형으로 인해 생기는 신호 혹은 진동의 전달로 설명되는, 이른바 세계 이해에 있어 수준의 전환이 있었다.

> 물질을 운동하는 원자들로 환원해 보라. … 원자를 힘의 중심들로 응축시켜 보고, 그것을 연속적인 흐름 속에서 전개되는 와동渦動, tourbillon들로 해체시켜 보라. 이 흐름, 이 운동들, 이 중심들은 그 자체가 단지 하나의 무력한 접촉, 효과 없는 충력, 퇴색한 빛과의 관계에서만 규정된다. 그러나 그것들은 여전히 이미지들이다. (66)

이러한 전환은 철학에 어떤 변화를 가져다준 것인가? 우선 단세포 생물로부터 고등동물에 이르는 생명체들이 적응과 진화로 설명된다면, 우선 동물과 인간의 본성상 차이는 없다고 보아야 할 것이고, 데카르트의 동물 기계론은 무효가 된다. 그러나 생명체와 물리적 세계[무기물] 사이에 진화의 연속이 성립되지 않는다면 소위 연장적 사물과 생명체 사이에는 본성상의 차이가 있어서, 이 둘이 어떻게 만나는지는 여전히 설명의 대상이 될 것이다. 베르그손은 '지각'으로 바로 이 분절점을 설명하려는 것이다. 연장적 사물이 어떻게 생명체와 교류하는가? 칸트는 우리의 인식 대상은 우리에게 나타난 현상이지 사물 자체가 아니라고 함으로써, 본성상 다른 두 존재의 교류를 설명하지 않기로 한 반면, 베르그손은 생명체를 신경 전달의 체계로 보고 물리적 세계를 위에서 보듯이 흐름과 와동으로 봄으로써, 흐름과 진동이 '지각'이라는 과정을 통해 한 세계에서 다른 세계로 전달된다고 설명하는 것이다. 그러므로 생명체의 지각에는 사물이 일정 부분 '들어온다'. 그런데 생명체는 사물을 전부 받아들이지는 못하고 그 일부를 제외하거나 모호하게 함으로써 사물을 감減하여 받아들인다는 것이다. 무엇을 보존하고 무엇을 빼는가? 지각은 사물로부터 "우리의 욕구들에 관련되지 않는 것을 배제"한다. 위에서 이미 언급한 유용성 때문이다.

> 이것은 결국 이미지들에 있어서 **존재하는 것**être과 **의식적으로 지각되는 것**être consciemment perçues 사이에 본성의 차이가 아니라 정도의 차이만이 있다는 것을 뜻한다. 물질의 실재성은 그것의 요소들과 이 요소들의 모든 종류의 작용들의 총체로 이루어진다. 물질에 대한 우리의 표상은 물체들에 대한 우리의 가능적 작용의 척도이다. 그것은 우리의 욕구들besoins에, 더 일반적으로는 우리의 기능들에 관련되지 않는 것을 배제한 결과로 생겨난다. (71)

나. 내부와 주관

베르그손이 여러 번 강조하듯이, 사실 지각에는 우리가 이미 그 사물에 대해 가지고 있는 기억이 상당히 뒤섞인다. 어떤 경우에 우리는 눈앞의 사물을 바라보면서도 거의 전적으로 그 사물에 대한 기억에 잠겨 있기도 하다. 그렇게 되면 외부 사물에 대한 지각이란 이미 다소간 주관에 의해 만들어진다고밖에는 말할 수 없다. 그래서 베르그손은 실제로는en fait/in fact 거의 불가능하지만 이론적으로 (권리상en droit/by right) 생각해 볼 수 있는, 기억이 개입하지 않은 '순수 지각'이 있다고 상정한다. 하지만 '순수 지각'이라는 개념이 단순히 사유에 의해 상정된 개념이라고만은 할 수 없다. 왜냐하면,

> 유년기를 연구한 심리학자들은 우리의 표상이 비개인적인 것으로부터 시작한다는 것을 잘 알고 있다. 조금씩 조금씩 그리고 귀납의 힘에 의해서 비개인적 표상은 우리의 신체를 중심으로 받아들이고, 우리의 표상이 된다. 게다가 이런 일의 작동 방식은 이해하기 쉽다. … 외적 세계에 대한 나의 믿음은 내가 나의 밖에 비연장적인 감각들을 투사한다는 사실에서 비롯되지 않으며, 그럴 수도 없다. 어떻게 이 감각들이 연장성을 얻을 수 있겠는가? 그리고 나는 외재성이란 개념을 어디서 이끌어 낼 수 있겠는가? 그러나 만일 사람들이, 경험이 입증하듯이, 이미지들의 전체가 우선 주어진다는 데 동의한다면, 나는 어떻게 나의 신체가 이 전체 속에서 특권적 상황을 마침내 점유

하게 되는지를 잘 알게 된다. (84~85)

[환상들이 관련되는 실제적] 사실들 중 첫 번째 것은 우리 감관
은 교육을 필요로 한다는 것이다. 시각도 촉각도 자신의 인상
들을 곧바로 국재화하지 못한다. 일련의 비교와 귀납이 필요
하다. 이것들에 의해 우리는 우리의 인상들을 서로에 대해 조
금씩 정돈한다. (87)

위 문단에 언급된 것처럼, 우리는 심리학자들의 연구에 의해 "우리
의 표상이 비개인적인 것으로부터 시작한다"는 것을 알고 있다. 또
한 감각기관들은 자신의 인상들을 특정 사물에 대한 인상으로 정
돈하기까지 수많은 비교와 귀납이 필요하다. 후자의 문제에 관하
여 많은 철학자들이 인상들을 조정하고 통일시키는 능력조차 인간
에게 선천적으로 부여하기를 좋아했다. 칸트가 말하는 선험적 통
각, 아리스토텔레스로부터 이어 오는 공통감각, 그리고 의식 등이
그러한 것이다. 어떤 대상을 '이것'으로 특정하기까지 수많은 비교
와 귀납이 필요하고 그로부터 감관은 인상들을 조금씩 조정한다고
보는 태도는 경험론과 경험적 심리학의 연구 성과이며, 이는 대상
에 대한 인간의 첫 인상에는 그의 기억이 개입하지 않은 '순수' 지
각의 상태가 있을 수 있다는 것을 잘 보여 준다. 인간의 표상이 처
음부터 '나의 것'은 아니다. 인간이 주변 사물들에 대한 표상을 '나'
를 중심으로 두고 배열하게 되는 것은 점진적인 학습의 결과이지
선천적인 것이 아니라는 것이다. 갓 태어난 아기는 자신의 최고 시

력에 도달해 있지 않기 때문에 대상을 또렷이 보는 것조차 할 수 없는 데다가, 외부 대상들에 대한 경험이 전혀 없고, 그 대상들을 이해할 수 있는 개념 체계도 가지고 있지 않다. 그러다가 어느 순간 지각하는 이미지들 속에서 어느 특정한 대상을 알아보게 될 때, 그의 지각이 점차 그를 위한 지각으로 변해 간다.

　　기억이 개입하지 않은 '순수 지각'에 대한 논변으로 베르그손이 하고 싶은 주장은, 우리가 지각하지 않은 상태에서 이미지들을 만들어 낼 수 있다고 하더라도, 그는 반드시 단 한 번은 외부 대상을 지각한 적이 있어야 한다는 것, 다시 말해서 지각에는 반드시 외부 대상으로부터 비롯된 것이 존재한다는 것이다. 그리고 지각이 개인적인 것으로 변모하면서 '주관'이 생긴다.

> 그리고 나는 또한 처음에는 단지 내 신체와 다른 물체들의 구별에 불과했던, 내부와 외부라는 개념이 그때 어떻게 생겨나는지를 이해하게 된다. … 내적인 것과 외적인 것의 구별은 이처럼 부분과 전체의 구별에 이르게 될 것이다. 우선 이미지들의 전체가 있다. 이 전체 속에 '행동의 중심들'이 있는데, 이에 관련된 이미지들은 이 중심들에 반사되는 것처럼 보인다. 지각들이 생겨나고, 행동들이 준비되는 것은 그와 같이 이루어진다. 나의 신체는 이 지각들의 중심에서 그려지는 것이고, 나의 인격personne은 이 행동들이 결부되어야 하는 존재이다. (85~86)

그 과정에서 우리는 외부가 내부로 되어 가는 분절점을 확인할 수 있게 된다. 주변 사물들도 이미지이고 내 몸도 이미지인데, 몸이 사물을 지각하면서 사물이 내 몸이 되어 가는 것이다. 이런 과정으로 인해 내부와 외부가 분절되고, 주관과 대상이 생긴다. 존재가 일의적이라는 테제를 강하게 주장하는 들뢰즈는 하나의 존재로 이 세상의 모든 것이 말해질 수 있는데 왜 어떤 것은 나고 어떤 것은 너인지 설명해야 했다. 하나이면서 여럿일 수 있는 이유를 말이다. 가장 간단하게 설명하자면 들뢰즈는 라이프니츠의 '주름' 개념을 통해서 내부와 외부가 어떻게 생겨나는지 설명한다. 주름으로 이루어진 세계에는 주름이 접혀 들어간 쪽이 내부가 되고 펼쳐진 쪽이 외부가 되어 주관과 주관의 외부가 발생한다는 것이다. 베르그손에게는 사물과 정신이 본성적으로 다른 두 개의 존재로 사유되기 때문에 들뢰즈만큼 래디컬한 주장은 하지 않지만, 몸을 가진 생명체에게 '내부'라는 것이 발생하는 과정에 대한 설명은 사물과 생명체가 어떻게 교류하는지를 설득력 있게 보여 준다고 할 수 있겠다.

(1) 의식적 지각의 탄생

우리의 가정이 근거가 있다면, 이 지각은 물질로부터 받은 진동이 필연적 반응으로 이어지지 않는 바로 그 순간에 나타난다. 물론 초보적인 유기체의 경우 진동이 생겨나기 위해서는 대상에 대한 직접적 접촉이 필요할 것이다. 그리고 그때 반응은 그다지 지체될 수 없을 것이다. 이처럼 하등한 종들에서 접촉은 수동적인 동시에 능동적이다. … 한마디로 반응이 직접적이 되어야 할수록, 지각은 더욱더 단순한 접촉을 닮고 있으며, 지각과 반응의 완전한 과정은 필연적 운동을 따르는 기계적 충동과 거의 구분되지 않는다. … 차츰 동물의 관심을 끄는 대상의 작용이 그에게 느껴지는 거리도 역시 증가한다. 시각에 의해, 청각에 의해, 동물은 더 많은 사물들과 관계를 맺으며, 점점 더 멀리 떨어져 있는 영향들을 받게 된다. 이 대상들이 그에게 유리함을 약속하든, 그를 위험으로 위협하든 간에, 약속들과 위협들은 대상들에 대한 지불기한을 연기하는 것이다. 따라서 생명체가 처리하는 독립성의 몫은, 또는 앞으로 말할 것처럼 그의 활동을 둘러싸고 있는 비결정성의 지대는, 생명체가 관계하는 사물들의 수와 거리를 **아프리오리**_a priori_하게 평가하게 해 준다. 이 관계가 어떠하건, 따라서 지각의 내밀한 본성이 어떠하건, 지각의 폭_amplitude_은 잇따르는 행동의 비결정성의 정확한 척도이고, 따라서 이러한 법칙으로 진술된다고 단언할 수 있다. **지각은 행동이 시간을 처리하는 정확한 비율로 공간을 처리한다.** (61~62)

또한 지각은 하나의 안정된 습관이 획득될 때마다 감소하는데, 그것은 이번에는 완벽하게 준비된 대답이 질문을 불필요하게 만들기 때문이다. (82)

베르그손은 지각이 생명체에 따라 일부 무의식적이고 일부 의식적인 것으로 간주하는 것 같다. 초보적인 유기체, 하등한 종들에게서는 외부 사물에 대한 지각과 그에 대한 반응이 직접적인 접촉에 준하는 것에 의해서만 일어날 수 있고, 이 경우 지각과 반응은 거의 기계적인 충동처럼 작동한다. 신경체계가 복잡하고 고도화될수록 지각은 직접적인 접촉으로부터 점점 더 많은 수의 사물과, 점점 더 먼 거리로부터의 영향에까지 미친다. 다시 말해서 생명체가 고등할수록 자신을 둘러싼 환경이 자신에게 미칠 수 있는 유용성과 위험을 점점 더 많이 점점 더 멀리 측정할 수 있다는 것이다. 이는 우리가 위에서 던졌던 질문에 대한 대답이 될 수 있다. 고등생명체에게 비결정성의 정도가 커진다는 것은 어떤 이점이 있는가? 생명체가 고등하다는 것은 자신에게 영향을 미칠 수 있는 것들을 더 많이 더 멀리까지 가늠할 수 있다는 것이다. 베르그손은 행동이 시간을 처리하는 것과 정확히 같은 비율로 지각은 공간을 처리한다고 말한다. 자신의 주변에 대해 더 많이 더 멀리 지각한다는 것은 그에 대해 되돌려줄 수 있는 가능한 행동들을 더 많이 더 멀리 그려 본다는 것을 말한다. 그가 그리는 가능한 행동들은 사물들에 대한 생명체의 질문에 대한 가능한 답변들이고, 가능한 답변들을 많이 가진다는 것이 곧 고등하다는 것이 된다. 만약 어떤 경우에 이제 더이상 질문을 던질 필요조차 없는 익숙한 환경에 놓이게 되면 고등생명체조차도 가능한 답변들을 새삼스럽게 고안하지 않는다. 이때 생명체가 획득한 것은 습관이고 잃어버리는 것은 지각이다.

(2) 지각에 대한 상식의 소박한 신념

사태를 이와 같이 생각함으로써, 우리는 단지 상식의 소박한
신념으로 되돌아온 것에 지나지 않는다. 우리는 우리 모두가
대상 자체 속으로 들어간다고, 우리는 그것을 우리 안에서가
아니라 대상 안에서 지각한다고 믿는 것으로 시작했다. 만일
심리학자가 그처럼 단순하고, 그처럼 실재에 근접한 이 생각
을 무시한다면, 그것은 뇌 내부의 과정, 지각의 이 사소한 부
분이 그에게는 지각 전체와 등가적인 것처럼 보이기 때문이
다. 누군가 이 내적인 과정을 보존하면서 지각된 대상을 제거
한다고 해 보라. 그에게 대상의 이미지는 그대로 남아 있는 것
처럼 보인다. 그리고 그의 믿음은 어렵지 않게 설명된다. 환각
이나 꿈처럼 모든 점에서 외적 지각을 모방하는 이미지들이
출현하는 상태들이 많[기] 때문[이다].··· (79)

칸트에 반대하면서, 신경생리학과 더불어 지각을 해명한 베르그손
은 승전보를 울리듯이 이렇게 말했다. "사태를 이와 같이 생각함
으로써, 우리는 단지 상식의 소박한 신념으로 되돌아온 것에 지나
지 않는다"고. 그는 우리가 물질과 정신에 대한 이론을, 즉 실재론
도 관념론도 아무것도 모른다고 가정한다면 우리는 우리의 감관을
열면 지각되고 닫으면 지각되지 않는 이미지들 앞에 있다고 생각
할 것이라는 가정으로 논의를 시작했다. 사실 "이미지 앞에 있다"
는 말은 일반인들이 들어도 좀 어렵다. 그러나 지금까지의 논의 끝

에 알 수 있는 점은, 지각을 위와 같이 해명한다면 상식의 소박한 신념에 도달하기는 한다는 것이다. 즉, 내가 지각하는 사물은 내가 지각하는 대로 실제로 거기에 있다는 신념 말이다. 이 소박하고 일상적인 신념에 도달하는 일이 칸트와 버클리George Berkeley, 로크John Locke, 흄David Hume 등의 주장을 하나하나 논파하는 지난한 길을 우회하고, 19세기에 꽃피운 신경생리학과 다원주의를 기다려야 하는 어렵고 긴 길이었다는 점이 아이러니하다. 그러나 앞으로도 수많은 주제들 속에서 비슷한 난관이 기다리고 있을 것이다.

다. 감응, 영혼의 다양한 움직임

(1) 감각, 정념, 감응적 감각

affection에 대한 우리말 번역어는 다양하다. 사전적인 뜻으로는 우선적으로 애착, 사랑 등이 눈에 띄고, 이어서 감정이나 정동, 질병, 감동, 마음의 움직임 등이 등장한다. 그러나 베르그손의 번역서에서 보듯이 이를 정념으로 번역하는 것은 오해를 불러일으킬 수 있다. 정념이라는 단어는 passion을 자주 연상시키는데, passion과 affection은 심신 문제에 대한 전혀 다른 철학적 태도와 연관되기 때문이다. 널리 알려져 있다시피 데카르트는 실체를 사유와 연장의 둘로 나누었는데, 실체는 정의상 타자에 대한 의존 없이 스스로 존재할 수 있는 것이기 때문에 사유와 연장이 각각 실체라는 것은 서로 의존하지 않는다는 것, 서로에게 영향을 주고받지 못한다는 것을 말한다. 사유는 사유끼리, 연장은 연장들끼리 서로의 원인과 결과가 된다. 인간은 사유하는 실체이면서 연장적인 몸도 함께 가지고 있는 존재이기 때문에, 생각하는 것을 어떻게 몸으로 실행하는지, 몸이 받은 자극으로부터 어떻게 그것에 대한 생각에 도달하는지가 문제가 된다. 데카르트는 이 경로를 정념passion을 기반으로 설명하려고 했다. 경이, 애정, 증오, 욕망, 비애 등의 정념은 외부 신체를 원인으로 하여 정신에 야기되는 수동으로서, 정념이란 외부 타자에 의해 움직여지는 것이지 내부에서 스스로 움직인 것이 아니다. 데카르트의 생각은 이 정념의 원인을 계산하고 인식하여 이성의 통제하에 둠으로써 이성을 뒤흔드는 정념 역시 통제한다는 것이다.

affection은 사유와 연장이 제기하는 이 어려운 문제를 설명하는 완전히 다른 태도를 반영하는 개념이다. affection은 철학자에 따라 감응, 변용, 정서, 정동, 촉발 등 너무나 다르게 번역되어 왔다. 개념이 이해되면 왜 이렇게 많은 번역어가 있는지 금방 알 수 있다. 베르그손은 이 개념을 우선 다음과 같이 설명하고 시작한다.

> 사람들이 여기에서 말하는 감각들은 우리에 의해 우리 신체의 밖에서 지각된 이미지들이 아니라, 오히려 우리 신체 자체 속에 위치한 감응들이다. (94)

베르그손의 설명을 유심히 보면 여기에서 말하는 감각은 외부의 대상이 원인이 되어 내면에 수동적으로 생긴 것이 아니라, 신체 자체에 대한 지각으로부터 신체에서 발생한 것이다. 이것이 바로 데카르트의 passion과 스피노자의 affectio/affectus의 차이이다. 데카르트는 느낀다는 것에 능동성을 부여하지 않았고, 느낌에 의한 혼란을 명료한 인식을 위해 제거하고 싶어 했다. 이성이 혼란스러운 느낌의 외부 원인을 통제할 수 있다면 인식이 명료해질 것으로 생각한 것이다. 이에 반해 당시 스피노자는 '몸'에서 일어나는 일을 수동적이고 기계적인 단순한 메커니즘으로 보지 않았다. affectio는 외부 대상을 지각하는 몸이 자기 자신에 대해 느끼는 것을 말하는 개념이다. 즉, affection은 자발적이고 능동적인 개념이다. (우리는 두 개념의 차이를 분별하기 위해 우선 두 경우를 모두 '느끼다'라는 일반적인 단어로 묘사하였다. 우리에게서 관찰되는 '느낌'이라는 것을 두 철학자가 각기 다른 방식으로 해명하고 있는 것이다. 베르그손은 이 느낌을 영혼의 움직임divers mouvements de l'âme이라고도 표현하고 있다.) 그래서 철학자에 따라서는 affection이 외부 대상으로부터 내면이 자극을 받아 감각이 일어난다는 맥락에서 촉발이라고 번역되기도 하고, 베르그손처럼 생리학적 맥락 속에서 영혼의 움직임처럼 받아들여지면 감응이라고 번역되기도 하며, 정신분석에서 광범위하게 사용되는 affection은 정동 혹은 정서로, 들뢰즈가 변별하는 스피노자의 affection과 affect를 구분하기 위해서는 각기 변용과 정서 혹은 감응 등으로 번역되기도 한다. 모든 번역이 일리가 있다. 중요한 것은 affection은 인간에게서 관찰되는 느낌에 대한 하나의 해명으로서 passion과 전적으로 다르다는 점이다. affection에 대한 다양한 번역들은 그 나름대로 이유가 있으나 정념으로 번역하는 것은 피하는 것이 좋을 것 같다. 정념은 passion에 대한 번역어이기 때문이다. 다만 스피노자는 affectio에 대해 욕망, 기쁨, 슬픔, 경탄, 경멸, 사랑, 미움, 경향, 싫음, 조롱 등 48가지로 다양하게 분석하는 데 비해 베르그손은 이를 거의 통증에 가깝게만 다루기 때문에, 우리는 뉘앙스상 sensation affective를 정서적 감각으로 번역하기가 어려워서 생리학적인 느낌을 강하게 가지고 있는 감응, 감응적 감각으로 번역하기로 했다. affection의 뉘앙스는 이처럼 다양하다. 이제 베르그손으로 돌아가자.

여기서 베르그손이 다루는 이 느낌이라는 것은 바늘에 찔렸을 때의 통증, 치과에서 치료받는 동안 느끼는 고통, 눈부심, 배앓이 등 특히 통증, 고통에 집중하는 모양새다. 이런 느낌들은 대상에 대한 지각의 강도가 점진적으로 증가하는 어느 순간에 발생하고 원인의 이해와 더불어 서서히 감소한다고 본다. 정리하자면 지각의 강도가 증가하면서 통증이 발생하고 대상을 표상하게 되면서 그 강도는 감소한다. 이를테면 바늘이 피부를 서서히 찌르는 경우, 찌르는 강도가 약할 때 서서히 지각하기 시작하여 강도가 강해지는 어느 순간 아프다는 느낌이 생기고 그 대상에 대한 주의가 새삼 환기된다. 흄은 지각을 인상과 관념으로 나누고, 감관의 생생하고 구체적인 경험이 인상, 인상의 강도가 약해지면서 형성되는 것이 관념이라고 보았다. 베르그손이 이런 종류의 설명에 만족하지 않는 이유는 이 과정, 지각→통증의 감각→표상의 과정이 강도의 증가와 감소만으로는 충분히 설명되지 않는다고 생각하기 때문이다.

우리는 하필 왜 그 순간에 통증의 감각을 가지게 되는가? 이것을 설명해야 지각과 affection의 본질을 각각 이해하게 된다는 것이다.

> 자극 요인의 점진적인 증가가 결국 지각을 통증으로 변형시킨 <u>다</u>는 것은 의심의 여지가 없다. 그러나 그렇다고 해도 이 <u>변형</u> 이 어떤 정확한 순간으로부터 나타난다는 것 역시 사실이다. <u>왜 다른 순간이 아니고 바로 이 순간인가?</u> 그리고 나는 처음에 는 이 현상에 단지 무관심한 관망자에 불과했는데, 그것이 나로 하여금 갑자기 생생한 관심을 갖게 한 특별한 이유는 무엇인가? (98)

(2) 고통/통증douleur은 왜 하필 그 순간 나타나는가?

베르그손이 통증의 발현을 설명하는 방식은 논박이 불가능할 정도로 설득력이 있으며, 선배 철학자들도 모두 수긍할 수밖에 없어 보인다. 왜냐하면 그의 설명은 선배들이 경험하지 못한 진화론과 신경생리학에 근거한 것이기 때문이다. 그의 논변은 아메바에 대한 관찰로부터 시작한다.

> 낯선 물체가 아메바의 위족들 중 하나에 닿을 때, 이 위족은 수축된다. 따라서 원형질 덩어리의 각 부분은 자극을 받고 동시에 자극에 반작용할 수 있다. 여기서 지각과 운동은 수축성 이라는 유일한 속성 안에서 뒤섞인다. 그러나 <u>유기체가 복잡</u>

해짐에 따라 작업은 분할되고, 기능들은 분화되며, 이렇게 구성된 해부학적 요소들은 자신들의 독립성을 잃게 된다. … 따라서 감각 섬유들은 신체 전체의 이동에 전진 파수병의 자격으로 협조하기 위하여 개별적인 작용을 포기했던 것처럼 보인다. 그러나 그래도 역시 그것들은 고립된 채로, 유기체를 전체적으로 위협하는 동일한 파괴의 원인들에 노출되어 있다. 이 유기체는 위험을 피하기 위해서 또는 그것의 상해들을 복구하기 위해서 움직이는 능력을 가지고 있다 하더라도, 감각적 요소는 작업의 분할로 인해 자신의 운명이 된 상대적 부동성을 보존한다. 고통은 이렇게 생겨나는데, 그것은 상해당한 요소들이 사태를 제자리로 되돌려 놓기 위한 노력, 즉 감각 신경 위에서 일어나는 일종의 운동적 경향과 다른 것이 아니다. 따라서 모든 고통은 노력으로 이루어지며, 더욱이 무익한 노력으로 이루어지기 마련이다. 모든 고통은 **국부적** 노력이며, 바로 이 노력의 고립 자체가 그것의 무능력의 원인이다. 왜냐하면 유기체는 자신을 이루는 부분들의 연대성으로 인해, 전체의 효과에만 적합하게 되어 있기 때문이다. 고통이 생명체에 노출된 위험에 절대적으로 불균형적인 것도 역시 노력이 국부적이기 때문이다. 위험은 치명적이지만, 고통은 가벼울 수 있다. 고통은 견딜 수 없지만(치통처럼), 위험은 대수롭지 않을 수 있다. 따라서 고통에 개입하는 정확한 순간이 있으며, 그것이 있음에 틀림없다. 그것은 유기체의 손상된 부분이, 자극을 받아들이는 대신에 자극을 거부하는 때이다. 그리고 지각을 감응적 감각으로부터 분리시키는 것은 단지 정도의 차이가 아니라, 본성의 차이다. …

[생명체는] 자연의 모든 물체들처럼 자신을 해체하려고 위협하는 외적 원인들의 작용에 노출된 하나의 물체이다. 우리는 방금 그것이 이 원인들의 영향에 저항하는 것을 보았다. 그것은 밖으로부터의 작용을 반사하는 데 그치지는 않는다. 그것은 투쟁하며, 그럼으로써 이 작용에서 어떤 것을 흡수한다. 감응적 감각의 근원은 거기 있을지 모른다. 따라서 은유적으로 말해 만일 지각이 신체의 반사하는 능력을 측정한다면, 감응적 감각은 신체의 흡수하는 능력을 측정하는 것이라고 할 수 있다. (99~101)

감응적 감각affection의 본질에 접근하는 위 문단은 정말 경이롭기까지 하다. 아프다, 괴롭다, 고통스럽다 등의 감응은 우선 지각되는 외부 대상에 대한 거부이자 투쟁의 표현이다. 그러므로 그것은 데카르트가 생각한 것과 같은 수동이 아니고 자신을 위협하는 외부 원인에 대한 생명체의 적극적인 의사표시이다. 아메바와 같은 단세포 생물은 외부 자극에 대해 곧바로 수축함으로써 고통으로부터 회피하는 반작용 운동을 한다. 그러나 유기체가 복잡해지면 기능도 분화하고 각 감각기관이 마치 외부 대상에 대면하는 '전진 파수병'처럼 이곳저곳에 배분되어 있다. 눈, 코, 입, 귀, 피부 등 모든 기관들은 전체 유기체의 부분을 점유하고 있으며 그 자리를 벗어나지 못한다. 눈이 매운 연기를 대면한다고 해도 그 자리에서 떠나지 못한다는 뜻이다. 눈은 어쩔 수 없이 붙박이로 자기 자리에서 그 매운 연기를 지각하면서 고통스러워하고, 그 고통을 유기체 전체에 전한다. 전체 유기체의 생존을 위해 각 기능을 분담한 기관들이 움직이지 못한다는 것. 그 상대적 부동성, 국지성, 고립 등으로 인해, 감각기관의 거부와 투쟁의 의사표시는 사실 그 기관의 입장에서는 무익하고 무능하다. 그 스스로는 그 자리로부터 도망칠 수 없기 때문이다. 고통스러운 감각의 표출은 그러므로 단지 강도 높은 지각이 아니다. '순수 지각'이 외부 사물 안에서 일어난다면, 감응은 외부 대상에 대면한 생명체의 내면을 보여 주는 것이다. 지각과 감응적 감각 사이에는 정도의 차이가 아니라 이런 종류의 본성의 차이가 있다.

　　여기에서 베르그손이 수정하고 싶은 것이 하나 더 있었다. 철학사에서는 보통 감각을 지각 이전에 두거나 감각-지각으로 붙여 쓰면서 이것을 대상에 대한 최초의 정보, 이를테면 미가공 데이터처럼 간주해 왔다. 로크는 감각이 제공하는 데이터들을 고체성, 크기, 형태, 운동과 정지의 수는 제1성질, 색, 냄새, 소리, 맛은 제2성질로 나누고, 제1성질은 사물에 내재하는 성질이고 제2성질은 주관적인 부분이 섞여 들어간 성질로 이해했다. 데카르트가 객관적이라고 생각했던 것은 주로 시각적인 것이었는데, 로크는 촉각으로부터 비롯되는 고체성을 제1성질에 추가한 것에 차이가 있다. 뉴턴 역학이 반영된 결과라고 한다. 당시에 사람들은 코, 입안의 혀, 귀, 피부가 느끼는 감각은 모두 유기체와 대상의 다소간 접촉에 의해 일어나는 반면, 눈은 대상과 접촉하지 않고도 감각할 수 있기 때문에 그 거리에 의해 일정한 객관성을 유지한다고 생각했다. 그러나 눈이 대상을 지각하고 귀에 소리가 들리는 방식이 신경계에 대한 이해와 더불어 밝혀진 19세기의 환경에서라면 당연히 이러한 종류의 성질 구분은 재고되어야 했을 것이다. 이를테면 시지각에 대한 다음의 설명을 보자.

> 이렇게 해서 시지각의 예로 되돌아오면 광추들과 간상체의 역할은 단순히 진동들을 받아들이는 것이며, 이 진동들은 곧이어 완성된 또는 시발적인 운동들이 된다. 거기서는 어떤 지각도 나올 수 없으며, 신경계의 어느 곳에도 의식 중추들은 없다. 그러나 지각은 신경 요소들의 연쇄chaines를 야기하고… 생명체의 행동 능력, 즉 받아들인 진동을 이어 나갈 운동 또는 행동의 비결정성을 표현하며, 그것을 측정한다. … 따라서 순수한 상태에서 우리의 지각은 진실로 사물들choses의 일부가 될 것이다. 그리고 이른바 감각은 의식의 심층들로부터 저절로 솟아 나와 약화되면서 공간 속에서 펼쳐지기는커녕 우리 각자가 자신의 신체라고 부르는 이 특별한 이미지가 그것에 영향을 주는 이미지들 가운데서 겪는 필연적인 변양들modifications과 일치한다. (114)

여기에서 베르그손이 설명하는 바는 시신경뿐만 아니라 모든 감각 신경이 운동[진동]을 전달할 뿐이지 느끼는 것은 아니라는 것이다. "그런데 신경은 물론 느끼지 못한다or le nerf ne sent evidemment pas."(107/61)

아프다, 고통스럽다, 따갑다 등의 감각은 신경이 뇌로 전달하는 데이터 그 자체가 아니라, 대상을 지각하는 나의 신체에 대한 느낌이다. 그래서 감각은 사실 감응적 감각, 감응적 상태 혹은 감응이라는 것이다. 이는 감각의 내용이란 주체가 가지고 있는 직관의 형식에 의해 구성된 것이라는 칸트의 입장[아래]에도 역시 반대하는 주장이다.

(3) 감응은 지각에 끼어든 불순물

진실을 말하자면 감응은 지각을 만들어 내는 첫번째 질료가 아니다. 감응은 오히려 지각에 섞이는 불순물[이다]. (104)

[감응적] 감각은, 고전철학이든 칸트의 근대철학이든, 지각을 만들어 내는 첫 번째 재료로 간주된다는 점에서 동일하다. 고전적인 철학은 감각이 혼란스럽다고 생각했기 때문에 믿지 못했고, 칸트는 주체로부터 구성된 것이기 때문에 애초에 대상을 알려 주는 데이터가 되지도 못했다. 두 입장에서 모두 감각은 신뢰받지 못했다. 두 입장 모두 대상에 대한 참된 인식이 감각의 존재 이유였기 때문이다. 감각에 대한 베르그손의 입장이 특별한 이유는, 그가 감각을 신뢰했거나 불신했기 때문이 아니라, 감각의 존재 이유를 인식이 아니라 유기체의 생존 혹은 행동에서 찾았기 때문이다. 감각은 위험으로 가득 찬 외부 세계에서 살아남으려는 유기체의 노력의 징표다. 그러므로 감각은 인식의 최초의 질료가 아니라, 지각에 섞여

든 불순물이고, 지각에는 항상 감응이 동반된다. 감응 없는 지각은 없다.

> 우리 신체가 공간 속의 하나의 수학적 점이 아니라는 사실, 우리 신체의 잠재적 작용들은 복합적이 되어 실재적 작용들로 배어 있다는 사실, 또는 다른 말로 해서 감응 없는 지각은 존재하지 않는다는 사실을 고려해야 한다. 따라서 감응이란 외적 물체들의 이미지에 우리 신체의 내적인 것을 혼합한 것이다. 감응은 이미지의 순수성을 되찾기 위해 지각으로부터 우선적으로 추출해 내야 하는 그런 것이다. (104)

인용문 마지막 문장만 보면 베르그손은 감응적 감각이란 지각에 끼어든 불순물이므로 다시 말해서 대상을 지각하는 것과는 전혀 관계가 없는 것이므로, 명료한 대상 지각을 위해서는 지각으로부터 추출해 내야 한다고 주장하는 것 같다. 그러나 여기서 주목해야 하는 점은 오히려 생명체의 몸이 수학적 점이 아니라는 사실, 그렇기 때문에 '모든 지각에는 감응적 감각이 동반한다'는 점에 있다. 지각 대상에 직면한 생명체는 대상에 관한 정보를 모으는 동시에, 그 대상을 지각하는 자기 자신을 느낀다. 철학사는 대개 대상의 참된 모습의 인식을 문제의 중심에 두고 이어져 왔기 때문에 그 대상을 대면하는 영혼의 움직임(감응)에는 거의 관심이 없었다. 주관의 흔들림처럼 여겨지는 이런 움직임은 오히려 정념과 같이 주관을 수동적이고 통제불능 상태로 빠뜨리는 위험처럼 간주되어 왔다고도 볼 수 있다. 그러나 지각이 인식을 목적으로 하는 활동이 아니라 환경에 대한 생명체의 반응 혹은 적응을 위해 이루어지는 활동으로 사유를 완전히 전환시키면 감응의 존재 이유도 달라진다. 감응은 혼란이 아니라 생명체가 자신을 지키려는 노력이다. 환경이라는 문제를 해결하려는 것은 무엇보다 먼저 자신의 생명을 보존하기 위한 것이기 때문에, 생명체는 어쩌면 두 개의 문제를 동시에 대면하는 것이다. 현대인의 문제는 그가 직면한 현실만이 아닐 뿐 아니라 오히려 현실에 대면하는 자기 자신이 더 큰 문제로 대두되기도 한다는 점을 생각해 보면 논점이 분명해진다. 현대철학이 계산적 이성이나 좁은 의미의 합리성보다 몸과 감성에 점점 더 큰 관심을 가지게 되는 것 역시 이와 관련이 있다고 볼 수 있다. 역사를 통해 인류는 개인의 경험 말고도 참고할 수 있는 많은 경험을 유산으로 물려받았으며, 점점 더 많은 정보를 인공지능에게 학습하도록 하여 이를 문제 해결에 이용하고 있다. 외부 세계가 제기하는 문제를 해결하는 것에 인류는 점점 더 유능하게 대응하고 있는 것이다. 그와 반대로 현대인이 점점 더 무능해지는 것은 자기 자신이 제기하는 문제들에 대한 것이다. 세계를 바라보는 내가 겪는 어려움은 무엇인가? 그 질문에 대답해 주는 것이 바로 이 감응이다. 감응은 생명체가 외부 세계에 나름대로 적극적으로 대처하고 있음을 증언하는 하나의 표지이다. 문제를 해결하려는 나를 돕기 위해서는 내가 보내고 있는 위험 신호, 즉 감응을 감지할 수 있어야 하고 그 신호를 해석할 수 있어야 한다.

4. 몸과 마음을 잇는 다리 : 기억

고전 형이상학이라면 실체를 정의하거나 해명하고 실체와 결합하는 속성을 하나씩 다루어야 할 순서에서 우리는 우선 몸부터 다루기 시작했다. 베르그손이 활동하던 시기였던 19세기 말 20세기 초, 물리적으로도 생물학적으로도 불변할 것만 같은 고체적 외연을 가진 대상이 점차 해체되어 가던 시기에 이러한 형이상학적 전환이 가속화되었다고 설명한 바 있다. 실체와 속성들이 서로 더 이상의 공통점을 찾아볼 수 없는 범주들로 다루어졌다면, 불변항이 해체되어 가는 시기에는 범주 대신 무엇을 다루어야 할까. 들뢰즈는 서로 간의 공통점을 찾아볼 수 없는 범주들이 있다고 생각하지 않았지만, 그렇다고 해서 모든 것이 같다고 본 것은 아니다. 본질적으로 다른 방식이 아니라 정도에 있어서 다른 방식으로, 들뢰즈가 도입한 개념을 사용한다면 강도에 의해 달라지는/차이나는 방식으로 존재가 구분된다고 말할 수 있다. 그리고 이러한 구분을 종종 절단 coupure이라고 부르기도 한다. 몸과 대상을 일단 이미지로 함께 부른

전 장에서 몸은 지각과 감응과 행동으로 구분되어 다루어졌다. 들뢰즈의 개념으로 말하자면 운동-이미지의 세계는 지각-이미지와 감응-이미지, 그리고 행동-이미지로 구분된 것이다. 즉, 끊임없는 진동인 이미지들의 세계에서 주변 이미지들에게 되돌려줄 진동을 어느 정도 선택할 수 있는 특별한 이미지인 생명체를 중심으로 해서 진동들을 바라본다면, 더 정확히 말하면 생명체의 본거지인 몸을 중심으로 하여 진동들을 구분한다면 그것은 지각과 감응과 행동이라는 것이다. 생명체가 대상을 지각할 때 사실 엄밀하게 말하면 그 지각에는 거의 항상 기억이 개입하지만, 기억이 개입하지 않는 지각이 이론적으로는 가능하다는 가정을 했었다. 대상으로부터 생명체로 전해지는 진동들이 식별되기 전에, 즉 개인화된 기억이 개입되기 전에 그 진동들(순수 지각)은 사물 자체와 구분되기 어렵다는 것이 베르그손의 주장이었다. 우리의 경험으로 생각해 본다면, 기억나지 않는 생애 초기의 지각은 대상으로부터 비롯된 진동들이고 그 진동들이 어떤 방식으로든 그 생명체에 자리 잡는 것이라고 말해 볼 수 있다. 그때의 경험은 기억나지 않기 때문에 중요하지 않은 것이 아니라, 거꾸로 기억나지 않을 정도로 나 자신과 밀착된 것, 나 자신과 구분 불가능한 것이라고까지 말해야 할 것이다. 자, 이제 진동들의 구분이 이론적으로 마무리되었기 때문에 이제는 지각에 개입하는 기억을 억지로 제거하고 생각할 필요가 없는 순간이 되었다. 지각에 혼합되는 그 기억은 무엇일까. 몸을 중심으로 한 세계는 앞 장에서 대략 모두 다루었다고 할 수 있는데, 거기에 개입되는 기억은 어디에 무엇으로 분류해야 할까? 베르그손은 기억이 몸과 마음에 동시에 개입하는 것이기 때문에, 심신 문제를 해결하는 핵심이라고 보고 있다. 그가 해명하는 기억 속으로 들어가 보자.

가. 습관과 기억

베르그손은 기억에 관한 세 가지 테제를 제시하면서 논의를 시작하는데 그 첫 번째 테제는 바로 이것이다: 과거는 두 가지 다른 형태로 존속한다survivre. 그것은 1) 운동기제들mécanismes moteurs 속에, 그리고 2) 독립적인 기억들souvenirs indépendants 속에 존재한다.

> 따라서 사태가 진행되는 양상은, 마치 하나의 독립적인 기억이 있어서 시간에 따라 이미지들이 생겨나는 동시에 그것들을 모아들이는 듯하고 … 이 이미지는 우리가 생성 일반 속에서 어떤 순간적인 퍼내기coupe[영어로는 scoop]를 행사하면서 매 순간 얻게 되는 것이다. 이미지를 퍼내는 작용 속에서 우리 신체는 중심을 차지한다. … 우리 신체의 반작용은 경험이 신체에 만들어 놓은 운동기구들appareils의 본성과 수에 따라, 다소간 복잡하기도 하고 다양하기도 하다. 따라서 우리의 신체가 과거의 작용을 축적할 수 있는 것은 운동 장치들dispositifs의 형태 아래서이며, 오로지 그것들 아래서만 가능하다. 거기서부터 다음과 같은 결과가 나올지도 모른다. 이른바 과거의 이미지들

은 신체와는 다른 방식으로 보존되며, 따라서 우리는 [위와 같은] 첫 번째 가설을 공식화하지 않을 수 없다. (135~136)

이야기는 항상 인간이 고도의 신경체계를 갖춘 고등동물이라는 지점에서 시작하고, 모든 가설은 그로부터 연역된다. 인간은 우주의 모든 것들[이미지들]의 보편적인 운동[작용과 반작용] 속에서 특히 의지적인 반작용을 한다는 특징이 있다. 반작용이 반사적인 경우와 달리 의지적인 경우 고등동물은 가능한 행동을 헤아리는 시간이 길어지고 그런 과정에서 '기억'이 도입된다. 기억은 과거와 동일시되기도 하고, 과거를 회상해 내는 능력이나 작용으로 여겨지기도 하며, 축적된 이미지들 전체라는 집합적 명사의 의미를 갖기도 한다. 우리의 실제 경험은 오직 현재에서 이루어지기 때문에 과거를 해명하는 일은 생명체가 이용하는 것처럼 보이는 기억이 어떻게 보존되고 되살려지는가 하는 것에 다름 아니다. 여기서 베르그손의 주장은, 현재를 살아가는 신체는 자신이 갖추고 있는 운동 기구와 장치들의 형태하에서만 과거를 축적할 수 있다는 것, 그렇다면 우리가 보통 이미지 형태로 떠올리는 과거는 신체가 축적하는 과거와는 다른 본성을 가진 과거라는 것이다. 베르그손은 시종일관 '본성상 다른'이라는 말을 자주 하기 때문에 그에게는 마음과 몸이 여전히 본성상 다른 것으로 간주되고 있다는 것은 분명해 보인다. 그렇다면 이 '기억'이라는 현상, 혹은 '과거'라는 시간은 이 본성상 다른 몸과 마음을 자연스럽게 이어 줄 수 있는 핵심적인 통로가 될 것이다.

사실 철학사에서 '기억'이라는 이 신비로운 존재는 아주 일찍이 등장했다. 진리의 세계가 인간의 세계를 초월transcedant하여 있다고 믿었던 플라톤의 세계관에서 우리의 영혼은 초월의 세계에 살았으며 진리를 알고 있었다. 그 영혼은 감각세계로 태어나면서 레테Λήθη의 강을 건너기 때문에 진리를 망각한다. 그렇지만 인간은 진리를 알았던 적이 있기 때문에 잊어버리기는 했지만 기억해 낼 수 있다. 그것이 바로 '상기'reminiscence라는 개념이다. 하이데거가 진리를 알레테이아ἀλήθεια(비은폐)라고 말하는 것도 바로 이 플라톤의 신화에서 뿌리를 찾을 수 있다. 알고 있지만 모르는 그 진리, 그것도 역시 과거의 형상이었던 것이다. 이데아와 신의 초월성을 모두 배제한 형이상학이 진리의 모습을 구할 수 있을까? 그리고 그것은 혹시 기억일까? 그런데 철학에 접근한 적이 없는 사람들에게 기억은 정규교육과정 중에 상위과정으로 올라가기 위해 필요했던 암기를 떠올리게 할 가능성이 높다. 지식을 암기한다는 것은, 기억에 관한 철학에서 어떤 자리를 차지할까?

심리학자들이 기억을 길들여진 습관, 즉 반복함에 따라 점점 더 깊게 새겨지는 인상이나 수축된 주름인 것처럼 말할 때, 그들은 우리의 기억들의 어마어마한 대부분이 우리 삶의 사건들과 세부사항들에 근거한다는 사실…을 망각하고 있다. … 반복에 의해서 구성되어야만 하는 것과 본질상 반복될 수 없는 것 사이에 극단적인 차이가 있다는 것을 어떻게 모를 수가 있는가? 자동적 기억souvenir spontané은 동시에 완벽하다. 시간이 거기에 무언가를 덧붙이면 반드시 그 이미지를 변질시키게 된다. 시간은 그 기억에 대해 그것의 위치와 날짜를 보존할 것이다. 반대로 학습된 기억은 수업내용-leçon이 더 잘 암기됨에 따라 시간 밖으로 나와서 점점 더 비개인적인 것, 우리 과거의 삶에 점점 더 낯선 것이 될 것이다. 따라서 반복은 결코 자동적 기억을 습관적 기억으로 전환시키는 효과를 갖지 않는다. 반복의 역할은 단순히 자동적 기억의 운동들을 점점 더 많이 이용함으로써 그 운동들을 그것들 사이에서 조직적이 되도록 하고, 하나의 운동기제mécanisme를 만들어 신체의 습관을 창조하는 것이다. … [이것은] 심리학자들이 일상적으로 탐구하는 것인데, 그것은 기억 자체라기보다는 오히려 기억에 의해서 조명된 습관이다. (145~146)

학생들이 수업내용을 공부하고 기억을 오래 지속시키기 위해서 반복학습한다는 것을 우리는 잘 알고 있다. 그러나 "반복은 결코 자동적 기억을 습관적 기억으로 전환시키는 효과를 갖지 않는다[소위 단기기억→장기기억]". 그의 말에 따르면, 암송하려는 시를 처음 읽는 시간, 애써 암기하려고 노력하지 않은 채 시를 읽는 그 시간은 자동적으로 기억된다. 자동적spontané/spontaneous이라는 단어는 '자발적'으로도 번역되지만, 자발적이라는 단어는 의지적이라는 함축을 가지고 있기 때문에 spontané의 번역어로 어울리지 않는다. 그리스인들은 머리카락이나 손톱이 자라는 것을 자동적 운동mouvement spontané으로 보았는데, 위에서 묘사된 자동적 기억도 이와 같은 의미의 기억으로 보면 된다. 암기하려고 애쓰지 않고 책을 읽거나 수업을 듣고 나서 남는 기억, 그것이 자동적 기억이다. 베르그손에 따르면 이런 기억은 그 자체로 완전하고 또 완전하게 보존되며, 특정한 날짜와 시간의 기억으로서 이것을 경험한 사람에게 고유하고 개인적인 것이다. 그런데 만약 시를 암기하기 위해 소리 내어 읽기를 반복한다면, 그 반복에 의해 고유하고 개인적인 기억은 변질되고 비개인적인 것이 되며, 음절과 음절을 발음하는 (구강의) 일련의 움직임은 서로 간에 밀접하게 조직되어 하나의 메커니즘(운동기제)을 만든다는 것이다. 그리고 이것은 엄밀히 말해 기억이라기보다는 습관이다. 그러므로 반복학습으로 얻는 것은 장기기억이라기보다는 습관이며, 습관의 메커니즘이 지나치게 바짝 조여져 있는 경우에는 자동기억이 보존하는 개인적이고 고유한 기억의 디테일이 생명체에 개입할 여지가 줄어들게 된다. 반복학습으로 얻게 되는 습관으로서의 기억은 몸이 자신의 기관에 습관으로 수축하거나 새기는 일반화된 운동기제이며, 이미지들로 축적하는 본연의 의미에서의 기억은 아니다. 경쟁과 성장, 능력 제일주의 문화에서 격려되는 것은 물론 많은 지식을 단기간에 습득할 수 있도록 하는 반복학습이다. 운동기제로서 몸에 보존되는 습관으로서의 기억과 이미지로 보존되는 기억이 따로 있고 또 다르다면 생명체에 각기 어떤 의미를 가질까?

이렇게 해서[습관을 장착함으로써] 적절한 반작용, 환경과의 균형, 한마디로 생명의 일반적인 목적인 적응이 생겨난다. 또한 삶을 영위하는 것으로 만족하는 생명체는 다른 것을 필요로 하지 않을지도 모른다. 그러나… 의식은 그것이 차례로 지나쳐 간 상황들의 이미지를 보존하고, 그것들을 일어난 순서대로 정렬한다. 이 이미지-기억들은 어디에 사용되는 것인가? 기억 속에 보존되고 의식 속에서 재생산reproduire되면서, 그것들은 현실réalité과 꿈을 혼합하고, 따라서 생명의 실천적 성격caractère pratique을 변질시키는 것이 아닌가? 우리의 현실적 의식, 즉 현 상황에 대한 신경계의 정확한 적응을 반영하는 의식이 과거의 이미지들 중 현실적 지각과 정돈될 수 없고 그것과 더불어 유용한 전체를 형성할 수 없는 모든 이미지들을 배척하지 않는다면 그럴 가능성이 있다. [그러나 실제로는] 기껏해야 … 현 상황과 … 유용하게 연합된 이미지들 주위에서 거대한 어둠의 지대 속으로 사라져 가는 덜 조명된 가장자리를 그릴 뿐이다. (147~148)

그러나 자동적 기억에 의해 축적된 이미지들은 … 현재의 지각을 돕는 것과는 별개의 용도를 가진다. 아마도 그것은 꿈의 이미지들일 것이고, 보통은 우리 의지와 무관하게 나타났다 사라진다. (148)

이와 같은 설명을 보면 습관의 의미는 명확해 보인다. 몸에 운동기제로서 수축되는 습관은 생명의 일반적인 목적인 '적응'에 부합한다. 즉, 생명체는 세계 혹은 환경으로부터 전달되는 작용에 효율적으로 대처하기 위하여 어느 정도 일반화할 수 있는 자극에 대해서는 그 대답을 준비해 두는데, 지각에 대하여 살펴볼 때 알게 되었듯이 우리의 신체는 준비된 대답을 가지고 있을 경우 의식을 활성화하지 않고 습관으로 반응할 수 있다. 그런데 몸이 축적하는 기억이 아니라 이미지의 형태로 축적되는 기억의 용도는 무엇일까? 베르그손이 언급하는 가능한 용도는 세 가지다. 현재의 지각과 연결되어 유용한 전체를 형성할 수 있는 이미지로 활용될 수 있다. 즉 각각의 현재에 대비하여 대기 중이라고 말해 볼 수 있을까? 그런데 생명체의 적응을 위해 대비하고 있다가 제때제때 등장하고 사라지는 메커니즘에 문제가 생긴다면 어떻게 될까? 이런 우려로부터 생각해 볼 수 있는 축적된 이미지의 용도는 혹시 의식 속에서 재생산되면서 현실과 꿈을 뒤섞고 적응을 목적으로 하는 생명의 실천적 성격을 변질시키는 것은 아닐까? 물론 이 질문에 대하여 그는 곧바로 그 가능성을 부정한다. 현실과 결합하지 않는 이미지들은 의식의 조명을 받지 않거나 덜 받는 어두운 주변을 이룰 뿐이라고 말이다. 의식의 조명을 받지 않아서 어두운 주변을 이루는 이미지들을 그는 무의식이라고도 말한다. 이는 물론 당대의 프로이트가 발견한 무의식과는 전혀 다른 용법이다. 하지만 질문에 나타난 그 우려를 생각해 볼 수 없는 것은 아니다. 왜냐하면 현재적 지각과 유용하게 연합하지 않는 이미지들이 어두운 주변을 이루게 만드는 것은, 신경계가 현 상황에 대해 정확히 적응하고 있을 때이기 때문이다. 그렇지 못한 경우에는 당연히 현재적 지각과 기억에 축적된 이미지들이 현 상황에 대한 적응과는 상관없이 결합하는 혼란스러운 상태에 이를 수 있다. 그렇다 하더라도 그것은 생명체의 성격을 변질시키는 일이라기보다는 질병적 상태라고 보아야 할 것이다. 그것을 신경계에 작용하는 약으로 해결하려는 것이 정신의학, 현재의 지각이 하필이면 왜 특정한 이미지들을 불러일으켜 일상을 혼란시키는지를 해명하고 스스로 깨닫게 함으로써 현실적 의식의 활동을 회복시키려는 것이 정신분석이라고 말해 볼 수도 있다. 베르그손은 무의식에 대해서는 큰 의미를 부여하지 않았지만 '무의식'이라는 개념 자체를 꺼렸던 철학에 그 자리를 마련해 준 것만으로도 의미가 있다. 베르그손보다 3년 먼저 태어난 프로이트가 오스트리아에서 무의식에 대한 본격적인 이론을 만들게 된다는 것을 보면 무의식을 받아들일 수 있는 시대적 분위기가 그때 무르익었던 것 같다.

이미지로 축적되는 기억이 현재의 지각을 돕는 것으로 자기의 역할이 끝나는 것은 아니다. 베르그손은 그것을 꿈 이미지라고 말하는데, 그것은 생명체로 하여금 꿈꿀 수 있도록 한다는 것일까? 꿈을 꿀 수 있다는 것은 무엇일까? 그는 삶을 영위하는 것으로 만족하는 생명체는 꿈 이미지 따위를 필요로 하지 않을 수 있다고 말한다. 현재에 정확하고 민첩하게 반응하는 것으로 현재라는 삶에서 얼마든지 승자가 될 수 있어서, 사실 신경계가 아주 단순한 생명체이든 고도로 발달한 생명체이든 이미지-기억의 효용을 전혀 이해하지도 향유하지도 못하고 살아갈 수도 있다. 베르그손은 인간을 특권화하지 않고 그저 단지 고도로 발달된 신경계를 갖춘 생명체로 바라보지만, 말의 습관에 의해서인지 다음과 같이 말한다.

과거를 이미지의 형태 아래 떠올리기 위해서는 현재적 행동으로부터 초연해질 수 있어야 하고, 무용한 것에 가치를 부여할 줄 알아야 하고, 꿈꾸려고 해야 한다. 아마도 인간만이 이런 종류의 노력을 할 수 있을 것이다. (144)

인간만이 이런 종류의 노력을 할 수 있는지는 아무도 확인할 수 없는 일이나, 인간 종이 이런 노력을 할 수 있는 것은 확실하다. 인간은 환경에 적응하는 생명체의 일반적인 목적을 달성하려고 노력하면서도, 다른 한편 그는 현재에 무용한 것에 대한 생각에 잠기고 현재로부터 거리를 두기도 한다. 현재에 대해 비판적으로 사유할 줄도 알고, 적응 이외의 다른 가치를 고안하고 세계에 적용시킬 수도 있다. 기억에 대해서는 앞으로 더 자세히 검토되겠지만, 이런 종류의 기억의 용도는 바로 정신과 관련된 것이 아닐까 싶다. 신체가 자신이 갖춘 기관과 필요에 따라 그에 대응하는 작용에 대한 반작용을 수월하게 하는 운동기제를 하나둘 만들어 내고 이를 신체에 수축시키는 것처럼, 정신도 자신의 메커니즘들을 이미지들의 축적과 축적된 이미지들의 조직화를 통해 하나둘 만들어 내는 것이다. 현재에 몰입한 생명체는 꿈꿀 시간이 없을 것이고, 꿈만 꾸는 생명체는 현재에 적응하지 못할 것이다. 아래 인용문에서 볼 수 있듯이 감각-운동적 평형의 방향과 꿈꾸는 방향은 정반대라서, 반복하는 암기는 우리의 꿈을 억제하고, 정신의 성장을 방해할 수 있고, 꿈꾸는 우발적인 기억이 북돋워지면 현재에 대한 적응에 어려움을 겪을 수도 있다.

신경계의 감각-운동적 평형이 교란되는 대부분의 경우에 우발적인 기억이 앙양되고, 반대로 정상적인 상태에서는 현재의 평형을 공고히 하는 데 유용하지 않은 모든 자동적 기억들이 억제된다.… (149)

나. 뇌, 운동중추인가 기억중추인가

몸과 마음이라는 두 독립적인 실체(처럼 보이는 것)가 신비하게도 함께 존재하는 인간을 해명하기 위해 베르그손이 자신의 논의에 토대로 삼은 것은 간단하게는 물리학과 생물학의 공통된 역학인 '작용과 반작용' 그리고 이를 운용하는 '신경체계를 갖춘 생명체'라는 두 아이디어이다. 외부 세계(환경)의 자극에 대면하는 생명체의 최전선은 몸, 더 좁혀 들어가면 피부와 각종 막들일 것이다. 외부와 몸의 만남에서 분석해야 할 것은 지각이었고 뇌는 감각신경과 운동신경의 말단이 모여 있는 신경의 중추다. 이렇게 보면 뇌는 운동의 기제인데, 사람들은 뇌가 정신적인 활동의 중추라고 생각한다. 질문은 어쩌면 이렇게도 던져질 수 있다. '뇌는 표상représentations, images의 기관인가, 행동actions의 기제인가?' 앞서 우리는 복잡한 신경계를 가진 고등동물일수록 외부 세계에서 길어 내는 가능한 행동의 수가 많아지고 범위도 넓어져서 그에 대한 반응인 실재적 행동이 점점 더 예측하기 어려워진다는 것을 보았다. 외부 세계가 점점 친숙해져서 더 이상 가능한 행동을 많이 그려 볼 필요가 없을 때 생명체는 반응을 습관으로 수축시키고 반사적으로 반응한다. 생명체는 시간을 점유하고 지속하는 존재이므로 가능한 행동으로서 그려 본 이미지들과 실제 행동 이미지들을 보존하고, 환경에 즉시 반응하지 못할 때 이 이미지들을 떠올려 지각에 개입시킨다. 그렇다면 뇌는 운동의 중추이면서 동시에 이 이미지들을 보존하고 있는 기체substrat인가? 우리는 대부분 그렇다고 생각한다. 다시 말해서, 서양식으로는 시대에 따라 영혼 혹은 정신, 마음, 경우에 따라서는 의식 혹은 사유라고도 불리는 것들이 뇌에 보존되거나 깃들어 있다고 또는 뇌에서 이루어진다고 생각한다는 것이다. 즉, 뇌는 운동의 기제이면서 사유의 기체라고 말이다. 베르그손은 이러한 생각이 매우 모호한 것이며, 운동의 본질도 사유의 본질도 제대로 파악하지 못하게 만든다고 본다.

> 다음의 내용을 곧바로 말해 두자. 사람들이 기억의 진정한 본성을 오해한 것은 바로 매개적인 형태들, 말하자면 순수하지 않은 형태[습관과 이미지-기억이 혼합되어 있는 형태]에 만족했기 때문이다. … [그렇게 되면] 척수이든 연수이든, 운동적 습관의 기초 역할을 하는 뇌의 기제가 동시에 의식적 이미지의 기체substrat가 된다고 가정해야만 할 것이다. 거기서부터 기억들이 뇌 속에 축적된다는 이상한 가설이 비롯되는데, 이 가설에 따르면 기억들이 의식적으로 되는 것은 진정한 기적이고, 우리가 과거로 인도되는 과정은 신비가 될 것이다. … 그들은 이미지-기억들의 형태로 잇따르는 반복들을 보존하고 정렬하는 전체

기억mémoire을 떼내어 다루지 않기 때문에, 그리고 이 기억을 훈련으로 완성되는 습관과 혼동하기 때문에, 결국 반복의 효과란 것이 단순히 반복됨으로써 강화될 하나의 동일한 분리불가능한indivisible 현상[식별]에 근거한다고 믿게 된다. 그리고 이 현상은 마침내 가시적으로는 운동 습관에 불과하게 되고, 뇌 혹은 그 밖의 기제에 상응하게 되기 때문에, 좋든 싫든 그들은 이런 종류의 기제가 처음부터 이미지의 기초에 있었으며, 뇌는 표상의 기관이라고 가정하기에 이른다. (155~156)

사람들이 '하나의 동일한 분리불가능한 현상'이라고 믿고 싶어 하는 이 현상은 바로 식별이다. 어떤 사물을 보고 이것이 바로 그것이라고 식별하는 것. 이 행위에는 운동기제와 표상기제가 동시에 작용하지만, 사람들은 이 행동에 뒤섞인 표상적 요소와 운동적 요소를 분리해 보지 않고서, 이 행동을 단순한 것으로 간주하고는 뇌를 운동의 기제이면서 동시에 표상의 기관이라고 가정한다는 것이다. 우리가 보통 쉽사리 가정하고 믿어 버리는 것들, 즉 뇌가 정신적인 기관이며 바로 거기에 기억이 축적된다는 믿음이 여기에서 비롯한다. 베르그손은 이런 가설로는 심신 문제의 주요한 쟁점들을 모두 하나의 '신비'로밖에는 설명하지 못한다고 본다; 즉, 지각작용이 어떻게 축적된 기억을 불러들이는가? 거꾸로 활력을 잃고 잠들어 있던 축적된 기억이 어떻게 의식화하는가? 예민한 문제를 설명하는 가설을 세울 때 그 가설로부터 잘 설명되지 않는 부분을 뭉개 버리는 것이 신비화이고, 철학은 탈신비화démystification이어야 한다는 생각은 철학자들의 오래된 신념이다. 이를 위해서 베르그손은 이 '식별' 현상이 단순한 현상이 아니라 혼합되거나 매개적인 현상이라고 보고, 이를 더 자세히 들여다보아야 한다고 주장한다. 그런데 식별에 대한 기존의 강력한 설명 원리가 있었으니, 그것은 바로 대체로 흄으로 대표되는 연합의 원리이다.

다. 연합의 원리의 불충분성

따라서 우리가 구별한 두 기억들 중 능동적이거나 운동적인 두 번째 기억은 항상 첫 번째 기억을 억제하거나, 아니면 이 기억 중에서 현 상황을 조명하고 유용한 방식으로 보완할 수 있는 것만을 받아들임에 틀림없을 것이다. 관념들의 연합의 법칙들은 이렇게 도출된다. (148)

생명체가 현 상황을 조명하고 유용한 방식으로 보완할 수 있는 이미지-기억을 불러내는 것 같다는 이 현상으로부터, 사람들은 이 작용이 아마도 현재의 지각 이미지가 자신과 비슷하거나 인접한 이미지를 기억으로부터 불러들이는 원리에 의해 작동하지 않을까 하는 연역을 하게 된다. 이것이 바로 유사성과 인접성에 의한 연합의 원리이다. 그런데 연합의 원리는 현재의 지각이라는 운동적 현상과 축적된 과거 이미지의 환기라는 표상적 현상이 뒤섞이는 식별이라는 이 특별한 현상을 설명하기에는 충분하지 않다. 왜냐하면 우선 연합이라는 것은 식별에 두 종류의 이미지가 뒤섞이는 현상에 대한 결과적 분석이지, 그 원인에 대한 분석이 아니기 때문이다. 이미지들이 유사성의 원리에 따라 연합했다기보다는, 인간들이 만든 유사성이라는 개념으로 두 이미지를 사후적으로 연결시켰을 뿐이라는 것이다.

> 사람들은 이번에는 현재적 지각이 항상 자신과 닮은 이전 지각의 부분기억souvenir을 찾으러 전체기억mémoire의 심층으로 들어간다고 가정한다. 이에 의하면 '이미 본 것'déjà-vu의 감정은 지각과 기억 사이의 병치 또는 혼합으로부터 비롯될 것이다. 물론 사람들이 깊이 관찰한 바 있듯이 유사성은 정신이 접근시키는 항들, 따라서 정신이 이미 소유하는 항들 사이에서 정신에 의해 세워진 관계이며, 따라서 유사성에 대한 지각은 연합의 원인이라기보다는 오히려 연합의 결과이다. (159)

그러나 유사성이라는 원리가 원인이 아니라 결과에 불과하다는 것은, 연합의 원리가 불충분하다는 것을 보여 주는 일면에 불과하다. 더 중요하고 결정적인 불충분성은 다른 데 있다. 만약 "식별이 이런 식으로 이루어진다면, 식별은 과거의 이미지들이 사라졌을 때는 소멸될 것이고, 이 이미지들이 보존되어 있을 때는 항상 일어나야만 할 것이다."(161) 하지만 당시의 여러 병리적 사례들은 이와 같은 원리에 들어맞지 않는다. 정신적 실명cécité psychique, 혹은 지각한 대상의 식별불능, 광인, 실어증失語症, 심리적 자동성automatisme psychologique 등의 여러 사례가 이를 증명한다.

라. 몸과 마음의 계열

『물질과 기억』에는 훨씬 더 많은 사례들이 소개되는데 여기에서는 간단히 아래와 같은 두 단락만을 살펴보자.

① 자동적 현상automatisme

병리학적 경우들을 관찰해 보면 자동적 현상이 여기서 우리가 생각하는 것보다 훨씬 멀리 퍼져 있다는 것이 확고해진다. 여기서는 광인들이 그들이 이해하지 못하는 일련의 질문들에 명민한 대답들을 하는 일도 있다. 언어는 그들에게 반사작용과 같은 방식으로 기능을 한다. 자발적으로는 한마디도 말할 수 없는 실어증 환자들이 노래를 할 때는 한 멜로디의 단어들을 아무 오류도 없이 상기하는 일도 있었다. 그렇지 않은 경우라도 그들은 여전히 어떤 기도문, 수의 계열, 한 주의 날들과 한 해의 달들을 유창하게 암송할 것이다. 이처럼 극히 복잡하면서도 지성을 모방할 정도로 상당히 미묘한 운동기제들은, 일단 형성되면 그 자체로 기능할 수 있으며, 따라서 보통 최초의 충동만으로도 작동할 수 있다. (150)

② 대상에 대한 이미지-기억을 보존하고 있지만 그 대상을 식별하지 못

하는 경우

빌브란트Hermann Wilbrand가 연구한 경우에서 환자는 자신이 거주
했던 마을을 눈을 감은 채로 그릴 수 있었고, 거기서 산보하는
상상을 할 수도 있었다. 그런데 일단 그 길에 들어서자, 그에게
는 모든 것이 새로운 것처럼 보였다. 즉 환자는 아무것도 식별
하지 못했고, 방향을 분간하지도 못했다. 뮐러Friedrich Müller와 리
사우어Heinrich Lissauer도 동일한 종류의 사실들을 관찰했다. 그 경
우 환자들은 사람들이 이름 부른 대상의 내적인 영상을 떠올
릴 줄 알고 그것을 잘 묘사하기도 한다. 그러나 그들은 그 대
상이 자신 앞에 제시될 때 그것을 식별할 수가 없다. (161~162)

질문을 이해하지 못하지만 명민하게 대답하는 광인, 그는 질문을
이해할 수 있는 이미지-기억이 사라졌거나 연결시킬 능력을 상실
했는데도 불구하고 타자의 질문이라는 작용에 반작용할 수 있었
다. 그의 '명민한 대답'은 어디에서 왔을까. 이해하지 못한 채 답변
하는 것이므로 일종의 반사적 대답이었을 것이다. 말을 떼지 못하
는 실어증 환자가 어떻게 노래하고 기도문을 암송할 수 있을까. 그
의 노래와 암송은 몸에 축적된 운동적 습관이 자동적으로 반응한
것이다. 빌브란트, 뮐러, 리사우어가 연구한 환자들은 사물들에 대
한 이미지, 자신이 살던 마을에 대한 이미지(이미지-기억)를 잘 간
직하고 있지만 그 대상을 직접 마주했을 때(현재) 그것들을 인지할
수 없었다. 첫 번째 사례들은 과거의 이미지와 현재적 지각을 연결
하지 못하는데도 불구하고 마치 식별하는 것처럼 보이는 경우들이

고, 두 번째 사례들은 과거의 이미지들을 잘 간직하고 있는데도 불구하고 식별하지 못하는 환자에 대한 연구들이다. 이런 관찰과 연구의 사례들로부터 베르그손이 보여 주고 싶은 것은, 사물에 대한 식별이 현재적 지각과 과거의 경험 이미지가 혼합된 혹은 연결된 단순한 현상이 아니며, 경험을 통해 축적된 이미지-기억이 개입하지 않은 채 일어나는 식별이 있는가 하면, 이미지-기억이 분명한데도 식별이 일어나지 않기도 한다. 그러므로 다음과 같이 말해야 한다. 식별에 반드시 이미지-기억이 개입하는 것은 아니다. 습관이라는 운동기제에 의해 자동적으로 이루어지는 식별이 있고, 이미지-기억을 통한 식별이 있으며, 두 식별의 성격은 다르다. 그래서 우리는 다음과 같은 결론에 이를 수 있다.

> 결론적으로 모든 식별이 지나간 이미지의 개입을 항상 요구하지는 않으며, 사람들은 또한 지각을 이미지들과 일치시키는 데 성공하지 않고도 이 이미지들을 불러올 수 있다. (162)

> 만일 우리의 분석이 정확하다면, 식별에 관한 질병은 극히 다른 두 형태를 띨 것이고, 두 종류의 정신적 실명이 확인될 것이다. 실제로 한편으로는 과거 이미지들을 떠올리는 일이 불가능하고, 다른 한편으로는 지각과 동반적인 습관적 운동들 사이의 유대가 끊어질 뿐이다. (168)

그리고 이는 다음과 같은 주장으로 귀결된다.

II. 현재적 대상의 식별은 대상으로부터 나올 때는 운동에 의해 이루어지고, 주체로부터 나올 때는 표상에 의해 이루어진다. (137)

그렇다면 기억의 실천적이고 일상적인 작동 opération, 현재적 작용 action을 위해 과거 경험을 이용하는 것, 즉 식별reconnaissance은 두 가지 방식으로 완성됨에 틀림없다. 식별은 때로는 행동 자체 속에서, 그리고 상황에 알맞은 운동기제들의 완전히 자동적인 작동에 의해서 이루어질 것이다. 그것은 또 때로는 현실적 상황에 가장 잘 삽입될 수 있는 표상들을 과거 속으로 찾으러 갔다가 현재로 향하게 하는 정신의 작업을 내포할 것이다. 거기서부터 [위와 같은] 두 번째 명제가 도출된다. (136~137)

그런데 여기에서 중요한 것은, 베르그손이 식별에 관한 질병적 현상에서 감관-운동 계열의 식별불능과 이미지-기억 계열의 식별불능이라는 '극히 다른 두 형태의 식별불능'을 구분하면서 그가 몸과 마음/정신을 구분하려고 한다는 점이다. 그는 현재적 지각과 이미지-기억 사이에는 정도의 차이가 아니라 본성의 차이가 있다고 줄곧 주장한다. 둘 사이에 정도의 차이가 있다는 것은 흄과 같은 경험주의 철학자들에게서 발견되는 주장인데, 우리의 관념은 인상의 생생함이 서서히 감소하면서 만들어진다는 것이다. 이런 주장에서는 지각-이미지와 이미지-기억에는 정도의 차이 외에는 아무런 차이가 없어져서 사실상 같은 것에 불과하기 때문에, "마치 지각이 우리에게 기억과 같은 방식으로, 하나의 내적인 상태처럼, 우리 인격의 단순한 변경처럼 주어져 있다고 추론"(119)하게 된다. 이런 추론이 우리를 관념론에 이르게 한다. 지각과 기억을 정도차로 혼합시켜 버리는 것이 베르그손이 보기에는 일반인으로서는 믿기 어려운 이런 결론(관념론)에 이르게 한다는 것이다.

　　지각과 기억이 정도차가 아니라 본성적인 차이에 의해 구분된다는 것을 보여 주는 것은, 이런 의미에서 매우 중요한 작업이었다. 식별에 대한 여러 연구들에서 보고된 사례들을 보면 식별에 뒤섞이는 지각과 기억은 정도에 의해 다르다고 말하기 어려워 보이고, 하나는 몸의 계열에, 다른 하나는 정신의 계열에 속하는 것처럼 보인다. 베르그손은 그렇게 주장하는 중이다. 이런 주장이 연역적인 방법과 연구 사례들과 같은 경험적 관찰의 방법을 통해 입증되거나, 혹은 설득력이 있다고 간주된다면, 적어도 두 가지 사실이 곧바로 확인된다. 하나는 이미지-기억이 주관적이고 정신적인 것이라고 할 때 (기억이 배제된) 현재적 지각(권리상의 순수 지각)은 객관적이고 물질적인 것이라는 점, 그리고 정신과 물질은 식별이라는 하나의 현상에서 뒤섞인다는 점이다. 다시 말해서 데카르트가 몸을 연장으로, 마음을 생각으로 나눈 뒤 그들의 연결을 민망하게도 송과선에 맡기고 마무리할 수밖에 없었던 그 문제를, 식별이라는 현상에서, 더 정확하게는 기억에서 해명할 수 있다는 것이다. 그의 입장은 물질로부터 의식이 발생한다는 것도, 의식적 관념이 물질을 구성한다는 것도 아니다. 이 두 입장은 물질이나 의식을 어떤 신비롭고 기적적인 능력을 갖춘 것으로 만들어 버린다는 점에서 같다. 지금까지의 이야기를 통해 그가 말하려는 것은 물질의 질서와 정신의 질서는 다르고, 그것이 기억이라는 현상에서 서로 뒤섞인다, 혹은 소통한다는 것이다. 그의 주장의 저변을 이루는 것은 더 나아가 이것이다. 기존의 물질과 정신은 연장적인 것과 비연장적인 것(사유)이라는 공간의 함수로 이해되었는데, 그것은 사실 그리고 이제는 공간이 아니라 시간의 함수로 이해되어야 한다(124). 물질은 현재와 미래, 정신은 과거로 말이다.

마. 기억은 뇌에 보존되는가

그래서 난감하기는 하지만, 정신은 과거라는 시간이므로 우리는 "정신/마음이 어디에 있는가?"라고 물을 수 없다. 언제에 해당하는 것을 어디에 있느냐고 물을 수 없다는 뜻이다. 보통 사람들은 기억이 해마와 같은 어떤 특정 부위에 저장되어 있으리라고 상상한다. 〈블레이드 러너〉(1982)는 인류가 인조인간을 만들어 자신의 노예로 삼은 미래에 대한 상상에서 시작한다. 4년으로 설정된 수명을 조정해 주기를 바라는 인조인간은 식민지 행성에서 폭동을 일으키고 지구에 잠입하였는데 인간과 똑같이 생긴 데다가 신체 능력은 인간을 앞서는 이들을 인간으로부터 색출하여 제거하는 임무를 맡은 자가 블레이드 러너이다. 주인공 데커드가 인간으로부터 이들을 색출하는 방법은 그들에게 없는 기억을 자극하는 것이다. 성인으로 만들어진 인조인간에게는 부모에 대한 기억도, 어린 시절에 대한 기억도 없기 때문이다. 인조인간을 제조하는 타이렐사는 인조인간에게 인간의 기억을 작은 칩에 저장하여 뇌에 삽입하는 방식으로 상품을 업그레이드한다. 40년 전 인류는 기억을 고성능인 저장장치에 저장하고 이 칩을 인조인간의 뇌에 이식시킬 수 있다고 상상했다. 그로부터 20년 후에도 기억에 대한 우리의 상상은 거의 달라지지 않았다. 〈마이너리티 리포트〉(2002)는 미래를 예지하는 예지자의 능력을 이용하여 미래에 일어날 범죄를 예방하겠다는 프리크라임에 관한 이야기인데, 프리크라임은 예지자의 머리에 여러 개의 전극을 붙여 그들이 보는 미래를 영화의 영상처럼 상영되게 만든다. 지각하는 것과 기억하는 것에 대해 인류가 이런 종류의 상상을 가지고 있는 것은 오래된 일인 것 같다. 바로 이런 상상에 대해서 베르그손이 언급하는 부분이 있다.

우리를 사로잡고 있는 문제의 모든 어려움은 사람들이 지각을 지각 기관과 같은 특수한 기구와 더불어 일정한 점에서 찍혀지고, 다음에는 뇌 물질 속에서 내가 알지 못하는 어떤 화학적이고 심리적인 제작 과정에 의해서 현상될지도 모르는 사물들에 대한 사진으로 생각하는 데 기인한다. … 단지 우주의 임의의 장소를 고려한다면, 거기에서 물질 전체의 작용은 저항 없이 그리고 손실 없이 통과하며, 우주에는 건판 뒤에 이미지를 분리하는 검은 필터가 없기 때문에 전체에 대한 사진은 투명하다고 말할 수 있다. 우리의 '비결정성의 지대들'은 말하자면 필터 역할을 하는 것인지 모른다. 그것들은 있는 것에 어떤 것도 첨가하지 않는다. 그것들은 단지 실제적인 작용은 지나가

게 하고, 잠재적인 작용은 머무르게 할 뿐이다. (71~73)

우리의 상상은, 지각과 기억의 주관인 내가 카메라를 든 사진사처럼 대상들을 바라보고 사진을 찍어 나의 뇌에 저장한다는 식으로 진행한다. 그러나 베르그손이 우리에게 보여 주고 싶은 것은 대상들의 세계가 주관인 나의 구경거리로 얌전히 있는 것이 아니라, 주관에 대한 가능한 작용들로 끊임없이 진동하고 있기 때문에 주관은 이 무한한 진동들로부터 자신의 잠재적 반작용과 밀접하게 관계된 부분은 잡아 두고 관계가 없는 부분은 자신을 그저 지나가도록 내버려둔다는 것이다. 지각은 그 대상들의 진동들 중 일부이고, 기억은 그 진동들의 수축이다. 수축한다, 수축시킨다는 것은 무엇인가? 수축은 느슨하게 말하자면 연결이다. 기억은 이미지들을 붙잡아 두는 것이기 때문이다. 이미지들의 수축은, 현재적인 몸의 활동이 아니고 과거와 관련한 마음의 활동이다. 그러므로 기억은 뇌에 저장되는 것이 아니라는 것이 베르그손의 주장이다. 그리하여 기억에 대한 세 번째 주장이 제기된다.

III. 사람들은 시간에 따라 배열된 기억들로부터, 미세한 단계들을 통해, 공간 속에서 그것의 시발적이거나 가능적인 행동을 그리는 운동들로 이행한다. 뇌의 상해는 이 운동들에 해를 입힐 수 있지만 이 기억들에 대해서는 해를 입힐 수 없다.

내가 뇌의 운동기제들이라고 부르는 이 특별한 이미지들은 매 순간 나의 과거 표상들의 계열을 **완료**하고, 최종적으로는 이 표상들을 현재 속으로 연장하며, 그것들의 실재와의 연결지점 즉 행동과의 연결지점이 된다. 이 연결을 절단해 보라. 아마도 과거의 이미지는 파괴되지 않겠지만 이미지가 실재에 대해 작용할 수 있는 모든 수단, 따라서 이미지가 실현되는 모든 수단이 제거된다는 것을 곧 알게 될 것이다. 뇌의 상해가 기억에서 무언가를 삭제할 수 있다는 것은 바로 이런 의미, 오로지 이런 의미에서만 타당하다. 거기서 [위와 같은] 우리의 세 번째이자 마지막인 명제가 도출된다. (138)

뇌에 상해를 입어서 일시적 기억상실을 겪는 환자의 사례는 현재에도 매우 자주 접할 수 있다. 그러나 베르그손의 설명은 우리가 가진 통념과는 다르게 뇌의 상해가 기억을 훼손하는 것이 아니라, 과거의 이미지가 현재에 작용할 수 있는 수단을 훼손할 뿐이라는 것이다. 뇌는 마치 공항의 관제탑처럼 수많은 비행기들이 적절히 착륙하도록, 활주로의 상태와 비행기들을 연결하는 기관이라는 것이다. 이때 물론 비행기는 기억이고 활주로는 몸이다.

바. 그래도 다시 묻는다면, 마음은 어디에 있는가

우리는 이렇게 해서 오랜 우회를 통해 출발점으로 되돌아왔다. 우리는 근본적으로 구분되는 두 기억mémoire이 있다고 말한 바 있다. 하나는 유기체 속에 고정되어 있는데, 그것은 가능한 다양한 질문들에 적합한 대응을 보장하는 명민하게 만들어진 운동기제 전체와 다르지 않다. … 다른 하나는 진정한 기억 mémoire이다. 그것은 의식과 동연적이어서 우리의 모든 상태들이 생겨남에 따라 차례로 보존하고 정렬하며, … 그러나 이 두 형태의 기억들을 근본적으로 구별하면서도 우리는 그것들의 연관을 제시하지 않았다. 상상하고 반복하는 기억은 지나간 행동들의 축적된 노력을 상징하는 신체의 운동기제와 함께 신체 위에 붕 떠 있는 상태로 선회한다. 그러나 만일 우리가 우리의 직접적인 과거passée immédiate만을 지각한다면, 만일 현재에 대한 우리의 의식이 이미 기억이라면, 우리가 처음에 분리했던 두 항은 전체가 내밀하게 접합[용접이나 유착 등의 느낌으로] 될 것이다. (258~259)

우리는 마음이 아프다는 말을 하면서 부지불식간에 심장 부위에 손을 댄다. 영어로도 heart는 마음과 심장을 동시에 가리킨다. 즉, 인류는 아주 오랫동안 마음을 심장과 동일시했다. 그것은 아마 심장이 생명현상의 핵심이어서 가장 중요한 마음은 심장에 깃들어 있으리라고 추측했기 때문일 것이다. 그러나 인류가 뇌의 비밀에 조금씩 다가가면서 뇌에 매료되고 우리가 마음을 심장과 동일시했다는 사실도 잊은 채 뇌에 모든 것을, 기억과 감정과 그것들의 조절 등을 배치하게 되었다. 그러나 뇌는 물질인 한, 자기 자신도 보존하지 못하기 때문에 기억을 보존할 수는 없다. 그렇다면 우리의 마음은 어디에 있는 것일까? 베르그손이 이 문제를 길게 다루지는 않았으나, 단 한 문장 이에 관해 언급한 부분이 있다. 위 인용문에서 밑줄 친 다음 문장이다. "기억은 지나간 행동들의 축적된 노력을 상징하는 신체의 운동기제와 함께 신체 위에 붕 떠 있는 상태로 선회한다." 굳이 말하자면, 우리의 마음은 우리의 몸의 경계를 따라 그 위에 붕 뜬 상태로 주위를 선회한다는 것이다. 몸의 균형도 제대로 잡지 못하는 갓난아기의 몸은 머리끝부터 발끝까지 그 어느 기관도 아직 아무런 운동기제도 갖추지 못했다. 그는 매일 놀라운 발달을 거듭하며, 숟가락을 손에 쥐는 습관, 엄마의 눈을 맞추는 시선의 습관을 갖추고, 몸을 뒤집고 앉고 걷는 동작들을 가능하게 하는 근육을 안정적으로 갖추기 위해 수많은 반복을 행하며, 몸 구석구석에 운동기제를 갖추는데, 그와 동시에 아이는 습관을 갖추기 위해 노력한 매 순간에 대한 정신적 기억을 자신의 몸 주위에 회전시킨다.

만약 몸의 각 기관들 즉, 각막, 심장, 신장, 골수 등이 단지 생화학 물질에 불과하다면 장기 기증이 그렇게 까다로운 문제[1]가 되지 않았을 것이다. 그것이 단지 한 인간의 소유물 정도라면 그가 가진 옷이나 가방과 본질적으로 다를 수 없지 않을까? 내 몸의 기관들은 운동과 관련한 습관을 갖출 뿐 아니라 그 습관을 들이는 과

---

1   뇌사자의 경우 가족의 동의가 필요하다는 점, 사전에 본인이 신청을 해 놓았더라도 가족이 없는 무연고자라면 기증이 무산된다는 점 등이 언급될 수 있다. 무연고 사망자 시신을 함부로 하는 경우가 있을 수 있기 때문이다. 또한 아동학대와 같은 사연으로 가족과 친척 간의 인연을 끊고 사는 사람의 경우에는 장기기증을 할 수 없다는 문제도 있다.

정에서 있었던 수많은 반복의 기억마저도 그 주변을 선회하도록 하는 거점들이기 때문에, 차마 함부로 할 수 없는 것이다. 그러므로 우리의 마음이 어디에 있는지를 굳이 묻는다면, 그것은 우리의 온몸에 깃들어 있다고밖에는 말할 수 없을 것 같다.

5. 정신

가. 정신은 물질과는 별도로 존재하는가

정신이 물질적 과정에 부수한다는 입장은 물질에 지나치게 신비로
운 역량을 부여하는 것이고, 정신의 과정만이 명백하며 물질이 무
엇인지는 결코 발견할 수 없다는 입장은 전혀 다른 맥락이지만 물
질을 신비로 내버려둔다. 정신의 존재이든 물질의 존재이든 그 어
느 쪽도 그 어느 부분을 설명하지 않고 뭉개 버리는 가설은 지탱되
기 어렵다. 뇌와 관련한 현대의 통념도 이러한 신비주의의 한 경우
라고 볼 수 있다. 사람들은 보통 뇌가 이미지-기억을 만들어 내거
나 그것을 보관한다고 생각하는데, 이러한 짧은 과정 속에도 비약
이 있다. 즉, 물질인 뇌가 정신인 기억을 만들거나 보관한다는 비
약이다. 물질과 정신의 문제는 물질은 물질에만 영향을 미치고 정
신은 정신에만 영향을 미친다는 오래된 공리[1]에 근거한다. 만약 정
신이 물질에 직접 영향을 줄 수 있고, 물질이 정신에 직접 영향을

미칠 수 있다면, 정신과 물질을 각각 해명하는 것도 둘 사이의 관계맺음도 문제될 것이 없을 것이다. 그렇다면 그저 기억은 뇌의 기능에 불과하다고 말해 버리면 끝이다. 그러나 그것이 불가능하기 때문에 물질과 정신을 각각 해명하고 그 교류를 설명해야 하는 것이다.

물질인 뇌가 정신에 대해 하는 역할은 무엇인가? 정신에 대해서는 앞으로 더 적극적인 해명이 있을 테지만 베르그손은 여기에서 일단 자신의 가설을 기술한다. 뇌는 구심적이고 원심적인 신경들의 말단이 모이는 신경의 중추로서, 외부로부터 신경을 통해 전해지는 진동들에 따라 '기억이 삽입될 수 있는 어떤 태도를 새긴다imprimer'. '새긴다'의 원어는 imprimer로서 인쇄하다라는 뜻을 1차로 가지고 있고, 맥락에 따라 뜻을 짐작한다면 베르그손은 아마도 인상impression의 동사로 imprimer를 선택한 것 같다. 인상은 안으로 압력을 주어 누른 흔적이라는 의미를 함축하므로 imprimer는 도장을 찍듯이 태도를 깊이 새긴다는 뜻으로 받아들이면 될 것 같다. 물질로부터 전달받은 진동은 몸에 태도를 만들어 내면서 운동력이

---

1   스피노자, 『에티카』, 제1부 '신에 대하여'.
     공리 4. 결과의 인식은 원인에 대한 인식에 의존하며 그것을 포함한다.
     공리 5. 서로 아무런 공통된 것도 가지지 않은 것들은 서로 상대편에게 인식될 수 없으며 또한 한 개념은 다른 개념을 포함하지 않는다.
     정리 3. 서로 아무런 공통점이 없는 사물들은 그것들 중 하나가 다른 것의 원인이 될 수 없다.
     증명: 만일 사물들 간에 아무런 공통점도 없다면 그것들은 (공리 5에 의하여) 서로 상대방에 의해 인식될 수 없다. 그러므로 (공리 4에 의하여) 그중 하나는 다른 것의 원인이 될 수 없다. Q.E.D.

고갈될 것이고, 정신은 그 스스로의 적극적인 노력에 의해 몸에 새겨져서 정신에 요구된 이미지를 찾으려는 노력을 수행할 것이다. 물질은 물질에 영향을 미치고, 정신은 정신에만 영향을 미친다는 공리는 베르그손에 이르러 현대적으로 갱신된 형태를 갖춘 것 같다. 즉, 물질의 진동은 운동적 적응 즉, 몸의 태도를 새기는 데서 자신의 힘을 고갈시킨다. 물질이 직접 정신을 생산할 수는 없다. 그래서 기억을 불러들이고 현재적 지각에 이미지-기억을 개입시키는 일을 담당하는 실체는 따로 있어야 한다. 그것이 정신이다.

> 실상 모든 지각 속에는 신경들을 통해서 지각중추들에 전달되는 진동이 있다. 이 운동을 다른 대뇌 피질 중추들에 전파하는 것이 거기서 이미지들을 출현하게 하는 실제적 결과를 갖는다면, 사람들은 엄밀히 말해 기억이란 단지 뇌의 기능에 불과하다고 주장할 수 있을지도 모른다. 그러나 만일 우리가 다른 곳에서와 마찬가지로 여기서도 운동은 운동만을 산출할 수 있으며, 지각적 진동의 역할은 단순히 신체에다 기억들이 삽입될 수 있는 어떤 태도를 새기는 것이라는 것[가설]을 확립할 수 있다면, 그때 물질적 진동들의 전체 효과는 이 운동적 적응이라는 작업 속에서 고갈되기 때문에, 기억은 다른 곳에서 찾아야 한다. (173)

나. 주의작용_{attention}

식별이 현재적 지각과 이미지-기억의 연합에 의해서 이루어지는 단순한 현상이 아니라 운동기제에 의한 식별과 이미지-기억의 개입에 의한 식별이 혼합된 현상이라는 주장을 충분히 검토한 후에, 베르그손은 이제 정신의 본성을 탐구하기 위하여 이미지-기억의 개입으로 이루어지는 주의적인 식별_{reconnaissance attentive}로 논의를 이어 간다. 주의를 기울이는 작용에 대한 논의이다. attention에서 '-tion'이라는 접미사가 '-작용'이라는 동사적 의미를 가지고 있다는 점에 근거하여 '주의작용'이라고 번역된다. 맥락상 주의를 기울이는 것은 정신적인 활동의 시초라 보인다. 당시에 이 주의작용에 대한 논쟁에 참여한 인물들의 주장이 일별되는데, 마리에, 멘드 비랑, 윌리엄 제임스, 해밀턴, 분트, 모즐레, 리보, 랑게 등의 연구[2]

---

2   마리에(Léon Marillier), 「주의작용의 작동방식에 관한 견해들」(Remarques sur le mécanisme de attention), *Revue philosophique*, t. XXVII, 1889.
    브래들리(Francis Herbert Bradley), 「주의의 특별한 활동이 있는가?」(Is There Any Special Activity of Attention?), *Mind*, t. XI, 1886, p. 305.
    해밀턴(William Hamilton), 『형이상학 강의들』(*Lectures on Metaphysics*) 1권, London, William Blackwood And Sons, 1836, p. 247, 4.
    분트(Wilhelm Wundt), 『생리학적 심리학』(*Psychologie physiologique*) 2권, 1873, p. 231 et suiv.
    모즐레(Henry Maudsley), 『정신의 생리학』(*Physiologie de l'esprits*), Reinwald, 1879, p. 300 et suiv.
    바스티안(H. Charlton Bastian), 「주의작용과 의지력의 신경적 과정」(Les processus nerveux dans l'attention et la volition), *Revue philosophique*, t. XXXIII, 1892, p. 360 et suiv.
    윌리엄 제임스(William James), 『심리학의 원리들』(*The Principles of*

가 언급된다. 현재적 지각은 이 지점에서 저 지점으로 빠르게 옮겨 갈 수 있음에도 불구하고 어느 한 지점에 '주의를 기울이게 되는 경우'가 있는데, 이런 종류의 지각은 자동적인 운동적 반응, 충동적 이거나 즉각적인 반응을 억제하고, 나에 대한 대상의 가능한 작용 들과 대상에 대해 되돌려줄 가능한 나의 행동들의 윤곽을 반복적 으로 되돌이켜 그려 보는 활동을 수행한다. 당시의 연구자들은 각 자의 철학적 입장이나 태도에 따라 여러 가지 개념을 동원하여 이 러한 주의작용을 해명하고자 했던 것 같다. 그것은 지적인 상태가 비대해지는 것(마리에), 의식의 [내적인] 강도의 증가(멘드비랑), 외 적인 자극이라는 더 커다란 힘에 기인하는 [강도의] 증가(윌리엄 제 임스)로 설명되기도 했고, 조금 더 정확히 개념화하고 싶은 연구자 들은 이것을 '정신의 집중'(해밀턴)이나 '통각적'aperceptif 노력(분트)이 라고 부르거나, 뇌 에너지의 특별한 긴장(모즐레) 혹은 중추에서 나 오는 에너지가 자극에 덧붙여진 것(윌리엄 제임스)으로 보았다(175). 외적 자극의 강도 증가, 내적 의식의 강도 증가, 혹은 외적 자극에 추가되는 내적 에너지, 집중, 노력 등은 모두 일종의 '태도'라 부를 수 있기에 아마도 베르그손은 앞에서 몸에 '태도를 새긴다'는 표현

Psychology) 1권, Henry Holt and Company, 1918, p. 441.
리보(Théodule Ribot), 『주의의 심리학』(*Psychologie de l'attention*), Paris, Félix Alcan, 1889.
설리(James Sully), 「주의작용에서의 심리-물리적 과정」(The psycho-physical process in attention), *Brain*, vol. 13, 1890, p. 154.
랑게(Nikolaj Lange), 「감성적 주의작용의 이론에 관한 기고」(Beiträge zur Theorie der sinnlichen Aufmerksamkeit), *Philosophische Studien* de Wundt, t. VII, pp. 390~422.

을 썼던 것 같다. 집중이나 노력의 태도는 우선적으로 몸의 자세로 간주될 수 있을 텐데, 이 자세는 일단 몸이 쉴 새 없이 움직이는 것을 금지하는 현상, 하나의 현재적 지각에 정지하는 것으로 설명할 수 있었던 것 같다. 정지 혹은 금지는 주의작용을 '~을 하지 않음'을 통해 소극적으로 해명하는 것인데, 이것은 베르그손의 설명과 같이 주의를 기울이는 활동을 통해 "같은 기관이 같은 환경에서 같은 대상을 지각하면서 점점 많은 것들을 발견하는 신비로운 작용mystérieuse opération"을 설명할 수 없다는 한계에 부딪힌다.

주의작용l'attention이란 무엇인가? 한편으로 주의작용은 지각을 더욱 강렬하게 만들고, 지각으로부터 세부사항들을 이끌어 내는 것을 중요한 결과로 갖는다. 따라서 질료의 측면에서 보자면, 주의작용은 지적인 상태가 비대해지는 것으로 환원될 것이다[마리에]. 그러나 다른 한편 의식은 이러한 [내적인] 강도의 증가와 외적인 자극이라는 더 커다란 힘에 기인하는 [강도의] 증가 사이에 환원불가능한 형식의 차이를 확인한다[멘드비랑과 윌리엄 제임스의 차이]. 그러한 증가는 실제로 내부에서부터 나오고, 지성에 의해서 채택된 어떤 태도attitude를 증거하는 것처럼 보인다. 그러나 여기서 바로 애매함이 시작된다. 왜냐하면 지적인 태도란 명료한 관념이 아니기 때문이다. 사람들은 지각을 판명한distincte 지성의 시선 아래 놓기 위해, '정신의 집중'[해밀턴]에 관해서 말하거나, 아니면 '통각적'aperceptif 노력[분트]에 관해서 말할 것이다. 어떤 이는 이 관념을 물질화하면서,

뇌 에너지의 특별한 긴장을 가정하거나[모즐레], 또는 중추에서 나오는 에너지가 소비되어 받아들여진 자극에 덧붙여진다고 가정하기도 할 것이다[윌리엄 제임스]. (174~176)

점차로 사람들은 주의작용을 정신보다는 신체의 일반적 적응으로 정의하기에 이르고, 의식의 이러한 태도가 무엇보다도 하나의 태도에 대한 의식이라고 간주하게 될 것이다. 그 논쟁에서 리보Th. Ribot가 취한 입장이 그러하다. 비록 공격받기는 했지만[마리에], 그의 입장은 운동에서 단지 주의에 대한 부정적 조건밖에는 보지 못하지만, 설득력이 있어 보인다. 실제로 의지적인 주의작용에 동반되는 운동이 정지라고 가정한다면 그것에 상응하는 정신의 작업travail de l'esprit, 즉 같은 기관이 같은 환경에서 같은 대상을 지각하면서 점점 많은 것들을 발견하는 신비로운 작용mystérieuse opération을 어떻게 설명할 것인가 하는 일이 남게 된다. 그러나 더 나아가 제지 현상phénomènes d'inhibition은 의지적 주의작용의 효율적 운동들을 준비하는 것에 불과하다고 주장할 수도 있다. 실제로, 우리가 이미 예감한 바 있듯이, 주의작용은 현재적 지각의 유용한 효과에 대한 추구를 포기하는 정신의 역행 현상을 내포한다고 가정해 보자. 그러면 우선 운동의 억제, 정지의 작용이 있을 것이다. 그러나 이 일반적 태도 위에 곧바로 몇몇 저자들이 주목하고 기술했던 더욱 미묘한 운동들mouvements plus subtils이 덧붙여지는데, 이 운동들은 지각된 대상의 윤곽들을 다시 돌아보는 역할을 한다[랑게]. 이 운

동들과 함께 주의작용에서 단순히 부정적인 것이 아닌 적극적 작업이 시작된다. (176~177)

다. 분석과 종합

즉, 주의작용이란 [소극적으로 설명하자면] 쉴 새 없는 지각을 중지하고, [적극적으로 해명하자면] 지각에 더욱 미묘한 운동들을 덧붙이는 것이다. 이 적극적인 운동은 지각된 대상의 윤곽들을 다시 돌아보는 역할을 한다. 주의를 기울인다는 정신의 작용은 무엇으로 비유할 수 있을까? 고전적으로 정신은 빛, 사물은 어둠으로 여겨졌다. 사물을 인식하는 것은 어두운 사물을 빛인 정신이 비추는 것으로 비유되었다. 베르그손은 여기에서 정확히 이 비유를 언급하면서 정신의 작용은 빛의 작용이라기보다는 전신기사의 작용이라고 보아야 한다고 주장한다. 주의를 기울이는 작용은 지각의 운동적 작용을 일시 중지하고 지각된 대상의 윤곽을 다시 돌아본 후 기억이 운동적 작용에 자신의 이미지들을 골라 보낼 수 있도록 몸에 특정한 태도를 새긴 후에, 기억으로부터 보내온 이미지의 윤곽을 지각된 대상의 윤곽에 하나하나 맞춰 보는 것이다. 이 작업을 원본 메시지를 보고 전보를 보내는 '전신기사'의 작업에 비유한 것이다. 전보가 없어진 현대에도 이런 활동은 어디에나 있다. 거액의 송금을 해야 하는 경우, 우리는 상대의 계좌번호와 송금액에 실수가 없도록 하기 위해 숫자를 하나하나 부르고 그 수를 손으로 입력하면서 다시 그 수를 확인하며, 이를 두세 차례 반복한다.

따라서 정신이, 어느 정도인지 모르지만, 일정한 양의 빛을 준비하여 때로는 주변 전체에 분산시키고, 때로는 유일한 점에 집중시킨다는 주장에 대해서는 더 이상 생각하지 말도록 하자. 우리는 이미지 대對 이미지로 작업하는 주의의 요소적인 작용을, 중요한 전보를 접수하고 그것의 정확성을 보증하기 위해 단어 대 단어로 원본의 자리에 전보를 재발신하는 전신기사의 작업에 비유하는 것이 나을 것이다.

그러나 전보를 보내기 위해서는 기구를 다룰 줄 알아야 한다. 마찬가지로 우리가 지각으로부터 받았던 이미지를 지각에 반사하기 위해서는, 종합의 노력에 의해서 이미지를 재생, 즉 재구성할 수 있어야 한다. 사람들은 주의작용이 분석의 기능이라고 말한 바 있는데, 그것은 옳다. 그러나 그들은 어떻게 이런 종류의 분석이 가능한지, 어떤 과정에 의해서 우리가 한 지각 속에서 거기에 처음에 나타나지 않았던 것을 발견하게 되는지 충분히 설명하지 못했다. 사실은 이 분석은 일련의 종합적 시도에 의해서, 또는 같은 말이 되겠지만, 그만큼의 가설들에 의해서 만들어진다. 우리의 기억은 그것이 새로운 지각의 방향으로 던진 다양하고 유사한 이미지들을 차례로 선택한다. 그러나 선택이 우연적으로 행해지는 것은 아니다. 가설들을 제안하는 것, 멀리서 선택을 주재하는 것, 그것은 바로 모방 운동mouvements d'imitation들인데, 그것들은 지각을 연속되게 하고, 지각과 상기된 이미지들에 공통의 틀의 구실을 할 것이다.
(178~179)

전보를 치고 송금하는 행동은 충동적인 지각보다는 주의적이지만,
깊은 사유에 비해서는 단순한 정신작용이다. 여기에는 "같은 기관
이 같은 환경에서 같은 대상을 지각하면서 점점 많은 것들을 발견
하는 신비로운 작용mystérieuse opération"은 아직 없다. 같은 기관이 같은
환경에서 같은 대상을 지각하면서 점점 더 많은 것들을 발견하는
것은 어떻게 가능한가? 대상의 요소들을 샅샅이 뒤지는 것은 필수
불가결하다. 그것은 분석 작용일 것이다. 그러나 눈앞에 있는 대상
을 분석하는 것만으로는 그 대상에 대한 새로운 인식이 어떻게 추
가되는지는 설명하지 못하기 때문에 베르그손은 종합의 노력이 필
요하다고 본다. 종합한다는 것은 지각 대상에 대한 현재의 지각 이
미지와 기억으로부터 지각으로 전송되어 온 이미지 기억을 결합시
키는 것인데, 물론 기억으로부터 가져올 수 있는 아무 이미지나 결
합시키는 것은 아니다. 여기에는 대상을 이해하는 가설을 세우고,
기억 이미지들 중에 가설에 적합한 이미지를 선택하는 정신의 노
력이 개입된다. 지각 이미지와 이미지 기억을 결합시키는 공통의
틀 구실을 하는 것이 바로 이 가설이다.

　　지각과 기억을 결합시키는 공통의 틀이라는 개념은 곧바
로 칸트의 도식작용을 떠올리게 한다. 물자체로부터 촉발된 감각
은 감성의 아프리오리a priori한 형식인 시간과 공간에 따라 정리되
고, 오성은 12개의 범주라는 형식을 통해 감각과 만난다. 시공간에

따라 현상된 감각과 범주는 서로 형식이 너무 달라 오성이 직접 감각을 처리하지 못하고, 이 둘을 매개하기 위해 상상력이 개입하는데 그 상상력이 하는 작용이 바로 도식 작용이다. 상상력의 도식은 감각과 오성의 공통의 틀은 아니지만, 감각과 오성이 서로 연결되도록 하는 것으로 인간의 능력 중 가장 창의적인 틀이라고도 할 수 있겠다. 칸트의 인식론은 과학의 인식에 맞추어져 있어서 우리의 감성은 시간과 공간이라는 3차원에서 표상representation되는 것을 받아들이는 능력으로 제한되고, 오성은 우리가 사용하는 언어가 가능하게 하는 12개의 범주라는 틀 안에서 제한되어 버린다. 그는 당시 과학혁명의 흐름과 이를 정당화하는 철학의 임무를 완성하려는 의지 속에서 인간의 인식을 우리가 사용하는 언어로 포착되는 것들과 우리의 3차원적 감성에 친숙한 것들로 제한했다. 상상력이 아무리 자유롭게 작용하더라도 그것은 오성의 지도를 벗어나지 말아야 한다. 그렇지 않으면 그것은 우리를 오류에 빠지게 하는 것으로서 이성의 법정에서 합법적이지 않은 것으로 판정받는다. 베르그손은 인간에게 고유한 감성과 오성의 형식에 인식을 가두지 않고, 대상과 인간을 모두 공히 이미지들로, 다시 말해 진동들로 해체하였다. 운동으로 해체된 대상과 지각은 어떻게 교류하는가? 그것은 지각의 종합 작용을 통해서, 대상과 기억의 공통의 틀 구실을 하는 가설을 통해서 만난다. 이 만남은 범주적인 틀과 한계, 시공간이라는 감성의 틀과 한계를 벗어난 것으로서, 다시 말해서 그러한 형식의 '매개'를 거치지 않은 것으로서 '직접적'이다. 칸트의 시공간이라는 감성의 틀을 해체한 것이 지속으로서의 시간이요, 범주를 해체하여 지속과 직접 만나는 지각의 작용을 직관이라 부른 것이다. 지속과 직관. 이것이 칸트의 메커니즘을 대체하는 베르그손의 인식론이라 할 수 있겠다. 또한 여기에 매개를 배제하고 대상에 대한 직접적인 인식을 주장하는 들뢰즈의 인식론도 배태된다. 지각의 종합작용, 가설 만들기, 지각 이미지와 기억 이미지에 공통된 틀을 통해 사유하기에 대해 좀 더 자세히 알아보자.

라. 원뿔, 기억의 형상

식별 현상으로부터 운동적 기억과 이미지적 기억을 분별하고, 이미지적 기억을 동원하는 식별을 다룬 후에, 베르그손은 드디어 기억에 대한 생각을 일부 마무리하고 기억에 관한 그의 가장 유명한 '그림 12'를 제시하게 된다.

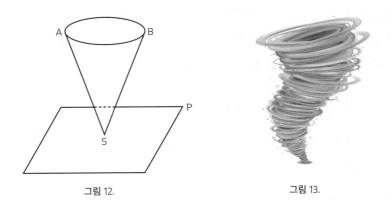

그림 12.

그림 13.

다시 말해서 결국 개인적이고 정확히 국재화된 이미지-기억들은 계열을 이루며 우리의 과거 존재의 흐름을 그려 주고, 함께 통합되어 우리 기억의 최후의 가장 넓은 외곽을 구성한다. 이 이미지-기억들은 본질적으로 달아나는 것들이기 때문에 단지 우연적으로만 구체화된다. … 그러나 이 외곽은 내부의 동심원인 원들로 조여지고 반복되며, 이 원들은 더 좁혀질수록 동일한 기억들을 감소된 형태로 지탱하고 있다. 이 기억들은 개인적이고 원본적인 형태에서는 점점 더 멀어지고, 일상적 현실에서는 현재적 지각에 점점 더 잘 적용하며, 개체를 포괄하는 종의 방식으로 그것을 점점 더 잘 결정할 수 있게 된다. 이렇게 해서 축소된 기억이 현재적 지각 속으로 아주 잘 삽입되는 순간이 도래하는데, 이때 사람들은 어디서 지각이 끝나고, 어디서 기억이 시작되는지를 말할 수 없게 될 것이다. 바로 이 순간에 기억은 그것의 표상들을 변덕스럽게 나타나게 하고 사라지게 하는 대신에, 신체적 운동들의 세부사항을 따르게 된다. 그러나 이 이미지-기억들이 운동에 더욱 접근하고 따라서 외적 지각에 접근할수록 기억의 작용은 더 높은 실용적 중요성을 얻게 된다. 지나간 이미지들이 있는 그대로, 즉 그것들의 세부사항 전체와 감응적 색채까지 동반하며 재생된다면, 그것은 몽상 또는 꿈의 이미지들이다. 우리가 행동이라고 부르는 것은 바로 이 기억이 수축되거나 또는 차라리 예리해진 것이어서 자신이 파고들어 갈 경험에 칼끝을 들이댈 뿐이다. 사실 사람들이 기억을 떠올릴 때 자동적인 특성을 때로는 오해하고,

때로는 과장했던 것은 기억으로부터 운동적 요소를 분간해 내지 못했기 때문이다. (184~185)

운동적 기억(습관)과 이미지-기억을 기존의 개념으로 다시 설명하면서 위의 그림을 다시 그려 보자. 우리가 동원할 개념은, 특수성particularity/일반성generality의 쌍과 특이성singularity/보편성universality의 쌍이다. 같은 노래를 여러 번 불러 결국 그 노래를 외우게 되는 경우를 생각해 보자. 여러 번의 노래에서 공통점을 찾아내려는 태도로 이 과정을 관찰하면, 각각의 노래는 특수한 경우들이고 찾아낸 공통점은 일반성이다. 이때 각각의 노래는 서로 비교가 가능하다. 그런데 노래를 부르는 각 경우들은 서로 아무리 비슷해 보이더라도 단 한 번 일어난다. 그렇게 볼 때 노래를 부르는 그 단 한 번은 다른 경우와는 비교가 불가능한 그 경우만의 특이성이 있다. 베르그손은 우리의 자동적 기억이 단 한 번 일어나는 매번의 노래를 그 세부사항까지 이미지-기억으로 보존하는데 이는 본질적으로 "달아나는 것"이기 때문에 기억의 가장 넓은 외곽에 자리 잡는다고 본다. 기억의 가장 넓은 외곽에 자리 잡았기 때문에 현재의 첨점으로부터 너무 멀어서 그러한 이미지-기억이 있는지도 모를 정도인 그 기억은 매우 개인적이고 매우 고유한 기억이다. 이러한 개인적인 기억의 범위 중 다른 기억과 비교가능한 부분은 특수한 기억이고, 비교가 불가능한 부분은 특이한singular 기억이라고 부를 수 있겠다. 특수한 것들의 공통점은 일반성이라 불리고 특이한 것은 보편성과 관계된다. 그리고 이러한 외곽을 이루는 기억들이 "동심원들로 조여지고 반복되며", "이 원들은 더 좁혀질수록 동일한 기억들을 감소된 형태로 지탱하고 있다"는 것이 베르그손의 특별히 독창적이고 매우 설득력 있는 기억에 대한 표상이다. 이러한 생각이 '그림 12'로 그려졌는데 만약 기억의 운동을 살려 이 그림을 이미지화한다면 소용돌이나 태풍과 같은 이미지를 차용할 수도 있을 것 같다(그림 13). 땅에 접하고 있는 태풍의 눈 부근은 중심으로 불어 드는 강한 바람에 원심력이 작용해 약한 하강 기류가 생겨 하늘이 맑고 바람이 없는 고요한 상태가 유지되는데, 이는 마치 세계의 어느 지점에 접하고 있는 생명체가 기억의 소용돌이 한가운데에 위치하고 있다는 것을 아무도 의식하지 못할 정도로 고요한 상태를 유지하는 듯 보이는 것과 같아 보인다. 기억은 원뿔의 외곽으로부터 중심을 향하여 동심원을 이루며 조여들어 가는데, 중심에 가까울수록 기억은 감소된 형태로 지탱되므로 그 기억은 행동에 반영될 수 있는 실용적인 것들이고 그만큼 비개인적이다. 심지어 우리가 행동이라고 부르는 것도 사실 기억이 수축되거나 예리해져서 현재의 경험에 그 칼끝을 들이댄 것이라고까지 말할 정도로 말이다.

　　여기까지가 베르그손이 해명한 정신이다. 이렇게 본다면 마치 정신이 물질로부터 발생한 것처럼 보일 수도 있겠다. 그러나 반복하는 노력, 주의를 기울이는 힘은 외부의 물질로부터 온 것이 아니라 몸에 이미 있었던 것이다. 몸을 가진 정신, 어쩌면 그것이 바로 생명일 것이다. 그래서 생명은 몸으로 반복하면서 최소한의 정신을 생산하고 점점 정신을 확장시킨다. 이 장에서 우리는 정신이 어떻게 확장되는지에 중점을 두고 설명하려고 했다. 정신의 확장은 주의 깊은 식별로부터 비롯된다. 대상을 반복적으로 지각하고 대상을 설명하는 이미지-기억을 반복적으로 찾으면서, 대상을 분석하는 지각과 대상과 이미지-기억의 종합을 반복하면서 정신은 확장된다. 정신은 분석과 종합을 왕복하고 대상을 이해하려는 노력을 반복하면서, 또한 질문하고 질문에 대한 대답의 가설을 세우면서 복잡해지고 성장한다. 들뢰즈라면 이 과정을 아마도 변증법적 과정이라고 부를 것이다. 정신에 깊이가 생기고 복잡해지고 좀 더 많은 수를 생각해 볼 수 있는 힘은 이와 같은 과정에서 비롯되는 것이지 태어나자마자 주어지는 것이 아니다. 데카르트와 칸트가 주장하는 근대적 이성은 인간이 단지 인간이라는 이유로 널리 골고루 분배받은 능력이었다. 그러나 당시 스피노자조차 데카르트의 이러한 입장을 이미 비판하였다. 계산적 합리성으로 날로 축소되어 가는 이성이 아니라 어원적 의미에서의 넓은 의미의 이성logos은 자동적으로 인간에게 주어진 것이 아니라 학습되는 것이고 스스로 확장하는 것이라는 이러한 테제는 스피노자와 베르그손 그리고 들뢰즈가 공유하는 이성에 관한 매우 현대적인 주장이라는 점 또한 덧붙이고 싶다.

6. 실재와 사실

가. 실재 ─ 현실적, 잠재적, 가능적, 실재적

근대는 과학혁명의 시대였고, 신과 이데아가 철학에서 추방된 시대였기 때문에 인식론이 지배했다. 우리가 지각하는 것이 참인가? 신과 이데아가 없는 세계에서 누가/무엇이 참을 보증할 수 있는가? 그러나 진화의 산물인 인간에 대한 베르그손의 해명을 따라가 보면, 인간은 참을 인식하는 본성을 가진 존재라기보다 우선은 다른 동물들과 마찬가지로 자신의 유기체를 보존하려는 본성을 가진 동물로, 다른 동물보다 복잡한 신경계를 가지고 있다는 것이 특별하다면 특별한 동물이다. 참을 인식하고자 하는 욕망이 없다기보다, 그러한 욕망이 있다고 하더라도 생명을 보존하려는 의지보다 앞서지는 않는다는 것이다. 그런데 서양철학의 본체는 처음부터 참이었다. 이는 근대철학의 근본 문제였던 인식의 참뿐만 아니라 존재의 참까지 아우르는 문제였다. 참된 존재를 이르는 다른 개넘이 바로 실재le Réel인데, 플라톤이 생각한 이데아의 세계가 바로 그러한 참된 세계였다. 이데아 세계의 존재들은 실재하는 반면, 우리가 살아가는 이 감성계le sensible는 이데아를 모방한 세계로 실재하지 않는다고 하기는 어려워도 이데아의 세계보다 실재성의 정도가 낮다. 이와 같은 형이상학에서 우리가 인식한 것의 참, 이 세계의 참됨은 이데아가 보증하며, 우리는 레테의 강을 건너서 망각했지만 이미 참을 알고 있었기 때문에 이데아를 상기할 수 있다. 그러나 이 세계를 초월하는 것은 신이든 이데아든 모두 추방한 칸트의 철학에는 더 이상 플라톤적 의미의 실재는 철학에 등장하지 않고, 인간에게는 오직 현상만이 주어지게 된다. 그렇다면 실재를 추방한 칸트의 비판철학이 허구임을 반복적으로 증명하고 있는 베르그손에게 실재는 어떻게 주어질까? 과학이 과거로 후퇴하지 못하는 것처럼, 철학 역시 과거로 돌아가는 일은 없다. 지나간 사유의 체계들이 남아 있지만 철학자들은 항상 자신의 시대와 호흡하기 때문이다. 그러므로 베르그손이 칸트를 비판한다면 실재에 대해 말할 것이고, 그것은 플라톤의 예지계l'intelligible처럼 현실세계를 초월한 것으로 주어져 있지는 않을 것이다. 실재에 대한 베르그손의 언급은 다음 단락에서 찾아볼 수 있는데, 이것은 아마도 베르그손 이후의 철학에는 당연한 것으로 자리 잡은 것 같다.

1. 사물들의 실재성은 더 이상 구성되거나 재구성되는 것이 아니라, 접촉되고touchée 침투되고pénétrée, 체험될vécue 것이다. 실재론과 관념론 사이에 걸려 있는 문제는 형이상학적 논의들 속에

서 영구화되기보다는 직관에 의해서 종결되어야만 할 것이다. (121~122)

2. 우리는 실재성réalité의 정도를 거의 유용성utilité의 정도로 측정한 다는 것, 우리는 사실상 실재성 자체와 일치하는 이 직접적 직관들… (117)

3. 지각은 우리가 이해하는 것처럼 이해된다면, 사물들에 대한 우리의 가능적 행동actions possibles을 측정하며, 따라서 역으로 우리에 대한 사물들의 가능적 작용을 측정한다. 신체의 행동 능력(신경계의 고등한 복잡성에 의해 상징화된)이 크면 클수록, 지각이 포괄하는 장은 더 넓어진다. … 그러나 이 대상과 우리 신체 사이의 거리가 감소함에 따라, 달리 말해 위험이 더욱더 긴박해지고, 약속은 더욱더 직접적이 됨에 따라, 가능적 행동은 더욱더 실재적 행동action réelle으로 변형되려고 한다. 이제 극한으로 가서, 거리가 0이 된다고, 즉 지각할 대상이 우리 신체와 일치한다고, 다시 말해 결국 우리 신체가 지각 대상이 된다고 가정해 보라. 그때는 이러한 매우 특수한 지각이 표현하게 될 것은 더 이상 잠재적 행동이 아니라 실재적 행동이다. (101~102)

4. 따라서 우리의 감응적 감각과 지각의 관계는 우리 신체의 실재적 행동과 가능적 또는 잠재적 행동의 관계와 같다. 그것의 잠재적 행동은 다른 대상들에 관련되고, 따라서 이 대상들 안

에서 그려진다. 우리 신체의 신체적 행동은 신체 자체에 관련되고, 따라서 신체에서 그려진다. (102)

우리 신체의 잠재적 행동들actions virtuelles은 복합적이 되어 실재적 행동들로 배어 있다는 사실, 또는 다른 말로 해서 감응적 감각 없는 지각은 존재하지 않는다는 사실을 고려해야 한다. (104)

위의 네 문단을 보면 베르그손에게 실재란 생명체의 몸이 접촉하고, 그 몸에 침투되고, 몸이 체험하는 것이다. 그리고 지각은 실재를 직관할 수 있고, 실재를 직관한 몸이 실재에게 되돌려주는 반응인 행동 역시 실재이다. 그렇다면 기존에 대상이라 부르던 것, 칸트가 물자체로서 철학에서 배제한 것, 주관이라 하여 대상과 구분하던 것, 생명체와 무기물을 구분하던 것이 모두 베르그손에게는 무효, 혹은 무의미하게 된다. 이런 세계에서는 대상도 주관도 무기물도 생명체도 물자체도 모두 실재다. 그리고 그는 이 모든 것을 이미 '이미지'로 일단 부르자고 해 두고, 세계는 이미지들이 서로에서 작용하고 반작용한다고 보았다(뉴턴 역학과 부합). 무기적 사물들은 무한한 지점에서 서로에게 무한히 영향을 주고받는다면, 유기체는 외부 사물로부터 자신의 기능에 유리하거나 불리한 요소들을 배제하거나 선택하여 받아들이고 반응한다. 그는 특히 인간이라는 유기체를 신경생리학적 체계라는 관점에서 세심하게 해명하려고 하는 중이며, 이 유기체의 외부에서 내부로, 내부에서 외부로 전달되거나 되돌이켜지는 것들을 '진동'이라고 부르고 있다. 즉,

그에게 세계는 진동이자 운동인 실재이고, 유기체는 그 실재를 접촉하고 살아 내며, 실재는 그 유기체에 침투한다. 거꾸로 유기체도 외부 대상들에게 실재를 되돌려준다. 즉, 이미지들이 곧 실재인 것이다. 이는 플라톤이 우리가 사는 세계를 실재의 그림자 혹은 모방이라고 생각했던 것과, 칸트가 우리가 보는 세계는 현상일 뿐 실재는 모른다고 했던 것과 모두 다르다.

　　아리스토텔레스는 존재의 변화를 설명하기 위해 가능태와 현실태라는 개념을 발명했다. 서양철학은 기본적으로 참된 것은 영원불변하다는 믿음으로부터 사유를 시작했기 때문에 변화를 설명하기 위해서는 정말 많은 개념이 필요했다.[1] 이 세계에서 사람은 아이에서 어른으로 성장하고, 건강하다가 병이 들고 늙으며, 얼굴이 붉어지는 등 끊임없이 변화한다. 그러나 실체는 불변이기 때문에 이런 실체가 변화하는 건 정말 설명하기 어려운 일이다. 그래서 '가능태'le possible, le potentiel라는 개념이 필요했다. 아리스토텔레스식으로 말하면 존재는 현실태와 가능태의 공존이다. 그런데 가능하다는 것은 아직 현실이 아닌 것이다. 고전 형이상학은 목적론이 지배적이었으니 가능성은 목적을 향하기 마련이고 항상 현실을 부정한다. 들뢰즈는 그래서 가능태를 실존을 배반하는 범주라고 보고 이

1　프랑수아 줄리앙, 『사물의 성향: 중국인의 사유 방식』, 박희영 옮김, 한울, 2009 참조. 줄리앙은 이 책에서 서양과 동양의 형이상학적 차이를 기술하는데, 특히 서양철학이 불변항으로부터 존재를 설명하기 시작했기 때문에 변화하는 세계를 설명하기 위해 다른 불변항들을 차례로 추가해야 했다는 점을 잘 보여 주고 있다.

를 비판했다. 실재를 나누는 들뢰즈의 개념들은 현실적인 것l'actuel 과 잠재적인 것le virtuel이다. 실재, 가능한 것, 잠재적인 것, 현실적인 것. 이 모든 범주가 이미 앞서 다루어졌다. 베르그손은 지각이 가능적 행동이고, 감응은 실재적 행동이며, 지각이 그려 본 가능적 행동들은 행동의 선택에 직면해서 잠재적 행동들이 된다고 본다. 외부 대상을 보고 지각한다는 것은 그저 바라보는 것과는 다르다. 지각은 중립적이지 않다. 특히 지금 내 주변이 낯익은 환경이 아니라면, 주변을 지각하는 나는 "우리에 대한 사물들의 가능한 작용을 측정하고, 사물에 대한 우리의 가능한 행동을 측정"한다. 대상이 나에게 그런 작용 혹은 행동을 할 의사가 없고, 내가 대상에 대하여 그런 행동을 결국 선택하지 않는다고 해도 말이다. 주변에 칼이 있다면, 지각이란 "이것은 칼이다"라는 개념적 판단이나 인지가 아니라, 이 사물이 나에게 어떤 영향을 미칠 수 있는지, 나는 이 사물에 대해 어떤 반응을 보일 것인지를 가늠해 보는 것이란 뜻이다. 칼의 날카로움을 가늠해 보고, 칼의 종류를 판단해 보고, 칼이 놓여 있는 위치, 주변 환경을 살피는 시선 하나하나가 대상의 가능성, 대상에 대한 나의 가능성을 측정하는 것이다. 그 대상과 나의 거리가 0이 되어 만약 내가 칼에 찔린다면 나는 "아프다". 이때 나는 대상을 지각하는 내 몸을 지각하며, 통증은 내 몸이 이 대상을 거부한다고 표현하는 실재적 행동이다. 결국 그 칼을 신문지로 말아 가방에 넣는다면, 이것은 대상을 보면서 그려 본 행동들이 점차 잠재적인 행동으로 준비되다가 현실적이고 능동적이 된 것이다. 가능하다는 것은 내 실존이 아직 그 상태가 아닌 것이지만, 잠재적이라는 것은 현실화되지 않았을 뿐이지 나는 이미 그런 상태임을 말해 주는 것이다. 번역서는 action을 문맥에 따라 '행동'과 '작용'이라는 두 단어를 선택적으로 적용하여 번역했다. 아마도 행동이라는 우리말이 이미 현실화된 움직임이라는 뉘앙스가 강하다고 판단했기 때문인 것 같다. 저기 어딘가 영원불변의 세계가 실재였던 때가 있었는데, 베르그손과 더불어 우리는 이제 우리 몸이 부딪고 아프고 반응하는 모든 것이 실재인 세계에 살게 되었다.

나. 실재성과 원인

앞선 장에서 우리는 정신의 탄생과 확장을 다루었다. 대상에 대해 주의를 기울이는 정신이 대상으로부터 그리고 자기 자신에게서 발견하는 것은 실재와 무슨 관계가 있을까?

> 그러나 모든 주의적 지각은 진실로, 말의 어원적 의미에서, 반성*réflexion*(반사)을 전제한다. 반성(반사)이란 대상과 동일하거나 유사하게 그 윤곽들을 따르는 이미지를 능동적으로 창조하여 외적으로 투사하는 것이다. … 그러나 이 점에 관해서 독서의 작용 방식에 관한 골드샤이더Alfred Goldscheider와 뮐러Robert Franz Müller의 천재적인 실험들보다 더 흥미로운 것은 없다. 이 실험자들은 유명한 연구에서 우리가 단어들을 문자 하나하나씩 읽는다고 주장했던 그라셰Grashey에 반대하여, 일상적인 독서가

진정으로 예측의 작업이며, 우리 정신은 여기저기서 몇몇 특징적인 성질들을 모으면서 모든 간격을 이미지-기억들에 의해서 보충한다는 주장을 확립했다. 이미지-기억들은 종이 위에 투사되어 거기 실제로 새겨진 활자들을 대치함으로써 우리에게 이 활자들에 대한 착각을 일으킨다는 것이다. 이처럼 우리는 끊임없이 창조하거나 재구성한다. 우리의 판명한 지각은 진실로 닫혀진 원에 비유될 수 있는데, 거기에서 정신으로 향해진 이미지-지각과 공간 속에 던져진 이미지-기억은 서로를 뒤따른다. (179~181)

이 점에 대해 좀 더 이야기해 보자. 사람들은 보통 주의적 지각을 단선으로 이어지는 일련의 과정으로 생각한다. 즉 대상은 감각들을 자극하고, 감각들은 자신들 앞에 관념들을 출현시키고, 각 관념은 대상masse intellectuelle으로부터 더 멀리 밀려나 있는 점들을 점점 가까이 진동시킨다는 것이다. 따라서 거기에는 직선적 진행이 있을 것이고, 이에 따르면 정신은 대상으로부터 점점 멀어져 다시 되돌아올 수 없을 것이다. 그러나 우리는 반대로 반성적 지각이란 하나의 순환을 형성한다고 주장하고자 한다. 이 순환에서는 지각된 대상 자체를 포함하는 모든 요소들이 전기 회로에서처럼 상호 긴장상태에 있으며, 따라서 대상으로부터 출발한 어떤 진동도 정신의 심층 속에서 중간에 멈출 수 없다. 그것은 언제나 대상 자체로 회귀해야만 한다. 이러한 차이에서 단순히 말의 문제만을 보아서는 안 된다. 문제는 지적인 작업에 관한 근본적으로 다른 두 개념 규정

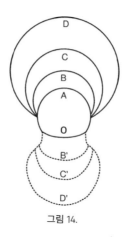

그림 14.

이다. 첫 번째에 따르면, 사태는 기계적으로 그리고 완전히 우연적인 계열이 잇따라 첨가됨으로써 일어난다. … 반대로 두 번째 개념 규정에서 주의의 작용은 정신과 그 대상 사이에 어떤 연대성을 내포한다. 그것은 너무도 잘 닫힌 회로여서, 더 높은 정신 집중 상태로 넘어가기 위해서는 반드시 최초의 회로를 감싸는 회로, 지각된 대상 이외에는 공통점을 갖지 않는 그만큼의 새로운 회로를 완벽하게 창조하게 된다. 우리가 자세히 탐구하게 될 기억의 상이한 원들 중에서 가장 좁은 원圓인 A는 직접적 지각에 가장 가까이 있다. 그것은 단지 대상 자체와 그것을 덮으러 오는 뒤따르는 이미지만을 포함한다. 그 뒤에 B, C, D라는 점점 더 커지는 원들은 지적인 팽창의 증가하는 노력들에 상응한다. 곧 보게 될 것이지만 이 각각의 회로들 안에는 기억mémoire의 전체가 들어온다. 왜냐하면 기억은 항상 현재적이기 때문이다. 그러나 그 유연성으로 인해 무한히 팽창할 수 있는 이 기억은, 대상 위에 점점 증가하는 수의 암시적 사물들을, 때로는 대상 자체의 세부사항을, 때로는 대상을 조명하는 데 기여할 수 있을 동반적인 세부사항들을 반사한다. 이처럼 지각된 대상을 하나의 독립적 전체의 방식으로 재구성한 후에, 우리는 그 대상과 더불어 대상이 체계를 형성할 조건들을 점점 더 멀리까지 재구성한다. 대상의 뒤에 위치한 그리고 대상 자체와 함께 잠재적으로 주어져 있으며, 점점 깊은 곳에 위치하는 이 원인들을 B', C', D'라고 하자. 사람들은 주의의 진보가 단순히 지각된 대상뿐만 아니라, 그 대상이 관련될 수 있는 점점 더 커다란 체계들을 새로이 창조하는 효과를 갖는다는 것을 보게 된다. 따라서 B, C, D라는 원들이 기억의 점점 더 높은 확장을 나타냄에 따라, 그것들의 반영은 실재의 더욱 깊은 층들인 B', C', D'에 도달한다. (181~184)

'그림 14'는 앞서 다룬 '그림 12'와 함께 베르그손의 이름과 더불어 회자되는 가장 유명한 그림이다. 그는 몸과 마음에 대한 자신의 주장을 전개하기 위해 우선 대상과 주체의 존재를 이미지로 해체하고, 순수 지각과 순수 기억으로 각기 몸/물질과 마음/정신을 해명하고자 했다. '그림 14'는 대상 O를 대면한 생명체가 대상에 대한 최초의 윤곽을 그려 내는 과정을, 대상 O로부터 시작하여 A라는 곡선을 그리다가 다시 대상 O로 되돌아가는 방식으로 그려 내고 있다. 이것은 베르그손이 이 책에서 지속적으로 논박하는 흄의 이론이 지각을 대상으로부터 점차 멀어지는 직선운동으로 그려 내고 있는 것과, 자신이 가설적으로 생각하는 지각이 어떻게 다른지를 보여 주는 상징적인 그림이다. 경험 외에 아무것도 미리 주어진 것이 없다고 생각하는 흄에게 있어서 대상에 대한 관념들을 갖게 되고 그 관념들을 연합하여 복잡한 사유에 이르는 과정은, 대상에 대한 생생한 인상으로부터 시작하여 그 생생함을 점차 잃어버리면서 그 대상으로부터 점점 더 멀어지는 관념을 얻는 과정으로 그려진다. 이를 논박하는 베르그손의 설명은 매우 설득력이 높다. 그가 생각하기에 대상 O는 실험실적인 상황을 가정하지 않는다면 그 대상과 그 대상을 지각하는 생명체를 포함하는 주변의 모든 요소들과 상호 긴장 상태에 있으며, 그렇기 때문에 지각은 대상으로부터 출발하여 정신의 심층 어느 지점에서 멈추거나 점점 더 멀어질 수는 없고, 반드시 대상 자체로 다시 되돌아와야 한다는 것이다. 앞서 대상에 주의를 기울이는 작용을 전신기사의 작업에 비유했던 바와 같이, 정신은 대상으로부터 출발하여 그 대상과 관련한 암시적 이미지들, 그 대상의 윤곽과 닮은 이미지들을 기억에서 찾아, 찾아낸 이미지들이 대상의 지각 이미지와 맞춰 봤을 때 대상에 대한 이해를 확장시킬 수 있는지 '확인'해야 하는 것이다. 그리고 이 회로는 너무 잘 닫힌 회로여서, 그가 말하기를 "더 높은 정신 집중 상태로 넘어가기 위해서는 반드시 최초의 회로를 감싸는 회로"를 창조해야 한다. 이렇게 해서 주의적 지각은 최초의 지각의 회로인 OA를 완전히 감싸면서 그보다 폭이 넓은 OB, OC, OD를 그려 낸다. 그런데 "모든 주의적 지각은… 반성reflexion(반사)을 전제"하므로, 더 깊은 기억으로 대상에 대한 주의적 지각을 확장할수록, 이를 반영하는 또 다른 윤곽이 대상을 중심으로 그려진다. 점선으로 표현된 OB', OC', OD'가 바로 주의적 지각이 대상 주위에 반사된 것을 표현한 것이다. 주의적 지각의 반성에 의해 이 점선에 반사되는 것은, 대상과 관련한 암시적 사물들, 대상 자체의 세부사항들, 대상을 동반하는 세부사항들과 같은 것들이다. 또한 지각은 대상을 이와 같이 재구성한 후에, "대상과 함께 체계를 형성할 조건들" 역시 점점 더 멀리 재구성한다. 즉, 점선들은 대상 자체, 그리고 대상과 함께 체계를 형성할 조건들로서, 대상 주변을 그리는 이 라인들은 대상과 함께 잠재적$_{virtuel}$으로 주어져 있으며 대상의 "실재$_{réel}$의 더 깊은 층들"이다.

      대상에 대한 이러한 설명은 얼핏 이해하기 어려울 수 있다. 주관의 주의 작용이 대상의 실재를 구성한다는 뜻일까? 그렇다면 그것은 새로운 종류의 주체철학이자 유아론$_{solipsism}$인 것일까? 그렇게 되면 물자체를 인식에서 배제하고 현상에 대해서 모든 것을 구성하는 칸트와 별로 다를 것이 없게 되고, 주의적 지각으로 정신을 확장하는 노력은 자기의 확장 외에 다름 아니게 될 것이다. 물론 시종일관 칸트에 대하여 대립각을 세우는 그를 이렇게 해석해서는 안 될 것이다. 그럼에도 불구하고 사실 베르그손의 형이상학이 대개 기억에 할애되어 있기 때문에 이를 '내면'에 대한 탐구로 받아들여져 왔던 것이 사실이다. 베르그손의 먼 친척으로도 잘 알려져 있는 마르셀 프루스트$_{Marcel Proust}$의 위대한 소설, 『잃어버린 시간을 찾아서』 역시 주인공이 겪어 내는 지속이라는 시간에 대한 재구성 혹은 창조에 관한 소설이지만 아무래도 우선은 '내면'에 대한 탐구라는 평가에 포섭되어 있다. 그렇지만, 권리적으로 존재한다고 볼 수 있는 '순수 지각'에 의해 사물/대상의 사물성이 감산되기는 하지만 생명체에 진동으로 직접 전달된다고 보는 베르그손이 대상을 갑자기 주관의 반영으로 본다고 읽는 것은 일관되지 않은 독서이다. 대상의 재구성, 대상을 포함하는 체계의 재구성이라는 것은, 주관이 일방적으로 대상을 구성하는 것이라고는 볼 수 없고; 대상이 제공하는 지각-이미지에 대한 자세한 '분석'을 시작으로 하여, 기억에서 대상에 대한 암시적 이미지와 대상과 함께 체계를 이룰 수 있는 대상 주변의 세부사항과 관련한 이미지들을 찾고 이 두 이미지들 사이의 공통된 틀로서 가설을 세우는 작업, 베르그손이 말하기로는 '종합'을 하는 것이므로, 거기에는 대상의 사물성과 기억의 정신성이 혼합되어 있다고 말해야 할 것이다. 대상은 우리에게 자신의 현재적인 모습만을 보여 준다. 대상에 주의를 기울이는 작업을 통해 우리가 기억으로부터 찾아낸 이미지들과 함께 대상 주변에 정신이 종합한 이미지와 윤곽을 반사해 내는 것은, 대상이 우리에게 보여 주지 않았지만 대상의 현재를 만들어 낸 대상의 과거 혹은 대상과 매우 연대적인 주변 사물들과의 체계일 것이다. 그것들은 현재적이지 않지만 대상의 현재와 더불어 항상 그 자리에 잠재적으로 있었던 것이며, 기억의 종합작용으로 재구성되면서 동시에 창조된 것이기도 하다.

여기에서 추가로 발견하게 되는 중요한 형이상학적 개념이 바로 실재와 원인이다. 이데아의 세계가 실재라고 한 플라톤으로 돌아가 보자. 플라톤의 동굴 비유는 우리가 사실은 실재를 한 번도 본 적이 없는 동굴에 갇힌 죄수로서 동굴 벽에 비친 실재의 그림자만 보는 자들이라는 점을 보여 주려는 것이었다. 물질적인 것에 익숙하고 가시적인 확실성에 거의 모든 관찰이 의존하고 있는 현대에는 플라톤식으로 말하는 실재란 전혀 와닿지 않을 것이다. 우리는 플라톤의 시대로부터 너무 멀리 와 있기 때문이다. 그러나 잘 생각해 보면 우리는 이미 매우 형이상학적인 생각을 하고 있다. 우리는 우리의 주변에서 관찰되는 것이 실제로 존재한다는 것을 전혀 의심하지 않지만, 자기도 모르는 사이에 대상의 실재성을 항상 의심한다. 내 곁에 있는 연인의 마음이 나를 떠났다고 느낄 때, 우리는 그가 우리 곁에 있지만 실재로는 우리 곁에 없다고 생각하기 때문이다. 즉, "내 곁에 있는 너는 껍데기일 뿐이야"라는 식의 말은 정확히 형이상학적인 실재성을 문제 삼는 것이다. 그러므로 우리는 실재가 무엇인지 사실 잘 알고 있다.

2000년 전 철학이든 120년 전 철학이든, 형이상학은 항상 이와 같은 문제를 사유한다. 실재라는 것은 무엇인가? 대상은 그것이 사물이든 사람이든/생명체이든 시지각의 관점에서는 항상 현재의 모습만을 드러낸다. 플라톤 시대에 감각적인 것들은 실재인 이데아의 모방이기 때문에, 항상 덜 실재적이거나 아주 실재적이지는 않다고 여겨졌다. 그러니까 그 시절에 실재는 감각적인 사물이 모방하고 있는 그 자신의 원인인 이데아이다. 다시 말해서 실재는 사물의 원인이다. 원인은 곧 실재다. 이때 원인은 보통 aitia라는 희랍어로부터 비롯된 것으로서, 고대철학 전문가들은 이 말을 번역하기 어려워한다. 연구자에 따라 '까닭'이라 번역하기도 하고, '이유'raison라고도 하고, '근거'fond나 '원인'이라고도 하며, 로고스와 유사하게 쓰이기도 한다. 이때 원인은 아리스토텔레스의 4원인설에 등장하는 그 원인으로, 과학에서 자주 사용되는 인과율에서의 원인cause과는 완전히 다르다. 인과율에서의 원인은 A라는 현상의 선적인 원인으로서의 B라는 현상을 말하는 것이지, A라는 현상의 근거를 말하는 것은 아니다. 그래서 과학은 사실 인과율이라는 단어를 흔히 쓰는 반면, '원인'에 대한 질문은 하지 않는다는 전제를 가지고 있다. 과학이 묻지 않는 '원인'을 묻는 것이 바로 형이상학이다. 현상 혹은 감각세계의 것들의 원인은 곧 실재이므로, 칸트는 바로 이 실재를 철학에서 내쫓아 버린 것이다. 그래서 과학을 정당화하기 위한 칸트의 이 조치가 바로 형이상학의 종언이나 마찬가지였던 것이다. 만약 칸트를 따른다면, 우리는 철학자로서 과학을 정당화하는 일 외에는 달리 할 일이 없게 된다. 물론 그는 '실천이성'과 '판단력'에 대한 책 두 권을 더 씀으로써, 윤리와 종교, 그리고 숭고로서의 아름다움을 철학에 추가해 두기는 했다. 하지만 우리의 사유는 무척 제한받는다.

　　칸트의 비판철학에 반대하는 베르그손이 실재를 다시 철학에 도입한 것은 자연스러운 일이다. 눈사람처럼 생긴 '그림 14'에서 점점 더 확장되는 점선으로 표시된 부분은 대상 O의 실재로서, 대상 O의 원인이다. 즉, 우리가 대상에 주의를 기울이는 작용, 대상에 대한 예민한 분석적 지각과, 기억으로부터 길어 오는 이미지들과 지각 이미지들의 종합을 통해 대상 주변에서 우리가 얻게 되는 것은, 정신 영역의 확대, 정신력 증대, 대상의 실재 혹은 원인의 발견

혹은 재구성이다. 다시 말해서 주의적 지각은 지각 주관의 정신이 미치는 범위를 확장시키고, 대상의 원인을 더 깊이 발견하게 하며, 그 과정에서 대상을 중심으로 반복적으로 순환하는 정신의 운동하는 노력은 대상과 주관에 대한 분석과 종합을 여러 차례 연습하기 때문에, 정신은 체계적이 되고 스스로에게나 대상에 있어서나 섬세하고 예민한 지각능력과 가능한 한 확장된 범위 내에서의 종합능력을 갖출 수 있게 된다. 정신력이 무엇인가에 대해서 시지각적으로 가장 명쾌하게 보여 주는 그림이다.

다. 사실에 대한 지각과 실재에 대한 직관intuition, 미분과 적분

실재를 좀 더 잘 분별하기 위해서 이를 사실fact/fait과 비교해 보는 것이 좋겠다. '팩트 체크'라는 뉴스의 한 코너로도 익숙한 낱말인 팩트는 논란의 여지가 없이 참인 것을 이르는 말로 받아들여진다. 갈등 상황에 놓인 두 사람이 논쟁을 이어 가는 경우에도 사람들은 논의의 방향을 잃어버리지 않기 위해 중간중간 "이것이 이러이러하다는 것은 어쨌든 사실"이라는 점을 재차 확인하곤 한다. 철학에서는 fact, 프랑스어로는 fait라는 단어를 '사태'로 번역하기도 한다. 후설의 유명한 테제 중 하나가 바로 "사태들 자체에로!"Zu den sachen selbst!이니, 사태라는 것은 현상학이라는 흐름에서는 매우 중요한 개념이 된다. 현상학의 이 준칙은 기존에 자명하게 받아들인 모든 설명, 이론, 해석 등을 해체하고, 기술되어야 할 모든 것을 사태 자체로부터 직접적으로 제시하고 증명해야 한다는 방법적 태도에 대한 것이다. 쉽게 짐작할 수 있다시피, 사태는 곧 현상phenomenon으로 연결된다. 현상학phenomenology이란 사태에 근거한 학 혹은 사태에 관한 학을 이르는 조어이다. 그러므로 사실 혹은 사태로 번역되는 fact는 그 배경이 칸트로까지 거슬러 올라가게 된다. 여러 차례 확인했듯이 칸트는 인류의 인식 대상에서 사물 자체를 배제하고, 인간이라는 종에게 나타나는appear 대로의 현상으로 그 대상을 제한했다. 오늘날 우리가 대개의 경우 논란에 종지부를 찍을 확실한 것으로 사실/팩트를 들고 있다는 것은 현재 우리 의식이 매우 칸트적이라는 점을 확언하는 것처럼 보인다. 사실이 그렇다는 것, 팩트를 체크한다는 것, 그것이 논란을 종결하는 최종지점이라고 생각하는 의식. 그것은 근대적인 의식이다. 거기에 신은 없고 신과 같은 또 다른 권위자도 없으며, 감정이나 직관은 배제된다. 의식을 지배하는 것은 오성이며, 오성은 오성을 믿는 것이다. 그런데 이러한 사실에 무슨 문제라도 있는가? 만약 우리가 근대적인 것에 문제의식이 있다면 그것은 어쩌면 사실에 대한 문제의식일 것이다. 사실에는 어떤 문제가 있는 것일까? 다음의 인용문을 읽어 보자.

> 사람들이 일상적으로 하나의 사실이라고 부르는 것은 직접적 직관에 나타나는 대로의 실재가 아니라, 실천적 관심들과 사회적 삶의 요구들에 실재를 적응시킨 것이다. 외적인 것이든 내적인 것이든, 순수 직관은 불가분적 연속성에 대한 직관이다. 우리는 그것을 이쪽에서는 구별되는 말들에, 저쪽에서

는 독립적인 대상들에 상응하는 병렬된 요소들로 분할한다 fractionner. (305)

우리의 내적 삶의 지각과 관련하여 정신의 <u>실용적 작업</u>은 순수 지속을 공간을 통해 굴절réfraction시키는 데 있는 것으로 보였다. 이 굴절은 우리의 심리적 상태들을 분리하여 그것들을 점점 더 비개성적인 형태가 되게 하고, 그것들에 이름을 부여하고, 결국에는 그것들을 <u>사회적 삶의 흐름</u> 속으로 들어가게 하는 것이다. (309)

간단히 말하면, 사실이란 생명체의 실천적 관심과 사회적 요구에 실재를 적응시킨 것이다. 또한 실재가 사실로 적응되는 것과 정확히 대응하여 그것을 지각하는 정신 역시 실용적으로 작업하고 결국 내적인 삶도 사회적인 삶의 흐름 속에 편입된다. 다시 말해서 사실의 문제는 단지 그것이 실재를 실용성과 사회성에 맞춰 적응시켰다는 데 있는 것이 아니고, 그렇게 적응된 나머지 우리의 정신이 사실의 외부가 있다는 것에 대해서 완전히 망각하게 되었다는 데 있다. 우리는 정확히 언제 누가 만들었는지 확인하기 어려운 문화와 제도 속에서 태어나는데, 그 문화와 제도는 우리가 그것에 되도록 빨리 그리고 잘 적응하기를 요구한다. 이것은 자기의 꼬리를 물고 있는 뱀의 원환과 같은 형국이다; 자신이 만든 제도가 자신으로 하여금 그 제도에 복종하게 만드는 상황. 이때 망각된 것은, 그 문화와 제도가 언제 누구에 의해 왜 만들어졌는지 그리고 어떤 문

그림 15. 우로보로스

제를 잉태하고 있는지와 같은 것이다. 사회가 잉태한 문제를 망각하고, 사회의 실용적이고 실천적인 요구와 이에 대한 적응만이 남은 모습. 그것이 정확히 근대의 모습이다. 인간은 사회를 만들고, 그 사회를 만든 자기 자신을 믿는다. 그렇게 해서 자기의 꼬리를 문 뱀처럼 닫힌 원을 그리며 그 자리에서 순환하는 것이다. 그 사회에 어떤 문제가 있다면, 근대는 그 사회의 문제를 해결하지 못한 채 악순환에 빠질 것이다. 그래서 사실에 대한 의문이 제기되고, 사실이 담지 못한 실재에 대한 물음이 싹트게 되는 것이다.

　　물론 우리가 이미 형태가 잡힌 사실들을, 베르그손의 표현에 따르면, 공간을 통해 굴절된 사실들을 거꾸로 거슬러 올라가 그 사실을 낳은 실재가 무엇인지 찾아 들어간다는 것은 어려운 일이다. 칸트는 이것이 불가능하다고 생각했기 때문에 현상에 머무른 것이다. 그러나 칸트 이후의 과학에도 여러 격변이 있었으며 18세기 초 이후의 과학이 보여 준 것들을 반영한다면 철학의 향방도 많이 달라질 것이다. 대표적으로 과학이 다루는 실체의 모습이 더 이상 고체적이거나 형태상 안정된 것이 아니고 확률적으로 존재하는 유령 같은 모습이 되어 가는 지금, 실재는 더 이상 현상으로부터 완전히 배제되지 않으며 이미 현상 속에 유령처럼 잠복해 있지 않을까? 그러므로 실재에 다가가는 것은 어렵기는 하지만 불가능한 것은 아니다. 베르그손은 우리에게 이에 관한 자신의 최종 기획을 말한다.

> 그러나 시도해 볼 수 있는 최종적인 기획이 있을지도 모른다. 그것은 경험을 그 근원으로 찾으러 가는 것이 될 것이다. 또는 차라리 유용성의 방향으로 굴절되면서s'infréchir 고유하게 인간적 경험이 되는 결정적인 전환점tournant décisif[이 어디인지 찾아, 그곳]으로 우리의 [원래] 경험을 찾으러 가는 것일지도 모른다. … 이러한 욕구들이 만들어 낸 것을 해체함으로써 우리는 직관을 그것의 최초의 순수성 속에서 회복할 수 있을 것이고, 실재와의 접촉을 다시 취하게 될 것이다. … 특정한 사유의 습관들, 그리고 지각하는 습관들조차 포기한다는 것은 이미 쉽지 않은 일이다. 또한 그것은 바로 해야 할 작업의 부정적인 측면에 불과하다. 이 작업을 완수하고 우리가 경험의 전환점이라고 불렀던 지점에 위치하게 되면, 그래서 직접적인 것l'immédiat으로부터 유용한 것l'utile으로 이행하는 것이 조명되고 인간적 경험의 여명을 시작하는 어스름 빛을 이용하게 된다면, 우리에게 남은

것은 실재의 곡선으로부터 이렇게 포착한 무한히 작은 요소들 éléments infiniments petits을 가지고 이 요소들 뒤의 애매성obscurité 속에서 뻗어 가는 곡선 자체의 형태를 재구성하는 일이다. 이런 의미에서 우리가 이해하는 바와 같은 철학자의 임무는 미분으로부터 출발하면서 하나의 함수를 결정하는 수학자의 작업을 상당히 닮아 있다. 철학적 탐구의 궁극의 과정은 진정한 적분의 작업이다. (307~309)

그가 제시하는 방법은 두 가지이다. 하나는 소극적/부정적인 방법으로, 오랜 시간 반복 실행하여 갖추게 된 인간의 지각하는 습관을 포기할 것, 다른 하나는 적극적인 방법으로, 인간적 경험이 형태를 갖추려는 바로 그 순간, 그 형태를 구성하는 무한히 작은 요소들을 찾아내고 형태를 재구성할 것, 즉 미적분의 방법이다.

　　우리는 몸과 지각을 다루면서 지각이란 대상의 감소라고 말한 바 있었다. 우리를 둘러싸는 세계의 정보는 실로 방대한 것이고, 생명체로서의 인간은 그 모든 정보를 다 받아들일 필요가 없다. 대상들에 대한 있는 그대로의 정보 전체는 매 순간 새로운 대상에 직면하는 생명체에게 모두 전달되는 것이 원리상 불가능할 뿐 아니라 실용적이지도 않다. 어느 정도의 정보 이상은 어떤 개체에게 무의미한 것이다. 이해하기 쉬운 예로 빛을 들어 볼 수 있다. 인간의 눈이 지각할 수 있는 빛의 범위는 파장wavelength으로는 400nm에서 700nm 사이, 주파수frequency로는 700THz에서 400THz사이로, 빛을 분산굴절시키면 우리는 우리가 잘 알고 있는 무지갯빛을 지각한다. 그러나 붉은색 빛은 사실 400THz, 즉 초당 400조의 파동이다. 400조의 파동은 우리의 일상생활에 아무런 의미가 없기 때문에 우리는 지각의 습관에 의해 이를 단번에 '붉음'으로 지각하고 말아 버린다. 게다가 붉은색과 보라색의 범위 바깥의 전자기파는 보통 적외선과 자외선, X선, 감마선 등으로 불리지만 일반적인 시각적 습관에서는 '없는' 파동이다. 소리도 마찬가지다. 인간의 귀로 지각할 수 있는 소리의 범위는 20Hz에서 20,000Hz 사이로, 그 이하와 그 이상 주파수 범위의 소리는 초저주파와 초음파로서 우리 귀에는 '들리지 않는다'. 인간의 일상생활에서 초저주파와 초음파 범위의 소리는 '없는' 소리이다. 개가 후각과 청각에 있어서 인간보다 훨씬 더 예민한 감각을 가지고 있다는 것은 잘 알려져 있다. 후각세포의 수로는 인간보다 1,000배에서 1억 배가 넘는 수준이고, 귀의 근육도 인간보다 3배 많다고 한다. '이성적이다/이성적이 아니다'의 기준으로 인간이 다른 모든 동물보다 본질적으로 우월하다는 고전적인 전제가 진화론으로 깨지면서, 수많은 동물들과 인간을 둘러싸고 매겨 왔던 서열관계도 이렇게 무너지는 중이다. 동물들이 가지는 능력들은 각 기관별, 부분별로 매우 다르게 발달되어 있기 때문에, 어떤 단 하나의 기준, 이를테면 '이성'의 유무와 같은 기준, 혹은 신경계의 복잡성이라는 기준을 두고 동물들을 일렬로 순위 매기는 일 역시 흔들리고 있다. 동물들이 각 종별로 혹은 각 능력별로 가지고 있는 이러한 특수한 지각의 범위와 습관이 그 특정한 동물들에게 '현상' 혹은 '사실'을 만들어 낼 것이다. 베르그손은 우리의 지각이 실재(순수 지속)를 공간을 통해 굴절시킨다는 표현을 반복한다. 우리의 정신은 유용한 것에 대한 우선적인 지각으로 방향 지어져 있고, 실재는 정신의 이러한 실용적인 작업을 통해 '고유하게 인간적인 경험'이 된다. 실재에 접근하는 첫 번째 소극적인 방법은 바로 이러한 지각의 습관, 사유의 습관을 포기하는 것이다. 지각과 사유의 습관은 필요와 유용성에 따라 적응된 것이므로, 습관의 포기는 필요와 유용성의 포기에 다름 아니다. 거꾸로 말하면, 인간의 지각과 사유는 필요와 유용성을 둘러싸고 고착되는 경향을 갖는다. 진정한 것, 깊이 있는 것, 가치 있는 것, 아름다운 것 등이 무엇인지 알고 싶다면, 우선 필요와 유용성으로부터 거리를 두어야 함은 분명하다. 아직 적극적인 방법을 말한 것도 아

그림 16. 스피노자, 1632~1677   그림 17. 라이프니츠, 1646~1716   그림 18. 뉴턴, 1643~1727

미적분과 애매-판명한 관념의 주인공들

1673년부터 1675년 사이에 라이프니츠도 파리에서의 독립적인 연구를 통해 1660년대 뉴턴이 알아냈던 것과 유사한 무한급수와 미적분의 개념을 발전시켰다.
스피노자와 라이프니츠는 모두 당시 선배 데카르트의 테제인 명석-판명한 관념이 실재를 드러내는 데 불충분한 관념이라고 주장했다. 명석-판명한 관념은 현상으로 드러난 것만을 대상으로 한 관념이기 때문이다.

닌데, 소극적이라는 이 방법조차 정말 어려워 보이기는 하다.

그러나 우리가 지각과 사유의 습관 혹은 필요와 유용성으로부터 거리를 둘 수 있게 되어 실재가 사실로 전환되는 지점을 목격할 수 있다면, 우리는 그 지점에서 '무한히 작은 요소들'을 포착할 수 있게 된다. 이것이 '무한소'infiniment petit를 가리킨다는 것은 분명하다. 그러나 미분differentiate하여 무한소를 포착한다는 표현으로부터, 미분이라는 철학의 임무를 단지 대상을 미세하게 분할하는 작업으로 받아들이고 만다면 많은 것을 놓치게 된다. 미분과 적분이라는 철학의 과정이 무엇인지를 이해하려면, 17세기 중후반에 뉴턴과 라이프니츠가 10여 년의 차이를 두고 각기 발견한 미분 개념을 어느 정도 이해해야 한다.

뉴턴이 알고 싶었던 것은 시간에 따라 점점 더 빠르게 운동하는 물체(가속도 운동)가 특정 시점에서 '어떤 비율로' 가속하는가 하는 문제였다. 물체가 운동할 때 그 물체의 속도는 단위 시간당 거리의 변화량을 말하는 것인데, 뉴턴의 문제는 단위 시간당 속도의 변화량인 것이다. 이 문제를 풀기 위해서는 거리의 변화량을 시간의 변화량으로 나눈 속도를 다시 시간의 변화량으로 나누어야 한다. 이 과정이 바로 미분의 과정이다. 그림 19는 자유낙하 운동처럼 가속도가 0보다 큰 경우의 물체의 운동에 대한 세 가지 그래프이다. 첫 번째는 시간과 가속도 함수, 두 번째는 시간과 속도 함수, 세 번째는 시간과 거리의 함수이다. 가속도가 0보다 크다는 것은 시간이 지날수록 속도가 점점 더 빨라진다는 것이므로, 이렇게 운동하는 물체는 시간이 흐름에 따라 이동하는 거리는 기하급수적으

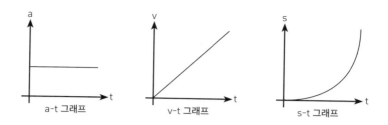

가속도가 0보다 큰 경우(a>0)
(기울기가 +인 구간)
예: 자유낙하. 물체의 운동방향과 힘을 받는 방향이 같은 경우

그림 19.

로 증가한다. 이것이 세 번째 그래프가 보여 주는 바다. 물체는 운동을 시작하는 초기에는 조금씩 이동하다가 시간이 흐르면서 이동거리가 어느 순간 급격히 늘어난다. 두 번째 그래프는 시간의 흐름에 따라 속도가 점차 올라가는 것을, 첫 번째 그래프는 시간의 흐름에 따라 관찰되는 가속도가 상수로서 일정하다는 것, 즉 자유낙하 운동이 등가속도 운동임을 보여 준다. 세 그래프가 보여 주는 함수들의 관계는 왼쪽에서 오른쪽으로 가는 것이 적분이고, 오른쪽에서 왼쪽으로 가는 것이 미분이다.

가장 단순한 시간-거리 함수 $y=x^2$을 뉴턴의 개념으로 미분해 보자.

뉴턴을 따라 함수 $y=x^2$을 미분하자.

먼저 x를 $x+h$로 증가시키면, y의 증가량은
$(x+h)^2 - x^2 = 2hx + h^2$이다.

다음으로 y의 증가량을 x의 증가량으로 나눈다.

$$\frac{2hx+h^2}{h} \qquad (1)$$

약분하면
$$2x+h \qquad (2)$$

여기서 h를 생략하면
$$2x \qquad (3)$$

미분법에 의해 y=x²의 도함수는 속도함수 y'=2x가 된다. 이 계산법에서 h를 '무한소'라고 봤을 때 생략 가능하다는 것이 미분의 핵심 요소 중 하나이다. 당시 무한소는 어떤 작은 값보다도 항상 더 작지만 0이 아닌 값으로서, 수학적으로 엄밀하지 않으며 모순이라 하여 비판받았고, 19세기 바이어슈트라스Karl Weierstrass에 의해 극한($\lim_{x \to h}$)으로 정의되기에 이른다. 라이프니츠는 이 과정을 기하학적인 관점에서 해명한다. 즉, 미분은 y=x²이라는 그래프에서 접선의 기울기를 구하기 위해 고안된 것이다. 물론 뉴턴의 역학과 라이프니츠의 수학은 같은 지점에서 만난다. 가속도 운동을 하는 물체의 순간가속도는 그래프로 변환했을 때 가속도 그래프의 접선의 기울기인 것이다. 라이프니츠는 y=x²의 미분을 dy=2xdx라고 표기함으로써, 미분의 기호들을 처음 사용한다.

무한의 문제는 철학의 초창기부터 철학에 골치 아픈 문제였다. 사물의 원리(아르케ἀρχή)를 알고 싶었던 철학자들 중 탈레스는 그것을 물이라 하고, 아낙시만드로스는 무한자, 데모크리토스는 원자 등을 말했는데, 이때 이미 그들은 '더 이상 나눌 수 없는 것'과

'무한히 나눌 수 있는 것'에 대한 논쟁을 시작했다. 아리스토텔레스는 어쩌면 이 두 입장을 중재하는 하나의 아이디어를 생각해 냈다고도 할 수 있는데, 그는 무한분할이라는 것이 현실적으로는 존재할 수 없기 때문에 무한분할의 가능성으로서만 존재한다고, 즉 잠재태potentialité로 있다고 본 것이다. 이렇게 해서 아리스토텔레스는 유령 같고 모호한 무한과 현실태 모두를 자신의 철학에 품어 두 개념을 통해 변화를 설명했다. 수학이 무한소를 엄밀하지 못한 개념이자 모순이라고 본다면, 그것은 수학이 가능성possibilité, 잠재태, 잠재성virtualité 등을 다루지 않기 때문일 것이다. 무한소는 이런 논란, 혹은 이런 아이디어를 다룰 수 있게 해 준다. 역학에서 순간가속도를 계산하는 과정에서 도달한 미분의 아이디어는 고대철학자들을 혼란에 빠뜨렸던 무한의 문제를 다시 우리의 사유에 도입한다. 그러나 들뢰즈가 지적하듯이 미분의 기호 혹은 상징 dx 덕분에 우리는 고대인과는 달리 그것 없이는 표현할 수 없었던 것을 표현할 수 있게 되었으며, 그들과 같은 혼란에 빠질 필요가 없다. 그는 "극한 개념을 통해 연속성에 대한 정태적이고 순수하게 이념적인 정의가 가능해졌다"[2]라고 말한다. dx는 그 자체로는 확정된 값이 없지만, dy와 더불어 서로를 상호 규정하며, x값이 정해지면 dy/dx 값은 확정된다. 즉 dx는 단순한 심연이 아니고, 미규정/규정가능/상호규정을 모두 표현할 수 있는 상징으로서, 운동하는 실재를 이념적으로 규정할 수 있게 하였다.

---

2 질 들뢰즈, 『차이와 반복』, 김상환 옮김, 민음사, 2004, 377쪽.

실재에 접근하기 위해 기존의 지각과 사유의 습관을 포기하고 대상에 대한 우리의 지각이 우리의 필요와 욕구 그리고 사회적 요구에 따라 형태를 갖추는 그 지점으로 가서 지금 막 뻗어 나가는 중인 곡선의 dx를 포착한다는 것은, 미분 작업을 검토하면서 말한 바와 같이 그 형태를 만들어 내는 요소들과 그 요소들의 관계 비율들을 가늠하는 것을 말하는 것이다. 동시에 아직 규정되지 않은 요소들까지.

라. 명석clear 판명한distinct 관념 VS
명석 혼란한confuse 관념/애매obscure 판명한 관념

데카르트와 영국 경험론자들이 공유한 근대철학을 대표하는 인식론적 개념 중 하나가 바로 '명석 판명'이다. "단지 명석 판명하게 지각된 것만을 참이라고 판단한다면, 어떠한 거짓도 참이라고 판단하지 않게 되리라는 것은 확실하다"(『철학의 원리』, 1부 43절)는 것인데, 이것은 명석 판명의 원리라고도 불리며, 참된 인식의 원리로 간주된다. 명석과 판명이라는 개념을 처음 접하면 이 둘을 분리해서 이해하는 데 어려움을 겪을 수 있다. 간단히 구분한다면 명석이란 집중하는 정신에 현존하여 드러난 지각을 말하고, 명석하면서도 동시에 다른 명석한 지각과 구별되는 지각을 판명한 지각이라고 한다. 앞서 우리는 이미 명석 판명의 원리에 대하여 스피노자(와 라이프니츠)가 이것이 참된 인식에 불충분한 원리라고 하여 비판했다는 점을 언급한 바 있다. 이 두 사람은 명석 판명한 관념은 현상하는 것의 원인을 담을 수 없기 때문에 참된 인식이 되기에 충분하지 않다고 공히 주장했다. 소위 적합한adequate 관념으로 설명되는 스피노자의 인식 이론과 라이프니츠의 충족이유율sufficient reason이 그 주장을 뒷받침한다. 실재에 관한 우리의 논의가 이 문제에 대해서는 어떤 설명을 덧붙이는지 살펴보자. 데카르트가 충분히 자세히 설명하지 않았던 명석 판명에 대한 또 다른 설명을 다음과 같이 로크에게서 찾아볼 수 있다. 다음을 읽어 보자.

> "단순관념에 있어서 애매성의 원인은 무딘 기관에 있거나 대상들에 의해서 만들어진 미미하고 순간적인 인상에 있거나 그렇지 않으면 받아들여진 관념들을 지탱할 수 없는 기억의 연약성에 있다."(로크, 『인간지성론』, II, 29, 3)
>
> "명백한 관념이 잘 배치된 기관에 적절히 작용하는 외부의 대상으로부터 마음이 받아들이는 것과 같은 그러한 충만되고 명료한 지각을 마음이 가지는 것인 것처럼, 판명한 관념은 마음이 모든 다른 것과의 차이를 지각하는 것이다. 그리고 혼동된 관념은 마땅히 그것과 달라야만 하는 어떤 다른 것과 충분히 구별할 수 없는 그러한 것이다."(같은 책, II, 29, 4)
>
> 혼동을 야기하는 이유는,
>
> "첫째, 어떤 복합관념이 너무 적은 수의 단순관념들로 구성되고, 그것을 구성하는 그 차이들이 그것에 의해서 다른 이름을 받을 자격이 있는, 다른 사물들에 공통되는 그러한 것만이 제외될 때, 둘째, 우리의 관념들을 혼동되게 하는 다른 또 하나

의 결함은, 비록 어떤 관념을 구성하는 세목들이 수에 있어서 충분하기는 하나, 그것들이 아주 뒤범벅이 되어서, 그 관념이 어떤 다른 이름보다도 그것에 주어진 그 이름에 더 속하는지의 여부를 쉽사리 식별할 수 없을 때."(같은 책, II, 29, 78)

명석 판명의 원리에 대한 연구가 지금도 다양하게 전개되고 있지만, 여기에서 우리가 염두에 둘 필요가 있는 것은 19세기 이후의 과학이 칸트까지의 철학자들이 경험하지 못한 세계를 탐험하고 발견해 냈다는 점이다. 진화론, 세포 수준까지의 생명과학, 상대성 이론, 불확정성의 원리, 양자역학 등이 그 대표적인 경우들이다. 집중하는 정신에 또렷하게 현존하는 관념의 명석성, 다른 명석한 관념으로부터 분명하게 구분할 수 있는 판명성이 물질과 생명체에 대한 참된 인식을 충분히 보증할 수 있을까? 이와 같은 현대의 과학이 없었던 당시에도 스피노자와 라이프니츠는 이 원리에 반박했으며, 라이프니츠는 특별하게도 미분에 접근한 철학자이자 수학자로서 인식에 있어 극한값이라는 개념을 가지고 있었으리라고 짐작할 수 있다. 데카르트와 스피노자/라이프니츠의 대립이 당시에는 데카르트와 경험주의자들의 판정승으로 끝났을지 모르지만, 이후의 세계는 이 원리에 대한 재고를 요구하는 것과 다름없지 않은가? 그렇다고 해서 참된 인식 자체를 포기하는 것은 아니다. 미분적이어서 판명하고 그래서 전체적으로는 애매한, 실재에 대한 직관이 문제가 되는 것이다. 그래서 이제 참된 인식의 새로운 쌍이 제기된다. 명석 판명이 아니라, 판명 애매가 그것이다. 앞서 베르그손이 유용한 것으로부터 직접적인 것으로 거슬러 올라가는 과정을 그릴 때, "실재의 곡선으로부터 포착한 무한히 작은 요소들을 가지고 이 요소들 뒤의 애매성 속에서 뻗어 가는 곡선 자체의 형태를 재구성" 해야 한다고 표현한 것은, 마땅히 스피노자와 라이프니츠의 이 통찰과 관련지어 이해되어야 한다. 그리고 이와 같은 태도는 그대로 들뢰즈에게 전해진다. 들뢰즈는 그의 철학을 선험적 경험론empirisme transcendental이라고 명명한 적이 있는데, 그의 차이 존재론이 경험론과는 얼핏 잘 연결되지 않는다. 그는 자신의 경험론을 일반적으로 이해되는 경험주의와 구분하는데, 그 구분의 핵심에는 '경험'에 대한 완전히 다른 관점이 있으며, 그 관점은 아래의 베르그손 텍스트에서 정확히 기술되고 있다.

> 경험론의 오류는 경험을 지나치게 높이 평가하는 것이 아니라 반대로 진정한 경험에 즉 정신과 대상의 직접적 접촉으로부터 나오는 경험들에 인위적으로 탈구된désarticulée 경험을 대치하고, 따라서 아마도 변질된 경험, 즉 어떻든 행동과 언어의 가장 큰 용이함을 위해 정돈된 경험을 대치하는 것이다. … 독단론 역시 경험론이 거기 머무는 데 만족했던, 분리되고 불연속적인 현상들을 수용하고는 단순히 그것들을 종합하려고 노력할 뿐이다. 이 종합은 직관 속에서 주어진 것이 아니기 때문에 언제나 필연적으로 자의적인 형식을 가질 것이다. (306~307)

베르그손과 들뢰즈가 되살리고자 했던 경험은 18세기까지 완성된

과학적 경험이 아니라 그 이후에 갱신된 과학의 경험, 인간의 시지
각에 적응된 경험이 아니라 그 틀을 자꾸만 벗어나는 경험이다. 그
경험이 이 장에서는 '실재'로, '직접적인 것'으로 다루어졌던 바의
것이다.

7. 시간

많은 사람들이 공간보다는 시간이라는 주제가 좀 더 해명하기 어렵다고 생각하고, 시간과 공간은 서로 양립할 수 없는 성격을 가지고 있다고 여긴다. 그리고 철학과 과학은 각기 다른 방향으로 시간과 공간을 해명해 오고 있다. 고대에는 두 영역이 혼재되어 있었는데, 그때 사람들은 시간이 운동의 수라고 생각했다. 우리가 일 년을 태양 주위를 도는 지구의 공전주기에 맞추고, 한 달을 지구 주위를 도는 달의 공전주기에 맞추며, 하루를 지구의 자전주기에 맞추어 정한 것이 바로 이런 생각에 근거한 것이다. 뉴턴 역학으로 마무리된 근대과학은 고대 이래 과학이라 불리던 많은 생각들을 무너뜨렸으며, 시간 개념에도 역시 급격한 변화가 있었다. 뉴턴에게 공간과 시간은 각기 독립적인 것이고, 우주에는 진공을 채우고 있는 에테르에 대해 정지하고 있는 좌표계가 있다고 가정했다. 그리고 이 좌표계는 모든 공간들의 기준이 되는 영원불변하는 공간으로 생각되었는데, 공간에 대한 이러한 생각은 존재를 사유와 연장으로 나누어 생각했던 데카르트의 생각과 일맥상통한다. 즉, 사물은 기본적으로 공간에 펼쳐져 있다는 생각 말이다. 또한 여기에는 고대의 관념와 완전히 다른 생각이 시작되었다는 것을 목격할 수 있는데, 그것은 시간이 운동에 종속된 변수가 아니라 독립변수가 되었다는 점이다.

철학에서 시간에 관한 사변은 조금 다른 길을 걷는다. 칸트가 시간과 공간을 선험적 주체transcendental subject의 감성의 형식이라 생각한 것이 표면적으로는 뉴턴의 시공간 개념과 많이 다르지만, 시공간에 대한 칸트의 생각은 당시 과학의 혁신을 철학적으로 잘 뒷받침해 준 것이었다. 시간이 운동의 수로 개념화되든, 독립변수로 다루어지든, 감성의 형식으로 정립되든, 이렇게 개념화된 시간은 어떻든 어느 정도 공간화된, 수로 간주된, 그런 의미에서 과학적인 시간이다. 측정과 헤아림에 가까이 있는 이러한 시간이 아니라, 내적 체험으로서의 시간, 공간과 말 그대로 전적으로 다른 의미에서의 시간에 대한 철학적 해명은 처음 아우구스티누스(354~430)의 『고백록』에서 찾아볼 수 있다.[1] 그에 따르면 시간이란 신이 창조한 것으로 영원과는 다르다. 현재가 과거로 넘어가지 않는다면 그것은 시간이 아니라 영원이므로, 현재는 과거로 넘어가야 한다. 그러므로 시간이란 비존재를 향해 가는 것 같다. 그런데도 불구하고 사람들은 시간이 길다 혹은 짧다는 등의 말을 하

---

1   아우구스티누스, 『고백록』, 김광채 옮김, CLC, 2004, 제11권 시간을 창조하신 하나님, 1절에서 31절, 229~378.

고, 이미 없어져 버린 과거와 아직 오지 않은 미래에 대해 말하기도 한다(예언자). 어떻게 이런 일이 가능한가? 우리는 사실상 시간이란 현재만이 존재하고 나머지 둘은 존재하지 않는다고 말해야 하는가, 아니면 과거와 미래가 "어떤 은밀한 곳에서 나왔다가 어떤 은밀한 곳으로 들어가"기라도 한다고 말해야 하는가?[2] 이미 존재하지 않는 과거와 아직 존재하지 않는 미래에 대한 측정과 헤아림, 여러 가지 언명은 오직 영혼 속에서만 가능한 일이다.[3] "[그것은] 네 [영혼] 속을 지나가는 사물들이 느낌을 일으키는 것이니… 내가 시간을 측정한다면 이 느낌을 측정하는 것이다. 그렇다면 이 느낌이 곧 시간이다."[4] 영혼 속을 지나가는 사물들이 일으키는 느낌은, 스피노자와 베르그손이라면 정서(감응)affect라 불렀을 것이다. 아우구스티누스는 시간의 감각에 대해 말한 최초의 철학자로서, 시간에 과학적으로 접근한 것이 아니라 실존적이고 철학적으로 접근하여 현재를 체험되는 시간으로 해명했다는 놀라운 업적을 남겼다. 그에 따르면, 과거, 현재, 미래는 각각 영혼 안에서 기억, 지각, 예지라는 기능을 통해 사유될 수 있다. 즉, 과거, 현재, 미래는 각각 현재의 세 가지 차원으로서 해명된다는 것이다. 시간에 관한 이러한 성찰은 이후 현상학적 사유 속에서도 다시 찾아볼 수 있으며, 베르그손에게도 지속을 설명하는 한 차원으로 들어와 있다.

시간에 대한 철학사에서 베르그손은 아우구스티누스 이후

---

2   같은 책, 17절.
3   같은 책, 28절.
4   같은 책, 27절.

로 한 걸음 더, 그 이후는 들뢰즈가 한 단계 더 깊이 이어 간 것으로 평가된다. 말하자면 아우구스티누스가 지나가는 현재를 해명했다면, 베르그손은 그 현재가 지나갈 수 있도록 하는 조건으로서 과거를, 들뢰즈는 새로움(미래)을 가능하게 하는 미래를 해명한다. 이러한 역사 속에서 베르그손의 시간에 대한 설명을 순서대로 따라가 보자.

가. 현재

심리적 상태는 직접적 과거에 대한 지각임과 동시에 직접적 미래에 대한 결정이다. 그런데 우리가 곧 보겠지만, 지각되는 한에서 직접적 과거는 감각이다. 왜냐하면 모든 감각은 요소적 진동들이 매우 길게 이어지는 것을 나타내기 때문이다. 그리고 직접적 미래는 결정되는 한에서 행동 또는 운동이다. 따라서 나의 현재는 감각인 동시에 운동이다. 그리고 나의 현재가 하나의 불가분적 전체를 형성하기 때문에 이 운동은 이 감각에 기인하며 그것을 행동으로 연장해야 한다. 이로부터 나는 나의 현재가 감각들과 운동들이 결합된 체계로 이루어져 있다고 결론짓는다. 나의 현재는 본질적으로 감각-운동적 sensori-moteur이다.

그것은 나의 현재가 내가 나의 신체에 대해 가지는 의식으로 이루어진다는 것을 뜻한다. … 더 일반적으로는 실재 자체인 생성의 이 연속성 속에서 <u>현재적 순간은 흐르는 유동체 속에서 우리의 지각이 실행하는 거의 순간적인 절단에 의해서 구성된다.</u> 그리고 이 절단이 바로 우리가 물질적 세계라고 부르는 것이다. 우리의 신체는 물질적 세계의 중심을 점한다. (238~239)

위에서 읽어 볼 수 있다시피 베르그손은 현재를 감각과 운동이 결합된 체계로, 즉, 내가 나의 신체에 대해 가지는 의식으로 이해하고 있다. 이것은 아우구스티누스가 과거와 현재 그리고 미래를 현재에서 영혼이 행하는 기억, 지각, 예지로 보는 것, 시간이란 내 영혼을 스쳐 간 것들에 대한 느낌이라고 본 것과 같은 통찰이다. 현재라는 심리적 상태는 직접적 과거에 대한 지각이고 동시에 직접적 미래에 대한 결정이라는 말은, 과거, 현재, 미래라는 시간을 현재의 차원들로 이해하는 방식이며, 이것은 아우구스티누스의 통찰에서 온 것이라는 뜻이다. 4세기 말(395)의 『고백록』 이래 인류는 여러 영역에서 급격하게 많은 변화를 겪었다. 그 변화 중 어떤 것은 혁명이라는 이름이 붙었고, 혁명에 준하는 것들도 있었다. 종간변이transmutation가 일어났다는 것을 인정하는 것이 거의 살인죄를 고백하는 것과 같은 기분이었다고 말했던 다윈의 『종의 기원』(1859)의 발표도 혁명에 준하는 사건이었다고 말할 수 있겠다. 시간이란 영혼의 느낌이며, 영혼의 현재에서 우리는 기억-지각-예지라는 영혼의 기능을 통해 과거-현재-미래를 이야기할 수 있다는 아우구스티누스의 통찰을 베르그손이 감각-운동적 체계système sensori-moteur로 규정할 수 있었던 것은 바로 『종의 기원』으로 상징되는 생물학의 혁명, 그 안에 함축된 종교로부터의 과학의 독립, 그리고 당시의 신경생리학의 성과 덕분이라고 말할 수 있다. 현재의 한 차원으로서 아우구스티누스가 언급한 기억이라는 과거는 현재의 영혼에서 찾아볼 수 있는 이미지로서 이는 현재에 붙잡혀 있는 과거, 현재의 한 차원으로서의 과거이지, 과거 그 자체는 아니다. 그래서 아우구스티누스는 현재를 해명한 것으로 평가되는 것이다. 그렇다면 '과거'란 무엇인가?

나. 순수 기억

과거, 그리고 과거에 대한 기억이라고 하면 사람들은 보통 내가 경험했던 지나간 현재의 인상, 또는 인상이 약화된 이미지들이라고 생각한다. 그리고 그 약화된 이미지들을 의식에 불러들이는 것을 기억한다 혹은 상기한다는 활동으로 생각한다. 그러나 엄밀하게 말하자면 이런 이미지들은 현재로부터 얼마나 머냐 가까우냐의 차이는 있겠지만, 여전히 현재의 한 차원으로서의 과거에 불과하다. 만약 우리가 〈메멘토〉(2001)의 주인공처럼 10분밖에 기억하지 못하는 단기기억상실증 환자라면, 더 나아가 1분, 혹은 1초, 더욱이 0.1초로 0에 가까워지는 극한의 시간밖에 기억하지 못한다면 우리는 어떻게 될까, 우리는 스스로를 어떤 존재로 느낄까? 그렇게 되면 우리는 우리 자신을 어떤 존재로 느끼지 못할 것이고, 자기를 느끼지 못한 채 현재를 겪을 것이다. 이러한 묘사는 철학에서 흔히 자기의식이 없다고 여겨지는 사물들에 대해 이루어지며, 우리는 그러한 사물들을 즉자적 존재라고 부른다. 이런 맥락에서는 의식한다는 것이 자기를 되돌이켜 볼 수 있다는 것과 거의 같다. 그러나 그렇다면, 기억한다는 것은 단순히 내가 살아 낸 현재의 이미지를 축적하거나 그것들을 현재로 되살리는 것이 아니라, 현재를 사는 내가 그 현재를 지켜볼 수 있도록 하는 근거 혹은 조건이기도 하다. 기억은 현재가 지나간다는 것, 시간이 흐른다는 것을 알 수 있도록 하는 (시간의) 근거이자 의식의 근거가 된다. 그리고 베르그손은 이 시간을 순수 과거라고 불렀다. 그 시간이 순수하다고 하는 이유는 우리가 그 시간을 한 번도 현재로 경험한 적이 없기 때문이고, 바로 그런 점에서 지각과 본성상 구분되기 때문이다. 그렇게 되면 기억하는 존재가 경험하는 현재는 순수 과거를 동반한다. 그렇기 때문에 기억은 "현재적 상태인 동시에 현재와 뚜렷이 구분되는 어떤 것"인 것이다. 지나간 현재의 합으로서의 과거가 아니라, 현재를 가능하게 하는 조건으로서 현재와 뚜렷이 구분되는 과거를 발견하고 해명한 것은 시간의 철학사에서 독보적인 베르그손의 업적이다.

> 순수 기억은, 아마 권리적으로는 독립적이라 하더라도 보통은 그것을 드러내는 생생한 이미지 속에서만 나타난다. … 하나의 기억을 다시 찾는 것이 문제일 경우는 어떠한가? 우리는 우선 과거 일반 속에… 다시 위치하기 위해 현재로부터 벗어나는 어

떤 고유한 행위를 알고 있다. 이는 사진기의 초점 맞추기와 유사한 더듬어 찾는 작업travail de tâtonnement이다. ⋯ 그것은 구름처럼 나타나서 차츰 응축되는 것처럼 보인다. ⋯ 기억은 자신의 윤곽들이 그려지고, 표면이 착색됨에 따라, 지각을 모방하는 경향이 있다. ⋯ 만일 그것이 현재적 상태인 동시에 현재와 뚜렷이 구분되는 어떤 것이 아니라면, 우리는 그것을 하나의 기억으로 결코 식별하지 못할지도 모른다. (230~231)

대부분의 심리학자들은 순수 기억에서 단지 더욱 약화된 감각, 시발적인 감각들의 전체만을 본다. 이처럼 감각과 기억 사이에서 모든 본성의 차이들을 미리 삭제했기 때문에 그들은 자신들의 가설의 논리에 의해 기억을 물질화하고 감각을 관념화하기에 이른다. (240)

물론 '기억'은 철학사에서 오랜 역사를 가지고 있다. 『메논』에서 소크라테스는 어떤 것을 모르는 자가 어떻게 그것을 알게 되는가를 묻는 메논에게 신화를 통해 그 가능성을 설명한다. 영혼은 이데아를 알고 있는데 몸을 갖추어 감각의 세계로 태어나는 과정에서 레테의 강을 건너 잊어버린 것에 불과하기 때문에 anamnesis를 통해, 즉 상기réminiscence를 통해 이데아를 기억해 낼 수 있다. anamnesis를 기억이 아니라 상기로 따로 구분하는 것은 이것이 감각세계의 경험들을 되살리는 것이 아니라 태어나면서부터 이미 잊어버린 이데아를 기억해 내는 것이기 때문이다. 그러니 그가 상기하는 것은 베르그손식으로 말하자면 한 번도 경험한 적 없는, 경험할 수 없는 과거, 즉 순수 과거일 것이다. 소크라테스는 그가 가장 지혜로운 자라는 신탁을 의아해하면서 사람들을 만나 자기가 모르는 것에 대해 묻는 과정에서 그들이 자기가 잘 알지 못하는 것들을 안다고 확신한다는 것을 깨달았다. 그는 유일하게 자신이 모른다는 것을 아는 자인 것이다. 이것은 소크라테스에게는 아직 인식론이 가능하지 않았다는 것을 말해 주는 것이기도 한데, 제자 플라톤은 소크라테스를 등장시킨 대화록 『메논』에서 인식 대상인 참이 있고 그것을 인식할 조건과 방법이 있다는 것을 보여 준다. 참은 이데아이고 상기는 그 방법이다. 이데아의 세계를 감각세계와 분리하여 세계를 둘로 나누는 생각이 전혀 받아들여지지 않는 현대에 이르는 동안, 플라톤의 과거도 모습을 바꾸어 생명체의 정신성 안에 순수 기억으로 자리 잡았다고 말해 볼 수도 있을 것이다. 즉, 그 맥락을 따져 보자면 우리가 경험하는 현재 속에서 전혀 의식하지 못하고 지나쳐 버린 순수한 과거야말로 그 현재의 진실이었다고 혹은 그 경험의 의미를 설명해 줄 열쇠였다고 말해야만 할 것이다. 또한 그 비밀을 찾아 나선 자가 바로 『잃어버린 시간을 찾아서』의 저자 프루스트라고 말이다. 또한 이 과정을 통해 플라톤 개념으로 하자면 시뮬라크르가 왕위에 오르는, 그래서 내적인 생산을 주관하는 들뢰즈의 차이의 형이상학이 준비되고 있었다고도 말할 수 있다.

다. 과거와 미래, 정신과 물질

그렇다면 기억하는 존재는 매 순간 소멸하는 현재를 몸으로 살아
내는 동시에 그 몸의 현재를 가능하게 하는 과거를 동시에 짊어지
고 있다고 할 수 있다. 베르그손은 과거와 현재의 이런 관계를 다
음과 같은 간단한 좌표로 표현한다.

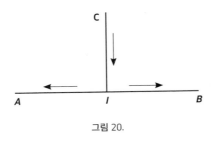

그림 20.

우리의 지각은 현실적이든 잠재적이든 두 노선을 따라 펼쳐진
다. 하나는 AB라는 수평선인데, 그것은 공간 속에서 동시적인
모든 대상들을 포함하며, 다른 하나는 CI라는 수직선인데, 시
간 속에서 이어지면서 배열된 우리 기억들이 그 위에 놓인다.
두 선분의 교차점인 I는 우리 의식에 현실적으로 주어진 유일
한 점이다. … 우선 AB라는 선분을 따라 배열된 대상들은, 우리
가 보기에는 우리가 지각할 것을 표현한다. 반면에 선분 CI는
이미 지각된 것만을 포함한다. 그런데 과거는 우리에게 더 이
상 관심거리가 되지 않는다. 과거는 자신의 가능한 작용을 소
진해 버렸거나, 아니면 현재적 지각의 생기를 빌려 옴으로써

만 영향을 회복할 것이다. 반대로 직접적 미래는 긴박한 행동으로, 아직은 소비되지 않은 에너지로 이루어진다. 물질적 우주에서 아직 지각되지 않은 부분은 약속과 위협으로 가득 차 있으며, 따라서 그것은 우리에 대해 어떤 실재성을 갖는다. 우리의 지나간 실존에서 현실적으로 지각되지 않은 기간들은 이러한 실재성을 가질 수도 없고, 가져서도 안 되는 것이다. 그러나 오직 삶의 실제적 유용성과 물질적 필요들에 관계되는 이 구분은 우리의 정신 속에서 점점 더 선명한 형이상학적 구분의 형식을 취한다. (245~247)

그러나 우리의 오성은 선명한 구분을 세우는 기능을 갖고 있기 때문에 결코 사태를 그와 같이 이해하지 않는다. 오성은 모든 경우에서 상이한 비율로 혼합된 두 요소들의 현존을 인정하기보다는 차라리 이 두 요소들을 분리하여, 한편으로는 외적 대상들에, 다른 편으로는 내적 상태들에 근본적으로 상이한 실존의 두 양태를 부여하고자 한다. … 따라서 심리적 상태들의 실존은 전적으로 의식에 의한 파악으로 이루어질 것이고, 외적 현상들의 실존은 또한 전적으로 그것들의 공속성concomitance과 잇따름succession의 엄밀한 질서로 이루어질 것이다. 그렇게 해서 실존하지만 지각되지는 않은 물질적 대상들은 의식에 최소한의 참여도 불가능하게 되고, 내적이지만 의식되지 않은 상태들은 실존에 최소한의 참여도 불가능하게 된다. (253~254)

이 좌표는 데카르트 이래 제기된 심신 문제에 대한 베르그손의 독창적인 답변으로 읽을 수 있다. 심신 문제를 어렵게 만드는 것은 몸과 마음의 본성이 달라서 서로에게 영향을 미칠 수 없기 때문인데, 그는 여기에서 심신의 문제를 과거와 현재라는 시간의 문제로 재정위하고 시간의 두 차원이 현재에서 만나는 것으로 그 영향관계를 해명한 것이다. 혹은 거꾸로, 현재는 물질의 질서이고 과거는 기억의 질서로서, 현재는 "삶의 실제적 유용성과 물질적 필요"에 관계된 시간인 반면 과거는 완료된 시간으로서 "자신의 가능한 작용을 소진했거나 현재적 지각의 생기를 빌려야만 영향을 회복하는" 시간일 뿐이데, 기존의 논의가 이 구분을 형이상학적인 구분으로 오해해서 그 해명과 영향관계를 난해하게 만들었다는 것이다. 순수 지각과 순수 기억을 제외하면 우리의 경험에는 항상 물질적인 요소와 정신적인 요소가 비율을 달리하면서 뒤섞여 있는데, 오성은 이를 요소별로 분리하여 하나는 외부에 하나는 내부에 귀속시키고 내부에서는 의식된 상태를 외부에서는 지각된 상태만을 인정하기에 이르렀다는 뜻이기도 하다.

　　서양 고전철학으로부터 전해지는 실체 개념이 바로 이러한 오성에 대응한다. 그리스로부터 싹튼 사유는 변화하는 와중에 변하지 않는 것을 확정하는 데서 시작한다. 실체가 변하는 것처럼 보이는 것은 그 실체에 덧붙는 우연적인 속성이 교체되기 때문이다. 마음과 몸을 각기 실체로 보았던 데카르트의 생각도 이런 철학적, 형이상학적 전통 속에 있는 것이다. 그렇기 때문에 베르그손처럼 몸과 마음에 대한 논의의 시작부터 모든 것을 '이미지'로 보자고 하는 태도는 이런 서양철학사의 흐름에서는 매우 낯선 것이며 그만큼 혁신적인 것이기도 하다. 사람들은 실체를 중심으로 하는 사유의 체계를 끊임없이 변화하는 것을 통한 사유의 체계로 바꾸는 것을 해체라고 부르지만, 변화하는 것으로부터 보면 오히려 그리스적 사유의 체계가 허구적이다. 서양의 초기 사유는 참의 모습을 영원불변에서 찾았기 때문에, 다시 말해서 변화하는 세계를 불변하는 것으로부터 구축하려 했기 때문에 끊임없이 변화하는 대상의 평균값, 혹은 통계적인 다숫값을 불변하는 실체로 설정한 것이다. 아리스토텔레스 과학이 16세기부터 봇물 터지듯 이어졌던 과학적 발견으로 무효화되었던 반면, 형이상학은 그 형태를 조정하기는 했으나 완전히 무너지지 않았던 것인데, 동시대 과학의 발견을 소화한 철학 혹은 형이상학을 말해야 한다면 형이상학 역시 그 과학에 발맞춰 모습을 바꾸는 것이 자연스러운 것이다. 베르그손이 물질과 사유를 모두 이미지로 보자고 말하기 시작한 때, 이미 모든 것이 조정되기 시작했다. 심지어 이미지는 이데아의 그림자에 불과했던 것인데, 그동안 실체로 다루어져 오던 것을 모두 이미지로 보자고 한 것은 그 자체로 무척 혁신적인 접근이다. 그러한 혁신이 이어지는 논거로 지탱되지 못하면 우스꽝스러운 시도에 불과했을 텐데 그의 논의는 당시의 신경생리학과 생물학, 심리학의 연구 성과들을 근거로 했기 때문에 스스로 지탱될 수 있었다. 존재가 과학이 발견한 모습을 되찾고 있다고도 말할 수 있겠다. 그래서 그렇게 오래 유지되어 왔던 몸과 마음이라는 두 실체, 혹은 두 속성의 문제가 이제는 이미지들의 문제로 다시 다루어지게 된 것이다. 이미지는 다시 몸의 이미지와 기억 이미지로 세분되고, 이미지의 확장과 수축이라는 것은 대상의 윤곽을 분석하고 대상에 대해 추론하고 대상의 분석된 요소들을 모두 포함하는 더 포괄적인 가설을 세우는 종합 운동의 반복으로 해명된다. 사물은 이 수많은 요소들과 요소들을 잇는 관계, 서로를 포함하는 관계의 회로와 망이며, 정신은 그 궤적을 긋는 운동들로 재사유된다. 몸과 마음이 이렇게 받아들여지면 이 두 명사로 지시되는 이미지들이 서로 영향관계에 놓이는 것은 쉽게 설명될 수 있을 것이다. 심신 문제에 대한 이러한 해명은 영미권 심리철학에 아직 수용되지 않았기 때문에 우리에게 여전히 매우 낯설다. 그런 만큼 이 해명은 17세기 이래 수많은 과학적 성과를 반영한 심신관계에 대한 새로운 접근 방법으로 아직 그 가치를 다 가늠해 보지 못한 대안이 될 수 있다.

라. 시간의 함수

정신과 물질의 질서를 과거와 미래의 질서로 바라보는 위의 설명은 아래와 같이 정리된다.

> 적어도 우리가 바라건대 이 책의 마지막 부분에서 나올 결론은 이와 같다. 즉 주체와 대상 그리고 그것들의 구분과 결합에 관련된 물음들은 공간보다는 시간의 함수로 제기되어야 한다. (124)

기억은 보통 지나간 것들을 보존하거나 그것들을 꺼내 보는 행위를 가리킨다; 기억해 두다, 기억해 내다, 기억나다 등. 시간이라는 관점에서 보면 기억은 당연히 과거와 관련되는데 곰곰이 생각해 보면 과거라는 시간이 수수께끼다. 내 몸이 살아가는 시간을 생각해 보면 그건 현재임에 분명하다. 방금 전이라고 부를 시간은 이미 지나가 버려서 없고, 곧바로 올 시간이라고 부를 시간은 언제나 아직 오지 않았으니, 분명하게 현존하는 시간은 오로지 현재밖에 없다. 그렇게 보면 과거는 지나간 현재이고, 미래는 앞으로 올 현재라고밖에 설명할 도리가 없게 된다. 그런데 이 지나간 현재들의 집합인 과거는 어떻게 존재할까? 현존하는 것은 오직 현재인데 지나가 버려서 더 이상 현존하지 않는 과거는 어떻게 존재할까? 현존하지 않기 때문에 감각할 수 없고, 물리적으로는 없지만 기억할 수 있기 때문에 없다고도 할 수 없는 과거. 이런 존재를 있다고 하기 위해 들뢰즈가 만들어 낸 동사가 바로 존속subsister이다. 베르그손은 생존survivre이라는 동사를 썼다.

뉴턴의 역학은 3차원의 공간과 1차원의 시간으로 된 유클리드 공간에서의 운동을 설명한다. 이 역학에서 시간은 한 방향으로 흐르고 불가역적이며 사물들의 운동과 관계로부터 독립된 것이다. 이것은 시간을 운동의 수라고 생각한 아리스토텔레스의 생각과 완전히 반대인 시간 관념이다. 아리스토텔레스가 가장 중요하게 생각한 것은 제1실체라 불린 개별 사물들이었고, 시간이란 이 사물들의 움직임에 매긴 수였으며, 장소란 그의 자리였다. 고대에 시간과 공간은 이렇게 실체에 종속된 것이었는데, 근대의 시공간은 실체와 상관없이 그 자체로, 절대적으로 존재하는 것으로 간주되었다. 이제 우리는 물체가 아직 운동하지 않는데도 가정적으로 미래 특정 시점에 운동하는 물체의 위치나 속도를 계산할 수 있게 된다. 어쨌든 고대의 방식이든 근대의 방식이든 기억이 보존하는 과거는 이 계산에서 제외된다. 다시 말해서 기억과 기억이 보존하는 과거는 과학의 계산에서 빠져나가는 소위 정신적인 것이라는 뜻이다.

8. 개체와 개체화

가. 성격과 무의식

베르그손(1859년생)이 프로이트(1856년생)와 동년배라는 사실은 그다지 많이 언급되지 않는다. 두 사람의 관심과 영역이 별로 겹치지 않기 때문일 것이다. 베르그손의 주된 관심이 무의식이나 성격, 정신병리에 있었던 것은 아니지만 무심하게 몇 번을 언급하였고, 무의식과 정신병리가 주된 연구 대상이며 정신분석이라는 분과를 체계화한 프로이트의 분석들에 비하면 매우 단순하다. 그러나 두 사람은 각각 다른 나라에서 신경생리학이라는 당시 과학의 성과에 대한 공통의 관심을 바탕으로 하나는 운동과 지속의 형이상학을, 다른 하나는 정신분석을 구축했다. 그 시대까지만 해도 무의식이 지금처럼 흔히 언급되는 자연스러운 개념이 아니었고, 베르그손이 증언하듯이 "의식을 심리적 상태들의 본질적 속성으로 간주"(242)하는 사람들은 무의식이라는 심리 상태가 불가능하다고 생각하기도 하고, 종종 그에 대해 생각하는 것조차 혐오감을 가지고 있었다. 무의식을 혐오하는 체계에서 무의식을 다루는 것 자체가 어려운 것은 말할 것도 없고, 앞서 지각에 대한 설명에서 베르그손이 동원했던 가능한 것과 잠재적인 것 역시 다루기가 무척 어렵게 된다. 또한 "실존하지만 지각되지는 않은 물질적 대상들은 의식에 최소한의 참여도 불가능하게 되고, 내적이지만 의식되지 않은 상태들은 실존에 최소한의 참여도 불가능하게 된다". 가능한 것, 잠재적인 것, 지각되지 않는 것, 의식되지 않는 것을 고려하려면, 무의식에 대한 혐오는 전혀 도움이 되지 않는다. 그런 맥락에서인지, 베르그손은 위와 같은 논의가 가능한 정도에서 무의식을 규정하는 것으로 만족한다.

실로 모든 사람들은 우리 지각에 현실적으로 나타나는 이미지들이 물질의 전부는 아니라는 것을 인정한다. 그렇다면 지각되지 않은 어떤 물질적 대상, 상상되지 않은 어떤 이미지는 일종의 무의식적인 정신적 상태가 아니라면 무엇이 될 수 있을 것인가? 당신이 지금 지각하고 있는 당신의 방 너머에는 이웃하고 있는 방들이 있고, 그다음에는 집의 나머지 부분이 있으며, 마지막으로 당신이 거주하는 거리와 마을이 있다. 당신이 찬동하고 있는 물질에 관한 이론이 무엇이건 그것은 중요하지 않다. 당신이 실재론자이든 관념론자이든 간에, 마을과 길과 집의 다른 방들에 대해 말할 때, 당신은 분명히 당신의 의식에는 부재하지만 그것의 밖에 주어져 있는 그만큼의 지각들을 생각하고 있다. 그것들은 당신의 의식이 그것들을 받아들임에 따라서 창조되는 것이 아니다. 그것들은 어떤 방식으로 이미 있었다. 그리고 가정상 당신의 의식이 그것들을 포착하지 못했으므로, 그것들을 무의식적 상태로가 아니라면 어떻게 그 자체로 존재할 수 있었겠는가? (245)

또한 심리학과 정신분석이 관심을 가질 수 있을 성격에 대한 설명도 지나가듯이 언급하고 마는데, 이 부분에 대한 관심이 깊이 지속되면 정신분석과 만날 수 있을 것으로도 보인다. 다음을 읽어 보자.

지각하지 못하는 대상들의 전체가 주어져 있다고 가정하는 데 있어서 내가 어떤 불편함도 느끼지 못한다면, 그것은 이 대상들의 엄밀하게 결정된 순서가 그것들에게 [인과적] 연쇄의 측면을 제공하기 때문이며, 나의 현재적 지각은 그것의 한 고리에 불과할지 모른다. 그러면 이 고리가 자신의 현실성을 나머지의 연쇄에도 전달한다. 그러나 자세히 관찰해 보면 우리의 기억들도 동일한 종류의 연쇄를 형성한다는 것, 그리고 우리의 모든 결단들에 항상 현전하는 우리의 **성격**은 우리의 지나간 모든 상태들의 현실적 종합이라는 것을 알게 될 것이다. 이 응축된 형태 아래서 우리의 앞선 심리적 삶은 우리에게 외부 세계 이상으로 존재한다. 외부 세계에 대해서 우리는 그것의 매우 작은 부분만을 지각하는 데 반해, 체험된 경험에 대해서는 그 전체를 이용하기 때문이다. (250)

나. 개체와 개체화의 문제

서양철학은 우리 문화에서 생산된 것이 아니고 20세기에 그때까지 이어져 온 학문을 한꺼번에 수입한 것이기 때문에 그 철학의 여러 개념들에 대한 우리의 감각이 그 문화와 체계에 잘 맞물려 있지 않다. 그래서 이를테면 인간, 주체, 개체 등의 단어를 그 마땅한 개념을 갖춘 전문용어technical term가 아니라 막연한 일상어로 간주하고 철학책을 읽게 되는 경우가 많은데, 철학을 그렇게 읽으면 글을 정확히 읽지 않은 것이라서 그 글의 메시지를 전혀 전달받지 못하게 된다. 인간은, 일상어로 말하자면 선사시대로부터 있어 온 종이지만, 철학사에서 인간은 근대에 발명된 특정한 존재로서, 자연과 스스로를 구분하고 (더 나아가 자연과 자기 자신을 대립시키고) 자신의 이미지로 자연을 개발하고 발전시키는 존재를 말한다. 주체는 데카르트가 발견한 코기토로부터 칸트가 발견한 선험적 주체로 완성된 존재를 이르는 말이며, 자아를 주체와 구분한다면 주체는 형식적인 면을 자아는 그 질료적인 면을 일컫는 것으로 이해하면 대략 맞다고 할 수 있다. 주체와 자아가 사뭇 다르다고는 해도 둘 다 자기동일성과 유사성을 그 근거로 삼는다는 면에서는 같다. 이렇게 보면 실체, 인간, 주체, 자아 등의 개념들은 모두 자기동일성과 불변성을 담보로 해야 다룰 수 있는 것들인데 지금까지 우리가 검토해 온 운동으로서의 존재, 주파수나 진동으로 전달되는 미분적인 것들을 바탕으로 하면 인간 개념은 해체되고 주체 개념은 전면 혁신되어야 할 것이며 실체 개념도 바뀌어야 할 것이다. 한 사람에 대해서, 그 사람의 개성이나 성격, 그리고 그의 무의식 등을 다루고 싶다면 우리가 검토해야 할 개념은 바로 개체여야 할 것이다. 더욱이 베르그손이나 들뢰즈에게는 인간, 실체, 주체의 개념 자체가 없거나 무색하다. 주체의 개념은 들뢰즈에게 구성된 주체 정도로 종종 제기될 뿐이다.

개체individu는 말 그대로 '더 이상 나눌 수 없는 것'인데, 그렇다고 해서 원자atom를 말하는 것은 아니다. 개별적인 것individual은 말하자면 그것을 나누었을 때 그 동일성이 훼손되어 더 이상 그것이 아닌 것을 말하는 것으로 보면 된다. 앞서 베르그손이 정신에 관하여 그것을 고유한 의미의 물질과 구분할 때 정신의 통일성unity을 제시한 바 있는데, 그 통일성이 바로 분할불가능성이다.

개체라는 것은 철학이 정립된 시점부터 철학자들이 정의해 왔던 것이며, 고전철학에서는 당연이 하나의 인격이나 하나의 대상을 말하는 것이었다. 즉 개체라는 것은 소크라테스나 플라톤 각각을 가리키는 것으로서, 개체화라는 문제란 인간이라는 종적인 형상 혹은 종적인 본질이 있다고 할 때, 소크라테스라는 인간이 하필이면 다른 누구도 아닌 소크라테스라는 개체가 되도록 하는 원인 혹은 원리는 무엇인가, 그리고 그 개체적 본성—개체성은 무엇인가와 관련된 것이었다. 그런데 형이상학이 실체 형이상학에서 사건의 형이상학으로 전환되었을 때는 이 문제가 완전히 다른 틀에서 이야기되어야 한다. 윌리엄스가 들뢰즈의 철학을 해설하면서 주목한 것이 바로 이 문제이다.

사유의 필수적인 형식으로 정의된 주체와 어떠한 사유든 그 안에 맞추어져야 할 필수적인 유기적 구조로 정의된 자아는, 무엇이 사유를 개별적으로 만드는지를 설명하지 못[한다]. … 우리는 왜 철저하게 다른 사유들이 존재할 수 있는지를 설명해야 한다. … 이것이 『차이와 반복』의 전체 기획을 이해하는 한 방식이다. 이 책은 어떻게 사유가 개별적이 되는지를 설명하고, 개체를 잠재적인 것과 현실적인 것 사이에 유지되는 관계의 구조로 정의하며, 그 개체성을 승인하고, 그 개체성의 창조적 역능에 반하기보다는 그것과 더불어 작업하기 위한 원리를 제공한다.[1]

그가 보기에 들뢰즈의 문제는 "주체와 자아로는 설명되지 못하는 사유의 개별성들을 어떻게 설명할 것인가?"였던 것이다. 그는 이 문제가 『차이와 반복』의 전체 기획을 이해하는 한 방식이 될 정도로 핵심적인 문제라고 본다. 그리고 그것이 바로 '개체화의 문제'이다.

(1) 개체화의 문제에 대한 중세인의 고민

개체화의 문제가 그 자체로 중요하고 거대한 문제로 떠오른 것은

---

1 제임스 윌리엄스, 『들뢰즈의 차이와 반복, 해설과 비판』, 신지영 옮김, 라움, 2010, 363~364쪽.

중세이다. 17세기 중엽[2]에 유럽의 대학들에서 형이상학에 대한 표준적인 참고서가 되었던 수아레스(1548~1617)의 『형이상학 토론』[3]에는 그가 단일성의 한 근본 유형이라고 해석하는 개체성에 대한 토론이 형상적 단일성에 대한 토론 이전에 배치되어 있다고 한다.[4] 그라시아가 말했듯이, "중세가 시작되던 때에 보에티우스(480?~524?)가 개체화에 할당했던 겨우 몇 줄의 언급은 수아레스의 경우처럼 150면 이상으로 확장되어 다른 쟁점들로부터 독립적인 주제를 취급하는 논술들로 바뀌었다".[5] 그라시아는 개체화의 문제의 발전이 "서구에 그리스도교가 도입된 사실의 직접적 결과가 아

---

2 "데카르트, 스피노자와 라이프니츠 같은 대부분의 근대 사상가들의 저작들이 드러내듯이, 스콜라 사상은 여러 가지 방식으로 계속 영향을 미쳤다. 그러나 1650년 이후 스콜라주의는 더 이상 당시의 주요한 철학적 조류가 아니게 되었다. … 그렇다면 개체화에 대한 스콜라적 견해의 연구는 17세기 중엽에서 종료됨이 적절하다."(그라시아, 『스콜라철학에서의 개체화』, 이재룡·이재경 옮김, 가톨릭출판사, 2003, 14쪽) 개체화에 대한 최초의 언급; 보에티우스(Boëthius, 6세기), 개체의 본질 개념 등장; 이븐 시나(Ibn Sina / Avicenna, 10세기), 이것임 개념의 등장; 스코투스(Duns Scotus, 13세기, 아퀴나스), 중세 형이상학의 정리; 수아레스(Francisco Suárez, 16세기), 스콜라적 배경을 가진 라이프니츠의 단자론(17세기 중엽), 개체화에 대한 스콜라적 연구의 종료(17세기 중엽), 스콜라철학의 개체화의 문제에 관한 라이프니츠의 학사학위 논문 "Disputatio metaphysica de principio individui"(1663), in C. J. Gerhardt(ed.), *Die philosophische Schriften von Gottfried Wilhelm Leibniz*, Bd. 4, Weidmannsche Buchhandlung, 1880. 그리고 시몽동과 들뢰즈(20세기).

3 Suárez, *Disputationes Metaphysicae*, Hildesheim, Georg Olms, 1965(원본은 1597년 출판).

4 그라시아, 『스콜라철학에서의 개체화』, 929~931쪽.

5 같은 책, 931쪽.

닐까"[6]라는 조심스러운 진단을 내리는데, 그가 그렇게 생각하는 이유는 "그리스도교가 개체의 중요성을 강조하기 때문이다. … 신은 개별적 인간 존재자들을 사랑하고 … 신의 사랑과 관심은 … 동물들과 자연으로도 확장된다. 그는 만물을 무한한 사랑으로부터 창조하였고, 그것들에게 품위와 가치를 부여하였다"[7]라고 쓰고 있다. 그리스 고전철학도 물론 사랑이라는 주제에 대한 토론과 철학적 관심이 있었지만, 플라톤의 『향연』이 보여 주듯이 결국 그것은 진리에 대한 사랑으로 발전한다는 데 중요성이 있는 것이지, 인격신이 인간을 사랑하듯, 혹은 나의 이웃을 내가 사랑하듯 하는 그러한 사랑과는 차이가 있다. 많은 사람들이 평가하듯이 고전철학의 관심은 보편적인 것에, 이데아와 형상에, 종적인 본성에 가 있다. 나 개인의 문제는 내가 속한 종인 인간임의 본성을 아는 데 달려 있을 뿐이다. '개체'라는 것에 대한 관심은 그러므로 고전철학의 관심과는 다른 것이 확실해 보인다. 이는 유대교를 철학적으로 소화한 레비나스Emmanuel Levinas가 타자 윤리학을 주장하면서 그리스 전통의 고전철학을 모두 동일성의 철학이라 하여 비판한 것과 맥락상 유사하다. 즉, 그리스도교나 유대교 등 종교적인 사유가 철학에 도입되면서, 차이나는 것, 타자, 개체 등에 대한 관심이 증가하고 그러한 개념들이 철학의 중심이 된 것으로 평가해 볼 수 있다.

그리스도교와 신의 개체에 대한 '사랑'이라는 이념의 도입

---

6 같은 책, 931쪽.
7 같은 책, 931쪽.

이 철학에서 개체에 대한 관심을 낳았으리라는 그라시아의 주장과는 별개로, 신학적 맥락에서 개체화의 문제는 13세기 이전에는 삼위일체, 원죄, 성육신, 화체transsubstantiation 등의 보편자 문제와 결합되어 있었다. 그것은 고전적인 일―과 다多의 문제였는데, 아랍 철학의 유입 이후에는 이 문제가 천사론으로 부각되었다고 한다. 특히 스코투스는 천사의 인격성 문제가 물질적 실체의 개체화 문제에 논리적으로 의존한다고 보고,[8] 개체화의 문제에 몰두했다. 신은 하나인데 위격이 셋이라는 것을 어떻게 정당화할 것인가, 천사에게는 질료가 없는데 천사들을 개체화하는 것은 무엇인가, 빵과 포도주는 어떻게 예수의 피와 살이 되는가 등의 문제가 모두 종별화와는 다른 문제로서 당시에 아주 중대한 문제였다.

보에티우스에서 12세기 중엽에 이르는 기간 동안에는 아직 정교화되기 전에 널리 받아들여진 개체화에 관한 표준 이론이 있었다고 한다.[9] 이후 개체화의 문제는 스코투스에서 정점을 이

---

8 박우석, 「개체화의 문제: 중세인의 가슴앓이」, 『중세철학의 유혹』, 철학과현실사, 1997, 117, 124쪽. Scotus, *Lectura II*, Balic(ed.), *Opera omnia*, Civitas Vaticana, Typis Polyglottys Vaticanis, 1982. dist. 3, pars 1, q. 1, n. 1. 앞으로 인용되는 스코투스의 본문은 박우석이 인용하고 번역한 것을 참조하였음을 밝혀 둔다.

9 그라시아, 『스콜라철학에서의 개체화』, 64~70쪽.
이를 네 가지 주요 측면으로 요약하면 다음과 같다. ① 차이 또는 구별로서의 개체성 이해, ② 개체의 외연은 아리스토텔레스적인 제일실체들로 한정, ③ 개체화의 문제와 개체의 식별가능성 문제를 구별하지 않음, ④ 개체화의 원리를 하나 또는 여러 우유들(통상적으로는 위치)이나 그 실체에 속하는 (비유적인 것들까지 포함하는) 모든 특성들의 집합과 동일시함. 언급할 만한 특징은 개체성이 차이라고 하면서도 그 내포적 쟁점들은 깨닫지 못했다는 점, 그러나 개체성을 단수성과 구분하고자 했다는 점, 보에티우스가 『삼위일체론』에서 주장

루어 여러 가지 문제로 세밀하게 분리되어 검토되었다. 그라시아는 '개체화'에 포함된 문제들이 최소 여섯 가지에 이른다고 설명하고 그것을 다음과 같이 분류하였다[10]: ① 개체성의 개념(내포)의 문제 ② 개체의 외연 문제 ③ 개체에서 개체성의 존재론적 지위 문제 ④ 개체화의 원인 혹은 원리 문제 ⑤ 개체의 식별가능성 문제 ⑥ 개체들의 지칭 문제.

　　　무엇을 개체로 볼 것인가와 관련한 개체성의 내포 문제는 결국 개체의 개념 문제인데, 이에 관해서는 개체성을 불가분성으로 보는 입장, (수적) 구별distinction, 종의 구별, 동일성, 빈술불가능성 impredicability, 비계기화가능성noninstantiability 등으로 보는 입장들이 있다. 어디에서부터 어디까지를 개체로 볼 것인가 하는 개체의 외연 문제에 관해서는 존재하는 모든 것은 보편적인 것이고 개체는 존재하지 않는다는 강한 실재론과, 존재하는 것은 개체밖에 없다는 유명론, 실존이라는 장소에서 개체와 보편을 모두 다룰 수 있다고 보는 온건한 실재론 등의 입장이 있다. 보통 개체성의 존재론적 지위 문제와 개체화의 원리 문제가 거의 동일한 문제라고 이해된다. 왜냐하면 개체에는 보편성과 개체화하는 요인인 개체성이 공존할 것인데, 보편성에 덧붙여지는 이 개체화의 요인의 존재론적 지위가 무엇이냐 하는 문제는, 바로 개체화의 원리가 무엇이냐 하는 문

한 것처럼 어떤 것을 수적으로 다르게 만드는 것이 우유들의 다양성이라고 하여 개체화에 관한 우유적이고 다발 이론처럼 보이는 것을 제시했다는 점이다. 내포적 쟁점은 각주 이후 본문에서 설명한다.

10　그라시아, 『스콜라철학에서의 개체화』, 21~51쪽.

제와 직결되기 때문이다. 분석형이상학에서 개체화의 원리로 내세우는 다발이론bundle theory이나 전라특수자bare particular 이론이 모두 이 문제에 속하는 이론이다. 다발이론에는 개체들이 가지는 속성뿐 아니라 우유들을 모두 포함하는 특성들의 다발이론과, 우유적 특성들만이 개체성을 책임진다는 다발이론 등이 있다. 첫 번째 다발이론은 보편자와 개체의 구별을 흐려 놓았다는 비판을 받았다. 보편자들의 다발은 복합적 보편자이지 개체가 아니기 때문이다.[11] 우유들이 개체성을 책임진다는 이론 역시 비판을 받는데, 우유가 개체라는 하나의 실체의 원인이 된다는 것은 우스꽝스러운 일이기 때문이라는 것이다.[12] 아퀴나스는 많은 어려움에도 불구하고 질료, 특히 표시된 질료가 개체화의 원리라고 주장했는데, 질료 그 자체는 개체가 아니라는 어려움이 여전히 존재한다. 그리고 우리가 주로 살펴볼 스코투스의 '이것임' 이론이 있는데, 이는 많은 경우 라이프니츠적인 개체적 본질로 이해되기도 했고, 또 어떤 경우에는 그 자체로는 아무 속성이 없으며, 오로지 개체화하는 기능만을 가지는 무엇이라고 주장되기도 했다. 마치 전라특수자처럼 말이다. 마지막으로 식별가능성의 문제는 인식의 문제이며, 지칭의 문제는 고유명사나 지시사 등의 언어철학적 문제이다.

그라시아는 개체화의 원리 문제를 '보편자가 개체가 되기 위한 필요충분조건'을 찾아내는 문제로 정식화하지만,[13] 이러한 정

---

11 같은 책, 107~108쪽.
12 같은 책, 109쪽.
13 Jorge J. E. Gracia, *Individuality: An Essay on the Foundations of*

식화의 이유가 "유명론자에게도 공평한 기회를 주자는 데 있었"[14] 던 만큼, 이는 "결코 그 개체를 그 개체가 되게 만든 원리 또는 원인을 포착할 수 없으므로 지나치게 광범위[하고]… 지나치게 편향되어 있다는 비판"[15]을 받을 수 있다. 개체화의 문제를 실재론자이든, 유명론자이든 누구든지 말해 볼 수 있는 문제로 만들기 위해 편의적으로 규정하는 것과는 상관없이, 고유한 의미에서 개체화의 문제를 다룬다는 것은 "보편자는 어떻게 개체화하는가"라는 문제여야 할 것이다. 이런 의미에서 스코투스는 당시 영향력을 키워 가고 있었던 유명론과 대결하면서 개체화의 문제가 진정한 문제라는 것을 보이기 위해 우선 보편자의 존재를 입증하고, 그 이후 이 보편자를 개체화하는 데 어떤 적극적인 존재자가 필요한지를 검토한 다음, 현존하는 이론들을 비판적으로 검토하고 마지막으로 그 적극적인 존재자를 이것임으로 정립하기에 이른다. 우선 스코투스의 이러한 과정을 되짚어 보면서 들뢰즈와의 연관성과 상호 해명 가능성을 살펴보기로 하겠다.

Metaphysics, Albany, State University of New York Press, 1988, p. 141.
박우석, 「스코투스의 개체화 이론」, 『중세철학의 유혹』, 127쪽.
14   그라시아, 『스콜라철학에서의 개체화』, 129쪽.
15   박우석, 「스코투스의 개체화 이론」, 128쪽.

(2) 둔스 스코투스의 개체화 문제

느슨한 단일성(minor unity)[16]의 존재 증명

스코투스가 유명론자에 대하여 보편자의 존재를 증명하는 방식은
귀류법이었다. 그는 오로지 수적 단일성만의 존재를 주장하는 유
명론에 대하여 이렇게 말한다.

> 만일 모든 실재적 단일성이 정확히 수적인 것이라면, 모든 실
> 재적 다양성은 정확히 수적일 것이다. 그렇다면 모든 것은 동
> 등하게 '실재적으로 다양'realiter diversa하게 되고, 따라서 소크라
> 테스는 그가 선분과 다른 것과 꼭 마찬가지로 플라톤과 다르
> 게 된다. 게다가 지성은 선분과 소크라테스로부터 같은 것(어
> 떤 하나 : unum)을 추상할 수 없는 것과 마찬가지로 소크라테스
> 와 플라톤에게서 같은 것을 추상할 수 없게 될 것이고, 전체가
> 가공물이 되고 말 것이다.[17]

모든 다양성이 다른 모든 것들로부터 같은 정도로 다르다는 것은
불합리하기 때문에 전제가 잘못된 것으로 결론 내릴 수 있다고 본

---

16 박우석은 이를 "미흡한 일성"이라고 번역하고 있으나, 보편자의 단일성이 수
    적 단일성보다 미흡하다는 표현은 아무래도 열등하다는 의미를 같이 전달할
    우려가 있어서, 그리고 일성이라는 표현은 현재에는 거의 쓰지 않기 때문에
    "느슨한 단일성"으로 수정했다. 원어는 minor unitate.

17 Scotus, *Lectura II*, q. 1, n. 26; 박우석, 「스코투스의 개체화 이론」, 131쪽. 이
    해하기 쉽도록 문장 일부를 수정함.

스코투스는 이로부터 다음과 같은 주장을 하게 된다. 즉, 수적인 단일성보다 느슨한 단일성이 있고, 그것이 바로 공통 본성 그 자체 즉 보편자의 단일성이라는 것이다.

개체화하는 적극적인 존재자가 필요한가?

느슨한 단일성이라는 개념과 더불어 보편자의 존재론적 지위를 증명한 스코투스는, 보편자가 개체화하는 과정에서 개체화를 담당하는 어떤 적극적인 존재자가 필요한지 묻는다. 이 문제가 제기되는 이유는, 만일 개체가 '부정'으로 이해된다면, 어떤 적극적인 존재자가 없다고 해도 개체가 생산될 것이기 때문이다. 당시 강의 헨리쿠스Henry of Ghent가 이 문제에 관한 이중부정이론을 주장했다고 하는데, 그에 따르면 어떤 것이 개체인 까닭은 그것 자체 안의 구분의 결여indivisionem in se와 다른 모든 것들로부터의 구별divisionem ab omni alio로 충분하다.[18] 스코투스는 이를 비판하기 위해 여섯 가지 논변을 제시했다고 하는데, 그 가운데 핵심적인 것은 이중부정을 인정한다고 해도 그 이중부정이 어디에서 기인하느냐는 점을 그 이론이 설명하지 못한다는 데 있다.[19] 이 밖에도, 현존, 양, 우유성, 질료 등을 개체화의 원리로 내세우는 입장들이 이미 있었는데,[20] 이 모두를

---

18 박우석, 「스코투스의 개체화 이론」, 133쪽.

19 Scotus, *Lectura II*, q. 2, n. 48.

20 스코투스는 현존의 경우 공유가능하기 때문에, 우유의 경우 실체가 우유에 의해 개체화된다는 것은 본말이 전도된 것이기 때문에 개체화의 원리가 될 수 없다고 정리한다. 아리스토텔레스를 따르는 많은 이론들이 질료를 그 원리로 삼았지만, 만약 각 개체를 개체화하는 질료가 아직 개체화되지 않은 질료라면

부적절한 것으로 물리치고 나서, 드디어 그 자신의 개체화의 원리로 '이것임'haecceitas을 내세운다.

이것임 그리고 형상적 구별distinctio formalitas

스코투스는 수적인 단일성을 가지는 개체가 종적인 본성이 아닌 다른 어떤 적극적인 존재자로부터 나와야만 한다고 보고, 그 존재자를 '이것임'이라 부른다. '이것임'은 위에서 정리했듯이 종적인 본성도 아니고, 양이거나 현존이거나 부정이거나 질료도 아니다. 스코투스가 말하고자 하는 것은 '이것임'이 종적인 본성은 아니지만 어떤 적극적인 존재자로서 실체의 범주에 속한 것[21]이라는 점이

그 질료는 각 개체에 공통적일 것이기 때문에 개체화의 원리가 될 수 없고, 각 개체마다 다른 질료라면 그 질료는 이미 형상의 작용을 받은 질료이기 때문에 개체화의 원리로 질료가 제시될 수는 없다. 이 난점을 피하기 위해 아퀴나스는 개체화의 원리로 지정된 질료(materia signata — 토마스 아퀴나스의 이론)를 내세웠는데, 저마다 그것을 특정한 규모의 지정된 질료라고 했다가, 불특정한 규모의 지정된 질료라고 주장하는 등 혼란이 있다(이재룡, 「토마스 아퀴나스의 개체화 원리」, 『제15회 한국철학자대회보』, 2002 참조). 스코투스는 이 두 가능성 모두에 대한 답변을 가지고 있었는데, 만약 그것이 특정한 규모의 지정된 질료라면 그것은 질료를 완전하게 하는 형상의 결과에 지나지 않은 것이고, 그것이 불특정한 규모의 지정된 질료라면 이러한 불특정한 양은 생성 소멸에 동일하게 유지되므로 예컨대 불과 물의 상호 변환의 경우 이 둘이 동일한 개체라고 하는 결과를 낳게 된다는 것이다(Scotus, *Lectura II*, q. 4, nn. 95~97, 박우석, 「스코투스의 개체화 이론」, 135~136쪽).

21 개체화하는 요인을 실체의 범주에 드는 것으로 자리매김하려는 시도는 이미 이븐 시나에게서도 발견되는 것이다. 개체화의 원리에 관한 이븐 시나의 가장 중대한 주장은 유적인 본질뿐만 아니라 개체의 본질도 존재한다는 것이었다(Avicenna, *Metafisica*, trans. O. Lizzini, Milan, Bompiani, 2002. 5. p. 207; 앤서니 케니, 『중세철학』, 김성호 옮김, 서광사, 2010, 297쪽에 인용된 이븐 시나 참조). 그는 우선 아리스토텔레스적인 개념을 사용하여 다음과 같이

다.[22] 그런데 이러한 지위를 가진 '이것임'이 과연 어떤 것인지에 대해서는 지금까지도 논란이 있다. 이 이론이 분석형이상학 영역에서 유력한 개체화의 원리로 내세우는 다발이론과는 전혀 다르다는 것은 명백하다. '이것임'이 속성과 우유들의 다발일 수는 없다. 왜냐하면 특정한 속성과 우유들의 다발을 공유하는 다른 개체가 존재할 수 있으며, 이 다발은 하위 다발로 다시 분할이 가능하기 때문이다. 개체성에 대한 스코투스의 개념은 불가분할성indivisibility과 공유불능성incommunicability에 있었기 때문에 이것임은 속성들의 다발이 될 수 없다. 다른 한편, 그라시아는 이것임이 개체 안에서 종적 본성을 개체화하는 기능을 유일한 기능으로 가지는, 때때로 형상성으로 고려되는 탈특수화된 실재로 이해하는데,[23] 이는 이것임을 개체화 원리에 관한 또 다른 유력한 이론인 전라특수자로 보는 것과 비슷한 견해이다. 그러나 박우석은 다음과 같이 보고하고 있다. "'이것임'은 흔히 왜곡되듯 개체적 본질이 아니고 오히려 버그만류

말한다: 소크라테스라는 개인이 있을 때, 소크라테스를 소크라테스로 만드는 그 소크라테스임이라는 것은 "특수한 속성과 명시적인 우연적 속성", 즉 특수한 질료의 묶음으로 규정되는 것들이다. 그러나 바로 다음 그의 고유한 주장을 하는데, 그것은 개체화라는 것은 어떤 개인 안에 있는 인간임 자체가 개체화된다는 것으로서, 유적인 본질뿐만 아니라 개체의 본질도 존재한다는 것이다. 이 두 주장을 결합하면, "소크라테스를 소크라테스로 만드는 그 소크라테스임이라는 것은 인간임이라는 유적 본질이 아니라 개체의 본질인데, 그것은 특수한 속성과 명시적인 우연적 속성이다"라는 명제가 된다. 물론 이븐 시나가 생각한 개체적 본질과 스코투스가 생각하는 '이것임'은 같지 않다.

22 이에 대한 논변은 다음을 보라. Scotus, *Lectura II*, q. 6, nn. 166~167. 박우석, 「스코투스의 개체화 이론」, 137~140쪽.

23 그라시아, 『스콜라철학에서의 개체화』, 39쪽.

의 전라특수자와 여러 가지 점에서 유사하지만, 그렇다고 해서 전라특수자와 동일시될 수 없"[24]다; "필자는 바로 그런 비교 작업을 어느 정도 진척시켜, 그라시아가 지적한 여러 가지 공통점에도 불구하고 스코투스의 이것임과 전라특수자가 몇 가지 중대한 차이점을 보인다는 것을 아울러 보고한 바 있다."[25] 그는 버그만Gustav Bergmann의 전라특수자가 속성을 갖는 개체인 데 반해 이것임은 개체화의 원리일 뿐이고, 전자는 순간적인 개체인 반면 이것임은 연속체라는 데 주목하였다고 쓰고 있다.

그렇다면 '이것임'에 대하여 스코투스는 어떤 설명을 남겼을까? 이것임은 정의할 수도 없고 인식할 수도 없는 것이기 때문에 그것에 대한 적극적인 설명을 할 수 없었으므로 스코투스는 이를 종차와 더불어 유비적으로 설명하는 방식을 취했는데, 이 과정에서 '형상적 구별'이라는 스코투스만의 어려운 개념이 등장한다. 형상적 구별이라는 개념은 들뢰즈도 중요하게 언급하므로 이에 관한 정확한 이해를 갖는 것이 중요하다.

(백색성처럼) 동일한 사물 안에 그것으로부터 (색의 지향처럼) 유적 지향이 도출될 수 있는 다양한 형상적 완벽성 또는 형상적 존재자들이 있듯이, 또한 그것으로부터 종차의 지향이 도

---

24 박우석, 『중세철학의 유혹』, 25~26쪽.
25 박우석, 「스코투스, 프레게, 그리고 버그만 : 개체화의 올바른 이해를 위한 예비적 고찰」, 『철학』, 36집, 1991 가을, 137~159쪽. Park, W. "Haecceitas and the Bare Particular", *Review of Metaphysics*, n°44, 1990, pp. 375~398.

출되는 또 다른 형상적 존재자가 있듯이… 그것으로부터 궁극적 개차個差가 도출되는 형상적으로 구별되는 존재자가 역시 있고, 그것은 그것에 대해 어떤 종류의 구분도 모순되는 완전히 하나의 '이것'이다.[26]

위의 설명에 따르면, 하나의 수적으로 단일한 존재자에게는 유적 지향이 도출되는 다양한 형상적 존재자와, 종차의 지향이 도출되는 형상적 존재자 그리고 개차가 도출되는 형상적 존재자들이 있다. 이 형상들은 수적인 단일성보다 느슨한 단일성을 가진다. 즉, 하나의 개체 안에는 형상적으로 구분되는 여러 단일한 존재자들이 있다. 반 프라센은 스코투스의 형상적 구분을 다음과 같이 현대적인 개념으로 예화한다. "예컨대 삼각형이라는 것과 삼변형이라는 것은 그 외연에서도 동일하고, 모든 논리적으로 가능한 세계에서 삼각형은 삼변형이므로 그것들은 내포에서도 동일하지만, 정의상 그것들은 구별된다. 그렇다면 그것은 바로 형상적 구별"[27]이라는 것이다. 즉 형상적 구별은 외연상의 구별도 아니고, 개념상의 구별도 아닌 구별로서, 이 인용에 따르면 그것은 정의상의 구별이다. 이 구별에 반 프라센은 외연 및 내포와 구분되는 포괄comprehension이라는 개념을 대응시킨다. 많은 학자들이 스코투스의 형상적 구분

---

26 Scotus, *Lectura II*, q. 6, n. 171.
27 Van Frassen, "Extension, Intension and Comprehension", M. Munitz (ed.), *Logic and Ontology*, New York, New York University Press, 1973, p. 113. 박우석, 「스코투스의 개체화 이론」, 147쪽에서 재인용.

을 정식화하고자 노력했는데, 그 가운데 조던이 정식화한 형상적 구별의 필요충분조건을 살펴보면서 되짚어 보기로 하자.

> 두 사물은 다음과 같을 경우 그리고 오직 그럴 경우에만 형상적으로 구별된다: (1) 그것들이 하나의 단일한(비합성적) 사물 안에서 또는 한 합성적 사물의 한 단일한 구성 요소 안에서 발견된다. (2) 그것들이 실재적으로 동일하다. (3) 그것들이 지성의 작용 이전에ante operationem intellectus 형상적으로 다르다. (3)은 다음과 같이 선택적인 방식으로 표현된다: (3a) 하나의 형상적 본성ratio은 다른 하나의 형상적 본성ratio이 아니다. (3b) 만일 그것들이 정의 가능했더라면, 하나가 다른 하나의 정의에 등장하지 않았을 것이다.[28]

이 정식화에 따라 수적으로 하나인 개체에 대해 말해 보자면 이러하다. 한 개체 안에는 종적 본성과 그 개체를 하나의 개체로 만드는 '이것임'이라는 개차가 있다. 그런데 이 종적 본성과 이것임은 실재적으로는 동일하고 형상적으로 구별된다. 그러나 그렇다고 해서 이 형상적 구별이 지성의 구별, 현대적인 언어로 표현하자면 개

---

28 Michael J. Jordan, *Duns Scotus on the Formal Distinction*, State University of New Jersey [Rutgers] Ph.D. dissertation, 1978, p. 204. 박우석, 「스코투스의 개체화 이론」, 142~143쪽에서 재인용. 형상적 구별의 정식화의 대상이 된 스코투스의 전거는 스코투스, 『강의록』 제1권, 구별 2, 제2부, 제4문, 275번.

8. 개체와 개체화

넘적인 구별은 아니다. 이는 위에서 인용한 반 프라센의 설명과도 일치한다. 그것은 개념적으로 구별되기 이전에 형상적으로 구별된다. 하나의 개체를 개체로 만드는 원리로 제시된 스코투스의 '이것임'은 어떤 소극적인 부정이나 결여가 아니고, 시공간상의 좌표나 양과 같은 우유도 아니며, 현존이나 질료도 아니고, 속성들과 우유들의 다발이나, 전라특수자 역시 아니다. 그것은 한 개체 안에서 종적인 본성과 '형상적으로 구별'되는 존재자로서, 정의되지 않고 분할되지 않으며 인식되지 않는 적극적인 존재자이다.

(3) 들뢰즈가 발전시킨 스코투스의 유산

'이것임' 이론의 극한 – 들뢰즈의 개체화 이론
: 존재의 일의성과 개체화의 선행성

현대의 개체화 논의가 다발이론이나 전라특수자 이론 혹은 이 두 이론으로 개체화가 제대로 설명될 수 없다고 느끼는 학자들의 대안 이론 탐구로 요약된다면, 개체화 문제에 대한 스코투스의 질문들과 논변 그리고 논증들은 현대적 논의를 훨씬 뛰어넘는 섬세함과 정교함을 보여 준다. 그러나 그 섬세함과 정교함에도 불구하고 스코투스도 더 이상 말하지 못했던 그 '이것임'을 혁신하고자 한 현대철학자가 바로 들뢰즈이다. 잘 알려져 있다시피 들뢰즈는 스코투스와 스피노자 그리고 니체를 자신의 존재의 일의성의 선배들로 내세우는데, 들뢰즈의 스피노자에 대한 독해 역시 스코투스적인 시각이 깊게 배어 있다.

우리는 스피노자에게서 속성과 질의 고전적 동일성을 재발견한다. 속성들은 영원하고 무한한 질들이다. 그리고 이러한 의미에서 속성들은 분할불가능하다. 연장은 그것이 실체적인 질 혹은 속성인 한에서 분할불가능하다. 각 속성은 질인 한 분할불가능하다. 그러나 각 속성-질은 무한한 양도 역시 가진다. 그리고 이 양은 특정한 조건하에서 분할가능하다. 하나의 속성의 무한한 양은 하나의 질료를, 그러나 오직 양태적인 질료를 형성한다. 하나의 속성은 그러므로 양태적으로 분할되고 실재적으로 분할되지는 않는다. 그것은 양태적으로 구분되는 부분들을 갖는다. 이것은 다른 속성들에 대해서와 마찬가지로 연장에 대해서도 유효하다.[29]

스피노자에게 있어서 하나의 속성이 양태적으로는 분할되나 실재적으로는 분할되지 않는다는 말은, 종적 본성과 개차가 형상적으로는 분할되나 실재적으로는 분할되지 않는다는 스코투스의 말과 공명한다. 스피노자에게 개체가 유한양태인 것을 떠올려 볼 때, 개체화에 대한 스피노자의 개념화 역시 스코투스와 스콜라철학의 연구에 영향을 받았음을 잘 알 수 있다. 그렇다면 스피노자에게서 개체화의 원리라는 것은 하나인 실체를 양태적으로 분할하여, 양태적인 질료를 형성하도록 하는 저 '특정한 조건'일 것인데, 그것을

---

29 Deleuze, *Spinoza et le problème de l'expression*, Paris, Minuit, 1968; 이진경·권순모 옮김, 『스피노자와 표현의 문제』, 인간사랑, 2002. 원서 p. 173.

들뢰즈는 강도와 정도로 본다.

> 강도 혹은 정도의 문제는 특히 13세기와 14세기에 중요한 역할
> 을 한다. ① 하나의 질은 형상적인 본성raison formelle 혹은 본질을
> 바꾸지 않으면서도 다양한 정도들에 의해서 변용될 수 있는
> 가? ② 그리고 이 변용들은 본질 자체에 속하는가, 아니면 그
> 저 현존에만 속하는가? 정도 혹은 내생적 양태mode intrinsèque 이
> 론은 특히 스코투스 철학에서 발전했다.[30]

스피노자의 양태에 대한 설명의 과정에서 등장한 강도라는 개념에
붙은 위의 주석은 13세기 당시에 스코투스가 개체화의 문제를 두
고 고민했던 것들을 들뢰즈적이면서 스피노자적으로 정돈한 것이
라 볼 수 있을 것이다. 문장 ① 하나의 질은 형상적인 본성을 바꾸
지 않고 다양한 정도들에 의해서 변용될 수 있는가라는 질문은, 보
편자의 실재성을 개체 안에 여전히 보존하면서 그것을 개체로 만
드는 이것임의 정체가 정도인가라는 질문으로 번역해 볼 수 있다.
그렇게 되면 문장 ②는 다음과 같은 두 가지 의미를 갖게 된다. 정
도 혹은 강도에 의한 변용은, 또는 정도 혹은 강도는 본질에 속하
는가, 현존에만 속하는가? 분명한 것은 스코투스가 '이것임'을 우유
가 아닌 실체의 하나로 정립하고자 했다는 점, 하나의 형상이라는
점이다. 그렇다면 이 질문은 강도가 본질적 형상이냐, 지금-여기의

---

30   Deleuze, *Spinoza et le problème de l'expression*, p. 173, n°2.

현존에만 존재하는 형상이냐 하는 질문이라고 볼 수 있다. 만약 형상이라는 것을 영원불변하는 것으로 이해하는 한, 지금-여기의 현존에만 존재하는 형상이라는 표현은 어불성설일 것이다. 거꾸로, 만약 지금-여기의 현존에만 존재하는 것은 영원불변이 아니기 때문에 형상이 아니라고 한다면, 강도라는 '이것임'은 스코투스가 말하고자 하는 그 개체화하는 형상이 될 수 없다. 왜냐하면 스코투스는 '이것임'을 형상이라는 적극적인 존재자로 생각했기 때문이다. 이 모순을 해결하기 위해서는 개체화하는 형상인 '이것임', 즉 강도는 영원불변하지 않는 형상, 즉 운동하는 형상이라고 해야만 할 것이다.

강도가 운동하는 형상이라는 것은 무엇을 의미하는 것일까? 첫째, 강도가 형상이라는 점에서, 스코투스의 개체화 이론은 아퀴나스의 개체화 이론과는 달리, 형이상학적으로 존재의 유비가 아니라 존재의 일의성을 함축하는 이론이 된다. 아리스토텔레스에게서 질료가 개체화의 원리가 되는 데서 겪는 모순과 어려움을 극복하기 위해 아퀴나스가 제시하는 방법은 개체화의 원리로 '표시된 질료'materia signata[31]를 내세우는 일이었다. 다시 말해서 아퀴나스는 개체에게 고유한 형상을 인정하지 않으며, 형상이라는 것은 오로지 보편적인 형상만이 존재한다고 주장한 것이다. 이러한 사유

---

31 "표시된 질료로써 아퀴나스는 '규정된 규모 아래에서 고찰되는 질료'(dico materiam signatam quae sub determinatis dimensionibus consider-atur)를 의도하고 있다고 설명한다." 이재룡, 「토마스 아퀴나스의 개체화 원리」, 119쪽 참조.

는 개체적 본질을 질료로 봄으로써, 보편과 개체를 분리시키는 사유이며, 존재의 다의성과 유비를 전제로 하는 사유이다. 그러나 스코투스는 개체화하는 적극적인 존재자가 있어야 한다는 점을 논증하고, 개차와 종차가 한 개체 안에서 형상적으로 구분된다고 말함으로써, 개체적 형상을 주장한 것이다. 케니는 당시 두 사람의 대립을 다음과 같이 정리한다. "아퀴나스는 인간을 포함하여 모든 물질적 실체는 오직 하나의 실체적 형상만을 지닌다고 주장하였지만 스코투스는 이를 부정한다. 그리고 이를 부정함으로써 그는 단번에 중세 스콜라 철학자들 대다수를 자신의 편에 서게 만들었다."[32] 이렇게 하여 스코투스의 개체화 이론은 들뢰즈에게 존재의 일의성과 관련한 철학적 계보의 첫 번째 계기로 받아들여진다.

둘째, 변화하는 형상이라는 개념이 성립해야 한다는 점은, 들뢰즈가 차이를 '비본질적인 것'과 연결시키는 것을 논리적으로 필연적이 되도록 한다. "이념은 결코 본질이 아니다. 이념의 대상으로서 문제는 정리적인 본질 쪽에 있다기보다는 오히려 사건, 변용, 우연들 쪽에 있다. … 그러므로 이념의 영역은 비본질적인 것이다."[33] 그렇게 되면 형상들은 사건이 되고, 유-종-개체의 발생순서는 완벽히 뒤바뀐다. 불변하는 형상이 종별화되고 개체화되는 것이 아니라, 있는 것은 사건으로서의 비본질적인 이념들, 강도들이요, 이로부터 개체가, 그 이후에 종이, 그리고 유가 발생하는 것—

---

32 케니, 『중세철학』, 315쪽.
33 들뢰즈, 『차이와 반복』, 김상환 옮김, 민음사, 2004, 408쪽.

혹은 개념화되는 것이다. 윌리엄스는 이념이 본질에 따라 정의될 수 없는 이유는 "그 정의에 따를 경우 이념들이 서로 단절될 것이고 막-주름운동 안에서의 이념들의 필연적인 연결이 부정될 것이기 때문"[34]이라고 정리한다. 개체와 개체화의 원리 문제와 관련된 논의를 발전시키다가 들뢰즈가 결국 개체를 '사건'에 연결시키게 되는 것 역시 스콜라 철학자들이 매달린 개체화의 문제를 치열하게 발전시킨 결과라고도 볼 수 있다.

'사건'으로서의 개체의 개념화를 가능하게 한 중세적 배경

러셀Bertrand Russell은 중세철학을 개관하는 자리에서, 중세철학의 가장 중요한 문제들 가운데 하나인 '개체화의 원리'의 문제를 현대적 어법으로 진술하려면 여러 단계를 밟아야 하는데 그 첫째는 라이프니츠가 밟은 단계로서, 본질적 속성과 우연적 속성의 구분을 제거하는 것이고, 둘째는 실체 개념을 제거하는 것이라고 말한 바 있다.[35] 실체 개념을 제거하고 나면 '사물'은 성질들의 다발이 될 수밖에 없는데, 그 까닭은 순수한 '사물다움'의 핵이 더는 존재하지 않기 때문이다. 이때 러셀은 중요한 지적을 한다. 즉, '실체'를 제거해 버리면 우리가 받아들일 관점은 아퀴나스보다는 스코투스의 관점과 더욱 가깝다는 결론이 도출된다는 것이다.[36] 이 사실은 이미 앞서 우리가 개체적 형상을 인정할 때 받아들여야 하는 결과로 검토

---

34 윌리엄스, 『들뢰즈의 차이와 반복, 해설과 비판』, 286쪽.
35 러셀, 『서양철학사』, 서상복 옮김, 을유문화사, 2009, 610~611쪽.
36 같은 책, 610~611쪽.

한 바 있다. 러셀은 이어서 이렇게 덧붙인다.

> [본질적 속성과 우연적 속성이라는] 구분은 스콜라 철학자들이
> 아리스토텔레스에게서 이어받은 여러 가지 구분과 마찬가지
> 로 우리가 주의 깊게 진술하려 시도하면 곧 비현실적인 가공
> 의 구분에 지나지 않는다는 사실이 드러난다. 따라서 우리는
> '본질' 대신 '해당 사물에 대해 참이라고 말할 수 있는 모든 명
> 제'를 사용한다(그러나 일반적으로 공간상의 위치는 여전히 배제
> 하겠다).[37]

개체의 우연이 개체의 본질이 되어 버리는 역설은, 본질과 우연의
구분이 비현실적인 구분이라는 것을 인정할 때에만 해소되며, 그
결과 개체를 개념화하는 데 있어 본질과 우연 개념을 배제하게 되
면, 개체는 그 개체에 대하여 참이라고 말할 수 있는 모든 명제로
새롭게 개념화될 수 있다는 것이다. 스콜라 철학자들의 면밀한 검
토를 밀고 나가서 논리적인 모순과 역설을 낳는 고전적인 개념과
그 구분을 폐기한다면, 우리는 이 결과에 걸맞은 새로운 개념을 창
조해야 하는 상황에 직면하게 된다. 들뢰즈가 철학의 임무를 개념
의 창조라고 말했던 것처럼 말이다. 그 결과 러셀은 개체를 그 사
물에 대해 참인 명제들의 집합이라고 말했지만, 우리는 들뢰즈의
존재론에 적합하게 그것을 사건들이라고 부를 수 있게 된다.

---

37 같은 책, 610쪽.

중세철학을 개관하는 케니의 설명을 들어 보면 우리의 개념화가 합당하다는 것을 확인할 수 있다. 개체의 본질이라는 것을 인정한다면, 그리고 러셀의 말처럼 개체를 그 개체에 대하여 참인 모든 명제들이라고 한다면, 아브라함의 본질은 그가 칼데아의 우르에서 신에 의해 이끌려 나왔고, 신의 명령에 따라 아들을 제물로 바쳤다는 등의 사실에 의해서만 확인된다. 물론 아브라함의 본질은 (개체의 본질을 인정한다면) 그가 현존하기 이전에도 있었기 때문에, 그의 본질은 이런 사실들의 현실성에 의해서가 아니라 오직 이들의 가능성에 의해서 개체화된다. 즉 아브라함은 "아브라함에 대하여 실제로 참인 모든 사실들에 의해 확인될 수 있다".[38] 그러나 아브라함이라는 개념이 생각되기 이전에는 바로 그가 아들을 제물로 바치리라는 가능성은 존재하지 않으며 '오직 누군가가 방주를 지으리라는 가능성만 존재한다'. 케니는 논의가 이렇게 전개되어 가는 것을 다음과 같이 설명한다; 아리스토텔레스를 따른 중세의 철학자들은 플라톤에 반대하여 개체화가 없이는 현실화가 없다는 주장에 충실했으나, 그 결과 또 하나의 고전철학의 원리인 '현실화 없이는 개체화도 없다'를 받아들이지 않게 되었다.[39] 즉, 가능하지만 현존하지 않는 개체의 본질이 성립하게 된다.

개체화의 원리라는 문제의 틀 속에서 제기되는 질문 가운데 가장 흥미진진한 질문일 것으로 보이는 이 '현존하지 않는 개체

---

38 케니, 『중세철학』, 299쪽.
39 같은 책, 299~300쪽.

의 본질'이라는 개념 때문에 케니는 "개체의 본질이라는 가정은… 철학적 혼동의 근원"[40]이라고까지 말하지만, 우리에게는 오히려 단비처럼 반가운 개념화가 아닐 수 없다. 사람들은 종종 오랫동안 써온 잘 규정된 개념들이 서로 모순적으로 종합되는 경우, 이를 철학적으로 무의미한 개념화라고 비하하는 경향이 있는데, 철학사적인 배경과 그 고민의 진지함을 고려한다면, 이는 오히려 개념을 혁신해야 할 문제이지 무의미한 개념이라고 배척할 문제가 아니라는 것을 알 수 있다. 또한 케니는 이것을 다음과 같이도 표현하는데, 이 역시 들뢰즈 존재론에 좋은 근거가 된다. "여기서 미리 존재했던 본질을 잠재성으로 그것의 현실성은 현존으로 여길 수 있을 듯하다. … 그렇다면 현존은 본질에 더해진 우연적 속성이라 할 수 있으며 이븐 시나도 자주 이렇게 말한 듯 보인다."[41]

---

40 같은 책, 299쪽.
41 같은 책, 298쪽. 케니의 주석—"최소한 중세 라틴 세계에서 자주 그는 이렇게 이해되었다."
    스코투스는 이 부분에서 자신이 말하는 잠재성을 객관적인 잠재성으로, 아리스토텔레스의 잠재성을 주관적인 잠재성으로 구분하여 제시한다. 이는 들뢰즈가 자신의 잠재성(virtuality)을 아리스토텔레스의 잠재성(potentiality)과 구분한 것과 대응된다고 볼 수 있다. 스코투스는 우연성에 대해 전적으로 새로운 개념을 도입하였다고 알려져 있는데, 그가 도입한 우연성이란 물리적 자연 세계가 동일하게 유지되는 동안에도 가능한 무언가로서, 내가 앉아 있는 지금 이 순간에도 나는 본성적으로 일어서려는 또 다른 순간이 성립할 수 있는 그러한 가능성을 의미한다. 이 두 가능성은 서로 양립 가능할 필요가 없다. 케니는 "스코투스가 말하는 본성의 순간은 현대철학에서 통용되는 가능 세계 개념의 진정한 원형"(같은 책, 311쪽)이라고 말한다. 이 동시적 우연성은 잠재성이라는 개념으로 다시 설명될 수 있다. 이 틀 속에서 스코투스는 현존하지 않는 대상들도 현존할 잠재성을 지닐 수 있다고 생각하는데, 여기에서 자신이 말하는 잠재성을 객관적 잠재성으로, 아리스토텔레스가 말하는 잠재성을 주관적이로써 개체화의 문제에 대한 들뢰즈의 가장 중요한 테제가 도출된다. "무엇보다 먼저 보여 주어야 하는 것은 개체화의 선행성이다."[42] 개체화는 종별화에 우선한다. 이 테제는 『차이와 반복』에서 몇 차례 다시 강조된다.

시몽동과 더불어 스코투스의 문제를 혁신하다

이러한 개념적 혁신은 스스로도 언급하듯이, 시몽동의 영향이 크다. 들뢰즈는 시몽동의 작업을 개관하는 자리에서 "철학자는 과학에 있어서 현대적인 것으로부터 그의 영감을 취할 수 있다. 그러나 그럼에도 불구하고 철학자는 그 현대적인 것을 개관함으로써 위대한 고전적 문제들에 다시 조우하게 된다"[43]고 말한 바 있다. 다시 말해서, 들뢰즈가 스코투스의 개체화 문제를 다시 조우하고, 그것을 다시 다룰 수 있도록 영감을 준 것은 시몽동의 생물학적 작업이었다. 시몽동에 따르면 개체화의 과정은 완결되지 않으며, 존재는 전前개체적인 것과 개체적인 것의 혼합이자 그 운동 과정이다. "최근에 질베르 시몽동이 언급했던 것처럼,[44] 개체화는 무엇보다 먼저

잠재성으로 칭한다. 왜냐하면 자신이 말하는 잠재성이란 하나의 능력이 그 목적으로 삼는 목적지인 반면, 아리스토텔레스가 말하는 잠재성이란 어떤 능력이 자신에게 부여받은 바의 바로 그것[그 능력이 가지고 있는 바로서의 잠재성]이기 때문이다. 같은 책, 311쪽.

42 들뢰즈, 『차이와 반복』, 108쪽.

43 들뢰즈, 「시몽동의 『개체와 그 물리-생물학적 발생』에 대한 개관」, *Pli*, Vol. 12, 2001, 49.

44 Gilbert Simondon, *L'individu et sa genèse physico-biologique*, Paris, PUF, 1964.

어떤 준안정적인 상태, 다시 말해서 어떤 '불균등화'의 현존을 가정한다. 이는 적어도 두 개 이상이고 서로 다질적인 크기상의 질서나 실재상의 위계들이 있어야 한다는 것과 같다."[45] 불균등성 자체, 준안정적인 상태가 바로 개체화 과정이다. 이러한 "개체는 어떤 전-개체적인 반쪽에 묶여 있"[46]다. 이제 이 복잡한 개념화를 다룰 차례이다. 우선 들뢰즈가 강도를 개체화와 관련시켜 설명하는 부분을 보자.

> 이념이 **얼마만큼?**과 **어떻게?**의 물음들에 응답했다면 그와 마찬가지로 **누가?**의 물음에 대해 응답하는 것은 개체화이다. 누구냐고? 그것은 언제나 어떤 강도이다. … 개체화는 강도의 활동이다. 이 활동을 통해 미분비들은 현실화되도록 규정되는데, 그것은 강도에 의해 창조된 질과 연장 안에서 어떤 분화의 선들을 따라 현실화되도록 규정된다.[47]

부연한다면 강도는 "이념 안에서 무분별한 채 남아 있는 어떤 미분비를 어떤 판명한 질과 어떤 구별된 연장 안에서 구현되도록 규정한다".[48] 이는 강도가 차이의 이념적 종합이라는 잠재적인 것과, 감성적인 것의 비대칭적 종합이 다루는 현실적인 것을 이어 준다는

---

45 들뢰즈, 『차이와 반복』, 524쪽.
46 같은 책, 524쪽.
47 같은 책, 525쪽.
48 같은 책, 523쪽.

것을 설명한 것이다. 차이의 이념이 미분비와 연관되는 것은 지금까지 다루어 온 바와 같이 개체가 사건-비본질적인 것으로 규정되는 것과 같은 맥락이다. 들뢰즈가 미분비를 차이의 이념과 연결시키는 이유는 그것이 모순과는 달리 무한히 작은 쪽에서, 다시 말해서 비본질적인 쪽에서 본질을 찾기 때문이다. 이는 그가 라이프니츠의 무한소와 극한을 다루면서 자기 것으로 만들어 나간 부분이다. "그러나 이미… 본질들 자체가 비본질적인 것 안에서 구성되는 과정이 예비, 규정되고 있다. 여기서 비본질적이라는 것은 중요하지 않다는 의미가 아니다. 비본질적인 것은 오히려 가장 심층적인 것, 보편적인 질료나 연속체를 가리키며, 궁극적으로는 본질들 자체를 형성하고 있는 어떤 것을 가리킨다."[49] 요컨대 "dx는 이념이다—플라톤적인 이데아, 라이프니츠적이거나 칸트적인 이념, 다시 말해서 '문제'이자 그 문제의 존재인 것이다".[50] 많은 논평가들이 개체화에 관련되는 이 이념과 강도가 모두 근본적으로 경험을 발생시키지만 경험되지 않는 것으로 제시되는 것을 불만스러워한다. 윌리엄스 역시 이렇게 말한다. "강도와 이념이 동일화될 수 없거나 현실적인 것으로 나타날 수 없다고 말하는 한, 들뢰즈는 이 용어들에 대한 신비적이고 역설적인 이해로 빠질 위험에 처한다."[51] 하지만 동일화될 수 없는 것을 동일화하는 실수를 범하거나, 동일화될 수 없는 것을 아예 존재의 목록에서 빼 버리는 실수를 하지 않으려

---

49 같은 책, 126쪽.
50 같은 책, 375쪽.
51 윌리엄스, 『들뢰즈의 차이와 반복, 해설과 비판』, 358쪽.

면, 동일화될 수 없는 것을 동일화될 수 없는 것으로 놔두면서 개념을 혁신해야 하지 않을까? 들뢰즈는 적어도 '이것임'이라는 지시사적 지칭 이외에 달리 더 해명할 길이 없었던 개체화의 원리를 더욱 미묘하게 설명하는 데 성공한 것 같다.

> 따라서 나le je는 마지막에 이르러 어떠한 차이들도 지니지 않는 심리적 삶의 보편적 형상으로 나타나고, 또 자아le moi는 이런 형상의 보편적 질료로 나타난다.[52]

개체화하는 과정은 사유하는 주체의 동일성과 자아라는 유사성이 설명하지 못하는 사유의 개별성을 설명한다. 주체나 자아가 아니라 개체를 해명하고 사유한다는 것의 이로움은 사유의 다양성과 개별성을 설명할 수 있다는 데서 그치지 않는다. 개체에 대한 해명의 말미에 들뢰즈가 덧붙이는 타인autrui에 대한 언급은 주체철학이 대면하는 타자와의 관계의 어려움을 해결할 수 있는 가능성을 시사한다. "기존 이론들의 오류는 정확히 타인이 대상의 신분으로 환원되는 한 극단과, 타인이 주체의 신분으로 상승하는 다른 한 극단 사이에서 끊임없이 동요한다는 데 있다."[53] 주체철학적 틀 속에서 타자는 주체의 대상으로 전락하거나, 주체인 나를 대상으로 전락시키는 존재로 드러난다. 그러나 주체와 자아가 아니라 개체로

---

52 들뢰즈, 『차이와 반복』, 544쪽.
53 같은 책, 549쪽.

존재를 이해한다면, "타인은 그 어떤 사람이 아니라—두 체계 안에서 성립하는—타자에 대한 자아이자 자아에 대한 타자이다. … 타인은 어떤 가능한 세계의 표현에 해당한다".[54] 실천의 측면에서 주체와 타자의 관계가 자유와 구속의 문제로 대두된다면, 개체화의 과정 중에 있는 존재자들의 관계는 서로가 서로를 표현하는 관계가 된다. 나와 타인의 관계는 서로가 서로의 가능한 세계라는 관계를 갖는 것이다. 이로부터 생각할 수 있는 윤리적인 문제는 무엇일까? 분명한 것은 진정한 사유가 개체로부터, 사건으로부터 시작하는 것처럼, 우리의 근본적인 윤리적인 문제라는 것 역시 개체로부터, 바로 그 사건으로부터 시작되리라는 점이다.

---

54 같은 책, 549, 551쪽.

9. 물질과 정신의 문제

가. 사유와 연장

보통은 심신 문제라고 불리고 이 문제는 단어를 풀면 몸body과 마음mind의 문제인데, 이것은 두 존재의 대립을 인간이라는 종으로 제한하여 이르는 말이다. 그러니까 문제를 인간에게 국한하지 않는다면 이 문제는 물질과 정신의 문제이며, 잘 알려져 있다시피 이 문제에 대해서는 유물론과 관념론이라는 두 대립하는 입장이 버티고 있다. 이는 부수현상론이나 심신평행론으로도 부를 수 있다. 유물론이란 간단히 말하면 물질이 존재의 기초라고 생각하는 이론으로 정신이란 물질의 부수현상일 뿐이라고 보는 입장이고, 관념론은 확실한 것은 관념이며 관념 너머의 대상/실재는 확신할 수 없다고 보는 입장이다. 관념론자가 관념 너머의 실재를 알 수는 없지만 있기는 하다고 본다면 그는 이원론자이며, 앞서의 유물론적 입장은 일원론이라고도 말할 수 있다. 양쪽 어느 입장이든 똑같이 전제하는 것은 물질과 정신이 서로 환원불가능한 존재이거나 속성이라고 본다는 점이며, 두 입장 모두 어찌 되었든 두 존재를 설명을 하기는 하지만 물질에서 정신이라는 현상이 어떻게 발생하는지, 정신에서 물질로의 일치하는 전환이 어떻게 이루어지는지는 설명하지 못한다는 문제가 있다.

사실 몸과 마음은 의식하지 못할 정도로 정확히 조응하기 때문에 심신 문제가 정확히 무엇인지 잘 모르는 경우도 많다. 사유의 질서와 물질의 질서는 매우 다르기 때문에, 마음이나 사유의 질서를 연구하는 학문과 물질의 질서를 연구하는 학문이 따로 존재한다. 문학, 심리학과 같은 학문은 사유와 마음을 다루고, 물리학, 화학, 생물학 등은 사물의 물리적 관계, 화학적 관계, 생명체의 작동 메커니즘 등을 다룬다. 게다가 생각과 물질은 가장 대표적으로 질서가 달라서, 생각은 생각을 불러일으키고, 운동은 운동으로만 이어진다. 하늘을 나는 비행기를 보면서 내가 "저 비행기가 멈췄으면…" 혹은 "비행기야 멈춰라!"라는 생각을 한다고 해서, 내 생각이 비행기의 운동에 영향을 미치지 못한다는 것은 명백한 사실인 것이다. 그런데 신기하게도 인간은 생각을 정확히 행동으로 옮기고, 행동에 정확히 조응하는 생각을 한다. 모든 학문의 분과들은 실제로는 하나의 존재에 종합되어 있다. 실제로 인간이라는 존재는 그 마음이 우울하거나 즐겁고, 그런 부분에 대해 글을 쓰며, 세부 장기들 덕분에 호흡을 하고, 음식을 먹고 소화를 하며 또 살을 빼려고 운동을 하고 동시에 사회생활을 하고 정치를 한다. 각기 다른 질서를 가지고 다른 법칙에 의해 움직이는 것 같은 이 모든 분할된 영역들이 한 사람에게서 서로 충돌하지 않고 자연스럽게 종합되어 있다는 것은 여간 신기한 일이 아니다. 우리는 이에 대해서 베르그손을 따라 분할은 인위적이고 종합이 본래적인 상태라고 말할 수도 있다.

> 그러나 우리가 우리의 원본적 직관의 통일성unité을 이처럼 분할했다는 바로 그런 이유로 인해 우리는 분리된 항들 사이에 유대관계를 세워야만 한다고 느끼게 되는데, 그것은 외적으로 덧붙여진 것 이상이 될 수 없을 것이다. 우리는 내적인 연속성으로부터 생겨나는 생명적 통일성을 인위적 통일성으로 대치하는데, 이것은 항들을 통일시키지만 항들처럼 부동적이고 비어 있는 틀이다. (305~306)

고중세에 사람들은 인간이라는 존재가 신과 천사 그리고 동식물, 광물 등 위계적인 존재의 질서에서, 정신과 물질을 동시에 가지고 있는 유일한 존재라고 생각했다. 물론 철학자들에 따라서는, 이를테면 아리스토텔레스는 『영혼에 대하여』*De Anima*에서 식물의 영혼, 동물의 영혼, 인간의 영혼을 다루면서 식물은 생식과 성장이라는 영혼을, 동물은 여기에 운동 능력이 추가된 영혼을, 인간은 여기에 이성이 추가된 영혼을 가지고 있다고도 보았고, 라이프니츠 같은 경우에는 신으로부터 돌멩이나 공기에 이르기까지 그 영혼이 무한대에서 0으로 점진적으로 수렴하듯이 분배되어 있다고 말하기도 하였다. x축이 0점으로부터 신, 동물, 식물, 광물 등의 분포이고, y축

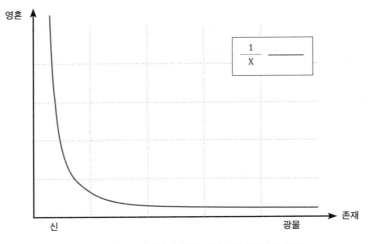

그림 21. 라이프니츠가 생각한 신, 동물, 식물, 광물의 영혼의 수준

이 영혼의 수준이라고 할 때 라이프니츠가 생각한 영혼은 $y=1/x$처럼 그려 볼 수 있다.

　　요즘에는 많은 사람들이 강아지와 고양이가 사람 못지않은 가족이고 침팬지와 코끼리에게서도 따뜻한 마음이 있다고 생각하는데, 어쩌면 위와 같은 라이프니츠의 아이디어가 그 어떤 아이디어보다 훨씬 더 현대적이라고 말할 수도 있어 보인다. 같은 시대였지만 데카르트는 인간만이 정신과 물질을 동시에 가지고 있다는 입장을 가지고 있었고, 이 생각이 근대의 지배적인 생각이었다. 데카르트는 물질의 주요한 속성을 공간에 펼쳐져 있음으로 보아 이를 연장l'étendu이라 부르고, 마음의 주요 속성을 생각함으로 보아 이를 사유la pensée라 불렀다. 생각이라는 것은 결코 공간에 펼쳐지지 않으므로 두 존재에 교집합은 없다. 교집합이 없는 두 존재가 어떻게 인간에게 갈등 없이 공존할까? 데카르트가 제시한 송과선은 좀 궁색했다. 오늘날까지 의미 있게 견지되는 심신 문제에 대한 이론은 부수현상론과 평행이론 정도라고 평가된다. 우리는 앞서 베르그손이 그 시대의 과학적 성과들을 도입하여 기억에서 몸과 정신이 어떻게 접하는지 살펴보았다. 물질과 정신의 문제는 물질의 양과 정신의 질이 어떤 관계에 있는가와 같은 잇따른 문제를 제기한다. 베르그손을 따라 생각한다면 연장과 사유를 접근시키는 문제, 양과 질을 접근시키는 문제는 어떻게 설명될 수 있을까?

나. 양과 질

양과 질은 연장과 사유만큼이나 환원불가능해 보인다. 아리스토텔레스와 칸트도 양과 질을 범주로 포함시킨 만큼 양과 질은 서로 넘나들지 못하는 것 같다. 헤겔의 경우는 양과 질 사이에 변증법을 도입하여 양적 변화가 어떤 역치를 넘어서면 질적인 변화를 초래한다고 설명함으로써 양과 질의 통약불가능성을 극복하는 한 예를 보여 주기도 했다. 『물질과 기억』이 출판되던 1896년은 19세기가 저물어 갈 즈음으로 이 책에서 베르그손이 설명한 양과 질의 문제에는 당시의 물리학적 성과가 반영되어 있을 것이다. 톰슨과 패러데이에 관한 베르그손의 설명을 들어 보자.

　　물질의 구성 안으로 가장 깊게 파고 들어간 19세기의 두 물리학자인 톰슨과 패러데이도, 비록 아주 다른 관점의 입장이라 하더라도, 바로 이 결론에 필연적으로 도달했음에 틀림없다. 패러데이에게 원자는 하나의 '힘들의 중심'이다. 이 말이 의미한 것은 원자들의 개별성이란 공간을 통해 방사되는 무한한 역선들이 교차하는 수학적인 점으로 이루어진다는 것이다. 이렇게 해서 각 원자는 그의 표현을 빌리면, '중력이 전개되는 공간 전체'를 점유하며, '모든 원자들은 상호침투한다'.[1] 톰슨은 전적으로 다른 종류의 관념들을 가지고, 완벽하고 연속적이며 동질적이고 압축불가능한 어떤 유체를 가정하고 그것이 공간을 채우고 있을지 모른다고 가정한다. 우리가 원자라고 부르는 것은 이 연속성 속에서 소용돌이운동을 하면서 자신의 속성들을 자신의 형태와 존재에 빚지고, 따라서 자신의 개체성을 자신의 운동에 빚지고 있는 불변적인 형태의 고리일지도 모른다.[2] 그러나 양쪽 가설에서 우리는 물질의 궁극적 요소들에 접근함에 따라 우리 지각이 표면에 세워 놓은 불연속성이 사라지는 것을 본다. 심리학적 분석은 우리에게 이미 이 불연속성이 우리의 욕구에 관련되어 있다는 것을 드러내 주었다.

---

1   패러데이, 「전기전도에 관한 사색」(A speculation concerning electric conduction), *Philosophical magazine*, 3e série, vol. XXIV.

2   톰슨, 「소용돌이 원자들에 관하여」(On vortex atoms), *Proceedings of the Royal Society of Edinburgh*, Vol. VI, 1867. 같은 가설 발표—그레이엄(Thomas Graham), 「기체의 분자적 운동성에 관하여」(On the molecular mobility of gases), *Philosophical Transactions of the Royal Society of London*, Vol. 153, 1863, p. 621 et suiv.

모든 자연철학이 마침내 불연속성이 물질의 일반적인 속성들과 양립할 수 없다는 것을 알게 된 것이다. (335~337)

베르그손이 두 사람의 물리학적 성과에서 주목한 것은 "모든 자연철학이 마침내 불연속성이 물질의 일반적인 속성들과 양립할 수 없다는 것을 알게 된 것이다". 인간의 지각이 받아들이는 사물의 모든 분할된 속성들이 인위적이라는 자신의 주장이 자연과학에서도 확인되었다고 본 것이다. 물리학적 용어로 말하자면 그것은 돌턴에 의해 가정된 원자의 분할불가능성, 즉 이 세상에는 더 이상 쪼갤 수 없는 최초의 것이 있다는 생각이 무너졌다는 것과 같다. 물론 돌턴(1766~1844)의 원자 가설은 1898년 방사성 원소인 토륨과 우라늄이 붕괴하여 다른 원소로 바뀐다는 것을 알아낸 러더퍼드(1871~1937)가 1902년에 발표한 「방사선의 원인과 본질」로 흔들리게 되지만 그 성과는 이미 마련되고 있었다. 19세기 초중반에 걸쳐 전기와 자기 그리고 빛의 이론이 통합되는데, 그 과정에서 패러데이(1791~1867)는 지금은 폐기된 개념인 에테르로 가득 찬 공간에 힘의 선들 또는 튜브들이 있으며 이것들은 반대의 전하를 연결시켜 장field을 형성한다는 가설을 세웠다. 원자는 무한한 힘의 선들이 교차하는 수학적인 점이며, 그리하여 "모든 원자는 상호침투한다"는 주장이 특히 베르그손의 흥미를 끈 것 같다. 잘 알려져 있다시피 패러데이를 뒤이은 맥스웰(1831~1879)은 이러한 장이론을 완성한다. 아인슈타인은 맥스웰을 두고 다음과 같이 평했다고 한다. "맥스웰 이전에 사람들은 물리적 실재를 물질의 점으로 생각했다. 그 변화는 운동만으로 구성되어 상미분 방정식을 따르는 것이었다. 맥스웰 이후로 사람들은 물리적 실재가 연속적인 장으로 나타난다고 생각했는데, 이것은 역학적으로 설명할 수 없고 편미분 방정식을 따른다. 실재의 개념에 관한 이러한 변화는 뉴턴 이후 물리학의 가장 심대하고 가장 풍성한 수확이다. 물리학은 맥스웰 이전과 이후로 나뉜다. 그와 더불어 과학의 한 시대가 끝나고 또 한 시대가 시작되었다." 이는 장이론이 물리학과 물리학이 다루는 대상 개념에 어떤 변화를 가져왔는지를 잘 보여 준다. 물리학의 대상이 점(혹은 원자atom)이라면 변화는 그 점의 이동으로 모두 충분히 설명될 것이다. 하지만 그 대상이 더 이상 점이 아니라 연속적인 장이라면, 다르게 표현하여 이를테면 힘의 선들과 그 선들이 교차하는 지점이라면 변화란 위치의 이동 그 이상이어야 할 것이다. 아인슈타인의 표현으로는 "역학적으로는 설명할 수 없고, [독립변수가 둘 이상인] 편미분 방정식"이 필요하다. 물리적 실재에 대한 관념의 이러한 변화는 감히 과학의 한 시대를 마감하고 다른 시대를 시작하는 정도의 혁명적인 변화라 할 수 있을 것이다. 물리학에서의 이러한 성과를 소화하는 철학 역시 당연히 대상 개념에 대한 변경이 필요하다. 그리고 어쩌면 바로 이 지점으로부터 상식과 철학이 분기하기 시작한 것인지도 모르겠다. 상식적인 세계는 적어도 일정 시간 동안 변하지 않는 것처럼 보이는 대상들과 언어를 필요로 하고, 그렇다고 전제하면서 살아간다. 대상이 무수한 힘의 선들이고 우리가 지각하는 안정적으로 보이는 것이 사실 무수한 선들의 교차점이며, 변수가 여럿이라 그 변화를 계산하는 것이 단지 통계적일 수밖에 없다는 것을 받아들인다면, 우리 삶의 매 순간이 얼마나 복잡하고 혼란스러울 것인가. 어쩌면 AI의 기술이 삶의 곳곳에 적용되고 그 것을 자연스럽게 받아들이고 있는 오늘날에야 비로소, 다양한 변수들에 의해 그 분포가 통계적으로밖에 설명되지 않는 대상 개념을 우리가 드디어 받아들일 수 있게 된 것이 아닌가 싶다. 이렇게, 패러데이와 맥스웰의 장 개념이 과학의 한 시대를 마감하는 그 지점은 바로 아래와 같은 대상 개념을 마감하는 지점이다.

> 사물을 [우리가] 접촉할 수 있을 정확한 지점에 그것의 자리를 고정하는 것이 우리에게 유용하기 때문에, 사물의 촉지할 수 있는palpable 윤곽은 우리에게 그것의 실제적 한계가 된다. … 물질의 이론은 바로 우리의 욕구에 전적으로 상대적인 이 일상적인 이미지들 아래서 실재를 재발견하려 하기 때문에, 그것이 우선적으로 벗어나야 하는 것은 이 이미지들이다. (334~335)

이것은 촉지적 윤곽으로 사물의 한계를 그리고, 그 한계선을 따라 그려진 대상의 모습을 실재라고 받아들였던 기존 형이상학의 시대가 저물고 있다는 것을 웅변하는 문장에 다름 아니다. 물론 이와 같은 고전적인 형이상학이 우리의 지각이 관찰하는 대상을 그 자체로 실재라고는 생각하지 않았다. 우리가 잘 알고 있는 이데아가 바로 그 실재이고, 우리가 감각하는 모습은 그 실재의 모방이라는 것이었다. 인간의 이데아, 용기의 이데아, 아름다움의 이데아… 감각가능한 세계le sensible를 초월해 있는 이러한 이데아의 세계l'intelligible

를 더 이상 고려하지 않는다고 해도, 칸트의 시대까지는 또는 뉴턴 역학이 완성된 즈음까지는 물질적 실재를 여전히 이러한 촉지적 윤곽에 따라 생각하는 관습 속에 있었다고 할 수 있다. 우리의 사유를 전환시키는 것은 그러므로 한두 번의 충격적 사건 혹은 혁명으로 바로 이루어지는 것은 아닌 것 같다. 중세가 끝나면서 전개되었던 근대의 과학혁명, 종교혁명, 르네상스, 철학에서 등장한 데카르트의 코기토, 칸트의 코페르니쿠스적 전환은 각자 삶과 사유의 여러 층위에서 각기 중요한 전환을 이끌어 냈고, 이러한 전환은 그 이후로도 끊임없이 이어졌다. 아인슈타인이 말하는 과학의 한 시대를 마무리하는 맥스웰의 발견들은 앞선 그 어떤 혁명적 전환과도 비견될 수 있는 성과라 할 수 있다. 물리적 실재가 촉지적 윤곽에 따라 그려지는 커다란 덩어리가 아니라 하나의 장이라는 것, 이는 이후 양자에 의해 더 확증될 것이다.

> "그(맥스웰)는 인간이 인식하는 주도적인 물리 법칙의 거대한 확실성을 줄이려고 끊임없이 노력했다. 마치 습관적으로 무한한 것들과 신비로운 교류를 하고 있는 것 같았다." (루이스 캠벨)

자, 패러데이와 맥스웰의 이러한 성과로부터 베르그손은 양과 질의 문제를 어떻게 정리하려고 한 것일까. 다음 문단은 양과 질이 물리적 실재의 측면과 지각의 측면에서 각각 어떻게 이해될 수 있을지 설명한다.

그러나 문제는 바로 실재적 운동들이 자신들 사이에서 단지 양의 차이만을 나타내는지, 아니면 내적으로 진동하는 그리고 자신의 고유한 존재를 헤아릴 수 없는 무수한 순간들로 분절하는, 질 자체가 아닌지를 아는 일이다. … 그러나 이 운동들은 그 자체로 고려될 경우에는 지속을 점유하고 전과 후를 가정하는 불가분적인 것들이다. 이것들은 시간의 잇따르는 순간들을, 우리의 고유한 의식의 연속성과 어떤 유비 관계에 있음에 틀림없는, 변이하는variable 질質적인 끈fil de qualité으로 연결한다. 우리는 예를 들어 지각된 두 색의 환원 불가능성이 특히 우리 [의식]의 한순간에 행사되는 수조의 파동들이 응축되어 있는 짧은 지속에 기인한다고 생각할 수는 없을까? 만일 이 지속을 잡아 늘일 수 있다면, 즉 그것을 더욱 느린 리듬으로 살려낼 수 있다면, 우리는 이 리듬이 늦추어짐에 따라 색깔들이 연해지고, 아직 색이 있다 하더라도 잇따르는 인상들로 늘어지면서, 그러나 점점 더 순수한 진동들과 섞이게 되는 것을 보게 되지 않을까? 운동의 리듬이 우리 의식의 습관들과 일치하기에 충분히 느린 곳에서, 예를 들면 음계의 낮은 음들에서 일어나는 것처럼 우리는 지각된 질들 자체가 내적인 연속성에 의해서 상호 연결된, 반복되고 잇따르는 진동들로 해체되는 것을 느끼지 않는가? 보통 이런 접근을 방해하는 것은 운동을 요소든 원자이든 다른 것이든 간에 그것에 연관시키는 습관인데, 이 요소들은 운동 자체와 그것을 응축시키는 질 사이에 자신들의 고체성을 개입시킬 것이다. 우리의 일상적인 경험이 우리에게 움직이는 물체들을 보여 주듯이, 질이 최종적으로 환원되는 요소적인 운동들을 지탱하기 위해서는 적어도 미립자들이 필요한 것처럼 보인다. 그때 운동은 우리의 상상에서 단지 어떤 우연, 일련의 위치들, 관계들의 변화 이상은 못 된다. 안정적인 것으로 불안정적인 것을 대치하는 것이 우리 표상의 법칙이기 때문에, 우리에게 원자는 중요하고 중심적인 요소가 되고, 운동은 원자의 잇따르는 위치들을 연결하는 것 이상의 일을 하지는 못할 것이다. 그러나 이 견해가 가진 난점은 원자에 대해서 물질이 제기한 모든 문제들을 소생시킨다는 것만이 아니다. 그것이 가진 오류는 무엇보다도 삶의 필요에 답하는 것으로 보이는 물질의 이러한 분할에 절대적 가치를 부여한다는 것만도 아니다. 그것은 우리가 우리의 지각 속에서 우리 의식의 한 상태와 우리와 독립적인 하나의 실재를 동시에 파악하는 과정을 이해할 수 없게 만든다. … 따라서 우리가 예감하게 한 바 있듯이, 질의 객관성, 즉 질이 자신이 제공하는 것 이상으로 가지고 있는 것은, 바로 그것이, 말하자면, 자신의 유충chrysalide 안에서 행사하는 막대한 양의 운동들로 이루어질 것이다. 질은 표면에서는 펼쳐져 있고 부동적이다. 그러나 그것은 심층에서는 살아 있고, 진동振動하고 있다vibrer. (339~341)

초당 400조의 파동으로 기술되는 붉은 빛을 다시 생각해 보자. 베르그손의 주장의 핵심은 400조의 파동이라는 양적 차이가 스스로를 분절하는 붉음이라는 질이며, 마찬가지로 지각된 질도 내적 연속성에 의해 상호 연결된 진동들일 수 있다는 것이다. 빛을 지각하는 의식에 연속성이 있는 것과 마찬가지로 400조의 파동에도 이와 유비적인 관계에 있는 어떤 연속성이 질의 끈으로 엮여 있으리라는 것이다. 그래서 이 질의 끈을 잡아 늘일 수 있다면 붉음은 점점 더 연해지고 점점 더 순수한 진동들과 섞이게 되지 않을까, 마찬가지로 지각된 질 역시 점점 진동들로 해체되지 않을까. 이렇게 하면 양과 질은 더 이상 환원불가능한 범주가 아니며, 양과 질의 전환을 손쉽게 해명할 수 있다. 그런데 이렇게 되면, 물리적 실재와 그 운동은 지각하고 기억하는 정신과 동일하다는 것일까?

다. 구별은 존속하지만 결합union은 가능하다

순수 지각에 해당하는 물질성 그 자체와 지각하는 생명체가 지각에 개입시키는 기억은 구체적 지각에서 접촉한다. 그러나 아래에서 보다시피 베르그손은 물질과 정신이 본성상 다르다고 생각한다. 즉, 그는 물질과 정신이 각기 구별된 채로 실재로 존재하는 것들이라고 보는 이원론자이다. 두 실재를 구분하는 것은 통일성unité이다. 다시 말해서 물질은 분할가능하지만 정신은 분할이 불가능하다고 본다는 것이다. 그러므로 구체적 지각에서 물질과 정신의 접촉은 잠정적인 결합union일 뿐 통일unité은 아니다; 물질과 정신은 본성상 다르지만 지각에서 접촉할 수 있다. 그렇다면 이 입장이 기존의 통속적 이원론과 어떤 점에서 다르고, 어떤 점에서 진일보한 것일까? 물질과 정신이 각기 다른 실재라는 기존의 이원론은 물질과 정신이 어떻게 접촉하는지 설명하지 못했다. 송과선과 같은 인위적인 결합장치를 고안해 내는 방식 외에는 스피노자와 같은 평행론이 있었을 뿐이다. 베르그손은 물질과 정신을 모두 이미지들로 보는 방식으로, 책의 후반부로 가면서는 연결선으로 묶인 무수한 파동들로 보는 방식으로 두 실재의 연결가능성을 확보하고, 구체적 지각에서 물질의 파동과 기억의 파동이 만나는 식으로 두 실재를 접근시켰다. 이는 물론 지금까지 본대로 19세기라는 시대에 이르러서야 가능했던 해명 방식이다. 아래 문단에서 이를 확인해 보자.

의식과 물질, 영혼과 신체는 이처럼 지각 속에서 접촉하게 되었다. 그러나 이 생각은 어떤 측면에서는 모호한 채로 남아 있었다. 왜냐하면 그 경우 우리의 지각, 그리고 결과적으로 우리의 의식이 물질에 부여되는 분할가능성을 공유하는 것처럼 보였기 때문이다. 우리가 이원론적 가설에서 지각하는 주체와 지각된 대상이 부분적으로 일치한다는 것을 받아들이기 힘들어하는 이유는, 대상이 우리에게 본질상 무한히 가분적으로 나타나는 반면 우리 지각은 나누어지지 않은 통일성unité을 가진 것으로 우리가 의식하고 있기 때문이다. (365)

이 두 항들은 통일될 수 있는가? … 만일 정신의 가장 보잘것

270

없는le plus humble 역할이 사물들의 지속의 잇따르는 계기들moments 을 연결하는 것이라면, 정신은 물질과 바로 이러한 작용 속에서 접촉하고, … 물질에 대한 생명체의 더욱 커다란 독립성을 보장하는 것으로 보이는 신경계의 더욱 복잡한 조직은 이 독립성 자체를 물질적으로 상징하는 것에 지나지 않는다. 이 독립성이란 존재로 하여금 사물들의 흐름의 리듬으로부터 벗어나게 해 주고, 미래에 점점 더 깊이 영향을 행사하기 위해 과거를 더욱더 잘 보존하게 해 주는 내적인 힘, 즉 결국 우리가 이 말에 부여하는 특수한 의미에서 그것의 기억mémoire을 말한다. 이처럼, 순수한 물질matière brute과 가장 높은 반성 능력을 갖춘 정신 사이에는 기억의 모든 가능한 강도들, 또는 같은 말이되겠지만 자유의 모든 단계들이 있다. (368~370)

고유한 의미의 물질과, 가장 보잘것없는 수준이라도 자유 혹은 기억의 사이의 구별은 분명하며, 환원할 수 없는 대립이 있는 것은 아닐까? 아마도 그럴 것이다. 구별distinction은 존속하지만 결합union은 가능하다. … 통속적 이원론의 난점들은 두 항들이 구별된다는 사실에서 비롯되는 것이 아니라, 두 항들 중의 하나가 다른 것에 어떻게 접목되는지를 알 수 없다는 데서 비롯된다. 그런데 우리가 보여 주었듯이, 정신의 가장 낮은 단계 —기억 없는 정신—일지도 모르는 순수 지각은 정말로 우리가 이해하는 바와 같은 물질의 일부가 될지도 모른다. 더 멀리 나가 보자. 기억은, 물질이 전혀 예감할 수 없을, 그리고 물질이

미리 자신의 방식으로 모방하지 못할 어떤 기능처럼 개입하는 것은 아니다. 만일 물질이 과거를 기억하지 못한다면, 그것은 물질이 과거를 끊임없이 반복하기 때문이며, … 이처럼 물질의 과거는 진실로 그것의 현재 속에 주어진다. (370~371)

작업의 상당 부분을 물질과 정신을 접근시키는 데 할애했던 베르그손은 나중에는 정신을 물질로부터 분리시키는 데 몰두한다. 그는 처음부터 정신이 물질과 본성상 다르다고 생각하고 이 두 실재의 접촉을 해명하려고 했기 때문에 둘이 다르다는 증명은 할 필요를 느끼지 못했던 것 같다. 별로 길지 않은 이 단락에서 그는 정신의 본질이 물질에게는 없는 통일성, 물질로부터의 독립성, 같은 말이지만 물질의 흐름으로부터의 자유, 또는 물질의 흐름으로부터 벗어날 수 있도록 하는 내적인 힘으로서의 기억에 있다고 보았다. 정신과 구별되는 물질로서 베르그손이 굳이 형용사와 부사를 붙여 순수한 물질matière brute 혹은 고유한 의미의 물질matière proprement dite이라고 말하는 것은 아마도 복잡한 신경계와 생리작용을 가지고 있는 몸보다는 기존의 물질 개념, 즉 공간에 펼쳐진다는 의미에서의 연장으로서의 물질을 가리키려고 한 것 같다. 정신의 내적인 힘은 그 개체의 주관이기도 하다. 정신의 확장 혹은 성장이라는 항목에서 보았듯이, 정신의 내적인 힘은 처음부터 온전한 혹은 훌륭한 모습으로 누구에게나 동일하게 분배되어 있는 것은 아니다. 데카르트는 그렇게 생각했지만 말이다. 이렇게 되면 이제 인간은 선험적 주체Subjet Transcendantal로 태어나는 것이 아니라(칸트에게서처럼), 대상을 지각하고 기억하고 다시 지각하면서 서서히 그 자신의 주관성 subjectivité을 형성해 가는 존재가 된다. 아래의 짧은 문단을 보면 베르그손이 생각하는 주관성이 이처럼 서서히 형성되어 가는 것임을 잘 알 수 있다.

> 이미 말했듯이, 우리의 지각은 본래 정신 안보다는 사물들 안에, 우리 안보다는 우리 밖에 있다. … 구체적 지각에는 기억이 개입한다. 그리고 감각적 성질들의 주관성은, 처음에는 단지 기억에 불과했던 의식이 그 성질들을 하나의unique 직관 속에 수축시키기 위해 그것들을 서로의 안으로 연장한다는 사실에 기인한다.… (364~365)

물질과 정신의 구별에 대한 베르그손의 주장을 계속 따라가 보자. 그는 "순수한 물질과 가장 높은 반성 능력을 갖춘 정신 사이에는 기억의 모든 가능한 강도들, 또는 … 자유의 모든 단계들이 있다"고 했으며, "정신의 가장 낮은 수준의 역할이 사물들의 잇따르는 계기들을 연결하는 것"이라고도 말한 바 있었다. 아마도 구체적인 기억을 개입시키지 않거나 그럴 수 없는 어떤 생명체가 사물의 (파동의) 계기들을 연결하기만 한다면 그것이 바로 순수 지각일 것이며, 그때 그 생명체의 정신은 아마도 가장 낮은 수준에 있을 것이다. 아직 구체적 기억을 보존하기 시작하지도 못했고, 구체적 이미지들을 이렇게 저렇게 수축시키고 또 서로의 안으로 연장하지도 못한, 그러한 낮은 수준의 기억 말이다. 물질의 이미지들을 수축시키고 서로의 안으로 연장하는 일을 반복하다 보면 그렇게 수축되고 연장된 이미지들이 정신에 축적되고 이러한 수축과 연장이 일정한 패턴을 띨 수도 있다. 아마도 이러한 것을 주관성 혹은 내면이라고 부를 수 있을 것이다.

　　　여기에서 주목할 만한 점은 베르그손이 "순수 지각이 정신의 가장 낮은 단계일지도 모른다"는 말과 "기억은 물질이 전혀 예감할 수 없을 어떤 기능처럼 개입하는 것이 아니"라고 말했다는 점이다. 순수 지각은 "정말로… 물질의 일부가 될지도" 모르는데, 그것은 또한 "정신의 가장 낮은 단계일지도 모른다". 이런 부분들 때문에 물질과 기억에 대한 베르그손의 철학은 종종 그것이 정말 이원론인지 아니면 일원론인지 논쟁에 휩싸인다. 우리는 아주 진지하게 베르그손 본인이 펼쳐 놓은 논의 그 자체로부터, 베르그손 본인이 생각한 것과는 다르게, 물질과 정신의 일원론을 목격했다고 주장할 수 있다고 생각한다. 19세기 말에 이르면 물질은 이미 파동으로, 힘으로, 운동으로 해체되어, 공간에 펼쳐지는 윤곽으로 규정되던 물질의 정의는 무너졌다고 보아도 무방한 지점에 이르렀다. 게다가 베르그손은 물질이 분할가능하다는 통념을 그대로 받아들이는 듯 말하면서도 동시에 스스로 물질에 대한 그러한 관념 자체에 의문을 표시하면서 이렇게도 말한 바 있다. "그러나 문제는 바로 실재적 운동이… 단지 양적 차이인지, 아니면 내적으로 진동하는 그리고 자신의 고유한 존재를 헤아릴 수 없는 무수한 순간들로 분절하는 질 자체가 아닌지를 아는 것이다"라고. 후자처럼 생각한다면 물질의 실재적 운동은 그 자체로 이미 의식과 "유비관계"에 있을 것이 분명한 지속을 점유하는 '불가분적인 것'이다. 이렇게 되면 물질 역시 기억을 갖춘 생명체의 매 순간처럼, 매 순간 나눌 수 없는 그 순간만의 고유한 지속, 고유한 질의 끈으로 연결되어 있는 양적인 차이들이라고 말할 수 있다. 그렇다면 물질과 기억은 구분되기는 하지만 실재로는 하나라고 말할 수 있지 않을까? 물질과 정신이 사실상 하나라는 주장은 아주 부조리한가?

라. 들뢰즈: 생명, 유기적 생명과 비유기적 생명

들뢰즈는 존재의 일의성을 주장하는 철학자로도 잘 알려져 있는데 존재가 일의적이라는 말은 존재자들 사이에 본성상의 구분은 없다는 것을 뜻한다. 데카르트가 물질과 정신을 두 개의 실체로 규정하는 것은 이미 존재가 두 개의 본성상 다른 것들로 구별된다는 것을 말하는 것이다. 존재가 일의적이라서 본성상 구별되는 것들이 없다고 본다면, 우리가 물질과 정신이라고 부르는 것들은 자연스럽게 하나이며, 구분되는 것으로 보인다고 해도 둘 사이에는 본성상의 차이가 아니라 정도의 차이가 있을 뿐이다. 데카르트로 거슬러 올라가는 이 구분에서 핵심 속성을 연장으로 하는 물질은, 생명체의 몸과 단순하게 연장된 사물 모두 아우르는 것이지만 우리 시대는 17세기와 달리 책상 같은 단순하게 연장된 물질과 생명체의 몸을 똑같은 사물이라고 보지는 않는다. 그래서 베르그손은 정신과 본성상 구분되는 물질을 생명체의 몸과 구분하기 위해 굳이 '순수한 물질' 혹은 '고유한 의미에서의 물질'이라는 표현을 쓴 것 같다. 어쩌면 우리는 이제 세 가지 차원을 구분해야 할 것 같다. 생명체에게서 관찰되는 사유의 차원, 생명체가 가지는 몸의 차원, 생명이 없는 물질의 차원.

베르그손은 몸과 마음의 문제에 관한 연구의 초반에서는 몸과 마음을 해명하려고 노력했고, 후반에는 생명이 없는 물질과 정신의 이원론을 극복하려고 노력한다. 그러나 그에게 생명이 없는 물질은 여전히 무한분할가능하고 정신은 분할이 불가능한 통일체로 여겨져 그들의 기존 구분으로 되돌아가 자리 잡는 것 같다. 철학사가로서 들뢰즈는 『베르그손주의』의 저자이기도 하며, 앞서 다룬 베르그손에게 있어서 실재와 잠재적인 것, 그리고 현실적인 것의 차원은 그대로 들뢰즈 본인의 철학에서 중요한 차원으로 자리 잡는다. 들뢰즈는 베르그손 외에도 흄으로부터 시작하여 스피노자, 라이프니츠, 칸트, 니체 등을 다루는 철학사적인 작업을 이어 갔는데, 그들을 다루는 들뢰즈의 특징은 마치 그 선배들이 자신의 철학을 준비해 주기라도 했다는 듯이 읽어 낸다는 것에 있다. 들뢰즈의 각 철학자들에 대한 연구는 그 철학자의 연구사에서도 독창적으로 평가받는데, 그래서 그런지 각 철학자의 연구자들이 들뢰즈에게 갖는 태도는 매우 양가적이다. 즉, 들뢰즈가 그 철학자를 주목하고 독창적인 연구를 한 것은 반갑지만, 들뢰즈의 연구는 언제나 그 철학자 철학을 일부 왜곡한다고 보는 것이다. 이것은 베르그손에게도 마찬가지의 이야기가 된다. 베르그손은 정신과 고유한 의미의 물질을 여전히 본질적으로 구분하면서 『물질과 기억』을 마무리하고 있지만, 들뢰즈는 베르그손이 말하는 그 본질적인 차이마저도 사실은 정도의 차이로부터 나온 것이라는 독서를 해 버리는 것이다. 그 지점에 동의하지 않는 연구자들은 들뢰즈의 연구에 호의적일 수가 없다. 우리의 논의의 맥락에 들어온 바로 이 지점만을 잠시 조금 더 자세히 다루어 보자.

베르그손이 정신과 고유한 의미의 물질을 구분하는 기준은, 위에서 보았듯이 그 통일성 여부에 있었다. 정신은 통일적이어서 분할이 불가능한 데 반하여 물질은 여전히 가분적이다. 얼마든지 잘라도 된다. 눈앞에 찰흙덩어리가 있다면 그 덩어리를 둘로 자르든 여섯으로 자르든, 다시 뭉쳤다가 또 자르든 언제나 같은 찰흙덩어리라고 사람들은 생각할 것이다. 이것이 바로 가분성이다. 그러나 정신은 도저히 분할이 불가능한 것이다. 들뢰즈는 여기에서 이 고유한 본질이라는 것마저도, 그리고 둘 사이의 본질적인 구분이라는 것조차도 사실은 정도의 차이, 그리고 들뢰즈 본인에게 중요한 개념으로 하자면 강도의 차이로부터 비롯된 것이다. 그런데 들뢰즈가 철학사가로서 무의미한 연구자가 아니라 의미 있는 연구자로서 평가받는 것은 그러한 독창적인 독서가 들뢰즈 본인의 철학에 알맞게 대상 철학자의 철학을 '자의적으로' 변경한 것이 아니라, 연구의 대상 철학자 본인이 자신의 저서에서 언급을 했었으나 부각되지 않았던 어떤 지점을 발견하여 그 철학자의 철학을 다시 읽어 내기 때문이다. 베르그손은 물질과 정신이 본질적으로 다르다는 점을 줄곧, 책의 서문에서부터 결론에 이르기까지 주장하고 있지만, 그 과정 중에는 아마 자기도 모르는 사이에——이렇게 말하면 베르그손에게 모욕이 될 수 있어 조심스럽지만──본질적인 차이가 정도의 차이로부터 비롯했다는 주장을 심어 둔 것이다. 우리 책 267쪽 인용문을 보면 그는 이렇게 말하고 있다. "그러나 문제는 바로 실재적 운동들이 자신들 사이에서 단지 양의 차이만을 나타내는지, 아니면 내적으로 진동하는 그리고 자신의 고유한 존재를 헤아릴 수 없는 무수한 순간들로 분절하는, 질 자체가 아닌지를 아는 일이다."(339) 그리고 "이 운동들은 그 자체로 고려될 경우에는 지속을 점유하고 전과 후를 가정하는 불가분적인 것들이다. 이것들은 시간의 잇따르는 순간들을, 우리의 고유한 의식의 연속성과 어떤 유비 관계에 있음에 틀림없는, 변이하는 질적인 끈으로 연결한다."(339) 위와 같은 독서에 근거하여, 우리는 베르그손과 함께 그리고 들뢰즈와 함께, 우리의 책에서 줄곧 언급했던 존재의 일의성을 다시 한번 주장할 수 있다. 그래서 정신과 물질은 정도/강도의 차이가 있으나, 그 분화된 모습은 그렇게 다르게 분절articulation 혹은 절단coupure된다. 그런 의미에서 들뢰즈는 유기적 생명과 비유기적 생명이라는 구분에까지 이르게 된다. 결국 생명체와 환경은 서로 배제하는 관계가 아니라 상호 작용하여 서로에게 조건이 되는 관계라는 통찰에 이르게 되는 것이다.

안셀-피어슨은 들뢰즈의 이러한 생각이 19세기 생물학자 바이스만August Weismann의 영향을 받은 것으로 오늘날 도킨스Richard Dawkins의 '이기적 유전자' 이론에서 다시 확인할 수 있다고 말한다. 바이스만은 생명의 실체(당시 생식질이라고 불렸던 것)가 불사라고 주장했고, 생명의 영원성을 담보하는 그 실체는 생명체의 개체들의 삶에 무관심하고 오로지 자신의 불사성을 위해 진화한다는 것이다. 생물학적 허무주의라고도 불리는 이런 생각은 도킨스의 다음과 같은 언급에 고스란히 녹아 있다. "우리가 관찰하는 우주는 … 어떤 설계도 목적도 없는, 어떤 악도 선도 없는 우주, 오로지 맹목적이고 비정한 무관심의 우주인 것이다. … DNA에는 인식도 정도 없다. DNA는 단지 존재할 뿐이다. 그리고 우리는 그것이 연주하는 음악에 맞추어 춤춘다."[3] 생명의 주체(?)에 대한 이러한 생각은 인간이라는 형상을 중심으로 펼쳐져 왔던 철학에 큰 타격을 준다. '인간'은 이차적인 형상이며 생명의 일차적 주인공은 생식질이다. 생식질의 진화는 인간 혹은 개체의 유불리와 아무런 상관이 없이 난자와 정자의 관계, 배아와 환경의 관계 속에서 결정된다. 여기에 생명의 여러 차원이, 심지어 비-유기적인 차원이 개입한다. 이런 생각이 더욱 철저하게 전개되면 자연의 그 어느 요소조차 생명현상에서 배제되는 것이 없기 때문에, 소위 연장적 물질과 정신의 구분은 이제 질적이면서 동시에 양적인 구분, 본성적이면서 동시에 정도에 의한 구분이 될 수 있다. 그리고 이러한 아이디어는 위에서 이미 보았듯이 베르그손에게서도 발견되고 있는 것이다. 자, 이제 본격적으로 차이와 반복의 형이상학을 만나러 가도록 하자.

---

3   키스 안셀-피어슨, 『싹트는 생명: 들뢰즈의 차이와 반복』, 26쪽에서 재인용.

참고문헌

니체, 프리드리히, 『차라투스트라는 이렇게 말했다』.

다윈, 찰스 로버트, 『종의 기원』.

데카르트, 르네, 『성찰』, 『철학의 원리』.

라이프니츠, 고트프리트 빌헬름, 『모나드론』.

로크, 존, 『인간지성론』.

베르그손, 앙리, 『물질과 기억』, 『창조적 진화』.

스피노자, 바뤼흐, 『에티카』.

아리스토텔레스, 『형이상학』, 『범주론』, 『영혼에 대하여』.

아우구스티누스, 『고백록』.

칸트, 이마누엘, 『순수이성비판』, 『실천이성비판』, 『판단력비판』.

플라톤, 『메논』, 『소피스트』, 『테아이테토스』, 『티마이오스』, 『향연』.

하이데거, 마르틴, 『니체와 니힐리즘』, 『칸트와 형이상학의 문제』.

흄, 데이비드, 『인간 본성에 관한 논고』.

Avicenna, *Metafisica*, tras. O.Lizzini, Milan, Bompiani, 2002.

Barthélémy, Jean-Hugues, *Penser l'individuation: Simondon et la philosophie de la nature*, L'Harmattan, 2005.

Chabot, P., *La philosophie de Simondon*, Paris, Vrin, 2003.

Blondel, Eric, "Faut-il 'tirer sur la morale'?, *Le Nouvel observateur*, n°48, septembre-octobre 2002.

Conche, Marcel, *Nietzsche et le Bouddhisme*, Paris, Encre Marine, 1997.

————, "Le Philosophe lyrique", dans *Le Nouvel observateur*, n°48, septembre-octobre 2002.

de Certeau, M., *Kunst des Handelns*, Roland Voullié 의 번역, Berlin, Verve, 1988[1980].

Deleuze, Gilles, *Proust et les signes*, Paris, PUF, 1964;『프루스트와 기호들』, 서동욱·이충민 옮김, 민음사, 2004.

_____, *Nietzsche : sa vie, son œuvre, avec un exposé de sa philosophie*, Paris, Presses universitaires de France , 1965;『들뢰즈의 니체』, 박찬국 옮김, 철학과현실사, 2007.

_____, *Différence et répétition*, Paris, PUF, 1968;『차이와 반복』, 김상환 옮김, 민음사, 2004.

_____, *Spinoza et le problème de l'expression*, Paris, Minuit, 1968;『스피노자와 표현의 문제』, 이진경·권순모 옮김, 인간사랑, 2002.

_____, *Dialogue*, Paris, Flammarion, 1977;『디알로그』, 허희정·전승화 옮김, 동문선, 2005.

_____, *Cinéma 1: image-mouvement*, Paris, Minuit, 1983;『시네마 1, 운동-이미지』, 유진상 옮김, 시각과언어, 2002.

_____, *Pourparlers*, Paris, Minuit, 1990;『대담』, 신지영 옮김, 갈무리, 2023.

_____, "Lettre-préface" à Jean-Clet Martin, *Variationsm la philosophie de Gilles Deleuze*, Paris, Payot, 1993.

_____, "Foucault et les prisons", in *Deux régimes de fous*, Paris, Minuit, 2003.

Deleuze, Gilles & Guattari, Felix, *Anti-Oedipe: capitalisme et schizophrénie 1*, Paris, Minuit, 1972.

_____, *Mille plateaux: capitalisme et schizophrénie 2*, Paris, Minuit, 1980;『천개의 고원 : 자본주의와 정신분열증 2』, 김재인 옮김, 새물결, 2001.

Deleuze & Parnet, *Dialogue*, Paris, Flammarion, 1996;『디알로그』, 허희정, 전승화 옮김, 동문선, 2005.

Doel, Marcus A., "Un-glunking Geography; Spatial Science after Dr. Seuss and Gilles Deleuze", *Thinking Space*, ed. by Mike Crang & Nigel Thrift, London and New York, Routledge, 2000.

Eisenman, Peter, forward in Grosz, Elizabeth, *Architecture from the Outside*, MIT Press, 2001.

Foucault, Michel, "Questions on Geography", in ed. C. Gordon, *Power/Knowledge: Selected Interviews and Other Writings 1972-1977*, 1980.

Gracia, Jorge, *Individuality : An Essay on the Foundations of Metaphysics*, Albany, State University of New York Press, 1988.

Grosz, Elizabeth, *Architecture from the Outside*, MIT Press, 2001.

Haraway, Donna, *Simians, Cyborgs and Women: The Reinvention of Nature*, New York, Routledge, 1991.

Harvey, David, *Spaces of Hope*, University of California Press, 2000; 『희망의 공간』, 최병두 등 옮김, 한울, 2001.

Jordan, M., *Duns Scotus on the Formal Distinction*, State University of New Jersey [Rutgers] Ph.D. dissertation, 1978.

Kessler, Mathieu, "La vie est-elle une oeuvre d'art?", dans *Le Nouvel observateur*, n° 48, septembre-octobre 2002.

Leibnitz, Gottfried Wilhelm, "Disputatio metaphysica de principio individui"(1663), in C. J. Gerhardt(ed.), *Die philosophische Schriften von Gottfried Wilhelm Leibniz*, Bd. 4, Weidmannsche Buchhandlung.

Le Rider, Jacques, "Friedrich Nietzsche, un esprit libre", dans *Le Nouvel Observateur*, n° 48, septembre-octobre 2002.

Loux, M. (ed.), *Universals and Particulars*, Notre Dame, University of Notre Dame Press, 1970.

Mengue P., *Gilles Deleuze ou le système du multiple*, Editions Kimé, Paris, 1994.

Nietzsche F., *La Volonté de puissance* tome 1, Paris, Gallimard, 1995.

————, *La volonté de puissance* tome 2, Paris, Gallimard, 1995.

Park, W., "Haecceitas and the Bare Particular", *Review of Metaphysics*, n° 44, 1990.

Platon, *Le Sophiste*, Paris, Les Belles Lettres, 1985.

————, *Timée*, Paris, Les Belles Lettres, 1985.

Russell, B., *Principles of Mathematics*, London, George Allen & Unwin Ltd., 1903.

Sassen, S., "Globale Stadt", W.F.Haug ed. *Historisch-Kritisches Wörterbuch des Marxismus*, Bd. 5. Argument, 2001.

Scotus, *Lectura II*, Balic (ed.), *Opera omnia*, Civitas Vaticana, Typis Polyglottys Vaticanis, 1982.

Shapiro, Babara, "The Concept of "Fact": Legal Origins and Cultural Diffusion," Albion 26, 1994.

Simondon, G., *L'Individuation à la lumière des notions de forme et d'information*, Millon, 2005. (Thèse de Doctorat, 1958)

_____, *L'individu et sa genèse physico-biologique*, Paris, PUF, 1964.

Suárez, Francisco, *Disputationes Metaphysicae*, Hildesheim, Georg Olms, 1965.

Tomlinson & Habberjam, in Deleuze, *Dialogue*, Columbia University Press, 1987.

Van Frassen, "Extension, Intension and Comprehension", M. Munitz (ed.), *Logic and Ontology*, New York, New York University Press, 1973.

Williams, James, *Gilles Deleuze's Difference and Repetition : a Critical Introduction and Guide*, Edinburgh University Press, 2003.

Zaoui, Pierre, "La ≪Grande identité≫ Nietzsche-Spinoza, quelle identité?", dans *Philosophie*, n° 47, septembre 1995.

Magazine littéraire, n° 257, sept. 1988. "Signes et événements, un entretien avec Gilles Deleuze par Raymond Bellour et François Ewald".

그라시아, 조지, 『스콜라철학에서의 개체화』, 이재룡 & 이재경 옮김, 가톨릭출판사, 2003.

귄첼, 슈테판, 「공간, 지형학, 위상학」, 슈테판 귄첼 엮음, 『토폴로지』, 에코리브르, 2010.

김재희, 「물질과 생성: 질베르 시몽동의 개체화론을 중심으로」, 『철학연구』, 제93집, 2011.

김현태, 『둔스 스코투스의 삶과 사상』, 철학과현실사, 2006.

도킨스, 리처드, 『이기적 유전자』, 홍영남·이상임 옮김, 을유문화사, 2018.

러셀, 버트런드, 『서양철학사』, 을유문화사, 2009.

리스, 마르크, 「영화위상학, 그리고 그 너머」, 슈테판 귄첼 엮음, 『토폴로지』, 에코리브르, 2010.

리푸너, 롤란트, 「피에르 부르디외와 미셸 드 세르토의 사회과학적 위상학」, 슈테판 귄첼, 『토폴로지』, 에코리브르, 2010.

멈포드, 루이스, 『역사속의 도시』, 김영기 옮김, 명보문화사, 1990.

바디우, 알랭, 『윤리학』, 이종영 옮김, 동문선, 2001.

_____, 『들뢰즈, 존재의 함성』, 박정태 옮김, 이학사, 2001.

박우석, 「스코투스, 프레게, 그리고 버그만: 개체화의 올바른 이해를 위한 예비적 고찰」, 『철학』, 36집, 1991, 가을.

———, 「개체화의 문제: 중세인의 가슴앓이」, 『중세철학의 유혹』, 철학과현실사, 1997, 95~120 쪽.

———, 「스코투스의 개체화 이론」, 『중세철학의 유혹』, 철학과현실사, 1997, 121~148쪽.

———, 「공통 본성의 귀환: 아리스토텔레스를 원용한 스코투스의 현묘한 논변들」, 『중세철학 의 유혹』, 철학과현실사, 1997, 149~180쪽.

보드리야르, 장, 『시뮬라시옹』, 하태환 옮김, 민음사, 2001.

보른슐레겔, 페터, 「평행선 공리, 비유클리드 기하학 그리고 위상학적 상상력」, 슈테판 귄첼 엮 음, 『토폴로지』, 이기홍 옮김, 에코리브르, 2010.

소바냐르그, 안, 『들뢰즈와 예술』, 이정하 옮김, 열화당, 2009.

———, 「이것임」, 싸소 & 빌라니 편, 『들뢰즈 개념어 사전』, 신지영 옮김, 갈무리, 2012.

소자, 에드워드, 『공간과 비판사회이론』, 이무용 외 옮김, 시각과언어, 1997.

슈뢰르, 마르쿠스, 『공간, 장소, 경계』, 정인모·배정희 옮김, 에코리브르, 2010.

시몽동, 질베르, 『기술적 대상들의 존재 양식에 대하여』, 김재희 옮김, 그린비, 2011.

신지영, 「철학사에서 사라져버린 나머지 반쪽의 형이상학」, 『철학과 현상학 연구』, 41집, 2009 년 여름.

———, 「들뢰즈에게 있어서 개체화의 문제에 관한 연구」, 『대동철학』, 2016년 3월.

아파두라이, 아르준, 『고삐풀린 현대성』, 차원현·채호석·배개화 옮김, 현실문화연구, 2004.

안셀-피어슨, 키스, 『싹트는 생명: 들뢰즈의 차이와 반복』, 이정우 옮김, 산해, 2005.

윌리엄스, 제임스, 『들뢰즈의 차이와 반복, 해설과 비판』, 신지영 옮김, 라움, 2010.

이재룡, 「토마스 아퀴나스의 개체화 원리」, 『제15회 한국철학자대회보』, 2002.

이정우, 「들뢰즈와 'meta-physica'의 귀환」, 『들뢰즈 사상의 분화』, 그린비, 2007.

줄리앙, 프랑수아, 『사물의 성향: 중국인의 사유 방식』, 박희영 옮김, 한울, 2009.

캉길렘, 조르주, 『정상적인 것과 병리적인 것』, 여인석 옮김, 그린비, 2018.

———, 『생명에 대한 인식』, 여인석·박찬웅 옮김, 그린비, 2020.

케니, 앤서니, 『중세철학』, 김성호 옮김, 서광사, 2010.

크라카우어, 지크프리트, 「머릿말」, 마르쿠스 슈뢰르, 『공간, 장소, 경계』, 정인모·배정희 옮김, 에코리브르, 2010.

테일러, 리처드, 『형이상학』, 엄정식 옮김, 서광사, 2006.

햄린, D. W., 『형이상학』, 장영란 옮김, 서광사, 2000.

황수영, 「시몽동의 개체화 이론- 프랑스 생성철학의 맥락에서」, 『동서철학연구』 53집, 2009.

철학의 정원 73

차이 형이상학 1

초판1쇄 펴냄 2025년 02월 28일

지은이 신지영
펴낸이 유재건
펴낸곳 (주)그린비출판사
주소 서울시 서대문구 이화여대2길 10, 1층
대표전화 02-702-2717 | **팩스** 02-703-0272
홈페이지 www.greenbee.co.kr
원고투고 및 문의 editor@greenbee.co.kr

편집 이진희, 구세주, 민승환, 성채현 | **디자인** 이은솔, 박예은
독자사업 류경희 | **경영관리** 이선희

저작권법에 의하여 한국 내에서 보호를 받는 저작물이므로 무단전재와 무단복제를 금합니다.
책값은 뒤표지에 있습니다. 잘못 만들어진 책은 구입처에서 바꿔 드립니다.
ISBN 979-11-94513-04-9 93110

독자의 학문사변행學問思辨行을 돕는 든든한 가이드 _(주)그린비출판사

이 연구는 2023년도 경상국립대학교 연구년제 연구교수 연구지원비에 의하여 수행되었음
This work was supported by the Gyeongsang National University Fund for Professors on Sabbatical Leave, 2023.